Contraste insuffisant

NF Z 43-120-14

Рь
1371

DESCRIPTION
DE LA
CALIFORNIE

Paris. — Imprimerie Lacour et Cie, rue Soufflot, 11,
et rue St-Hyacinthe-St-Michel, 33.

DESCRIPTION
DE LA NOUVELLE
CALIFORNIE

GÉOGRAPHIQUE, POLITIQUE ET MORALE

CONTENANT

L'historique de la découverte de cette contrée.
Un précis des événements politiques qui s'y sont accomplis.
Des renseignements détaillés sur sa topographie, son climat, ses productions minérales, végétales et animales.
Des notions sur la minéralogie, la métallurgie et la géologie.
Le caractère, les mœurs, usages, coutumes de ses habitants.
La description de ses baies, ports, villes, missions, villages.
Des instructions nautiques sur ses baies et ses ports.
Le tarif des douanes en Californie.
Des renseignements généraux concernant les routes qui conduisent en Californie, les lieux de passage, description de Chagres, Panama, du cap Horn et de la Terre-de-Feu, etc., etc.

Par HYPOLITE FERRY,
Membre de la Société de géographie de Paris.

AVEC UNE GRANDE CARTE DE LA NOUVELLE CALIFORNIE.
DES CARTES PARTICULIÈRES DES BAIES DE MONTEREY ET DE SAN-FRANCISCO.
DE L'ISTHME DE PANAMA.
DU CAP HORN ET DU DÉTROIT DE MAGELLAN.

Et plusieurs vues intéressantes de la Californie.

PARIS.

L. MAISON, Éditeur des Guides Richard, r. Christine, 3.
Et chez les principaux libraires de la France et de l'étranger.

―

1850

INTRODUCTION.

Au milieu de toutes les causes de ruine et de misère qui se sont succédé en Europe depuis quelque temps, nous avons vu tout à coup arriver des régions lointaines l'annonce d'une découverte destinée à imprimer un nouvel essor à l'émigration vers les plages transatlantiques, en ouvrant une vaste carrière à l'activité industrieuse des populations de notre continent.

Une contrée qu'il faut, il est vrai, aller chercher dans un autre hémisphère, à l'occident du continent américain, a été signalée comme toute parsemée de paillettes, de pépites et de lingots d'or.

Et cette nouvelle n'était pas une fiction, il est incontestable que la Californie, plus qu'aucune autre contrée de la terre, présente à la surface de son sol, dans les sables que roulent ses torrents, et que charrient ses rivières et ses ruisseaux, des richesses métallurgiques de la plus facile extraction.

Si l'on ajoute à cette cause de prospérité l'avantage d'offrir à l'agriculture des ressources inappréciables, car la fertilité de son territoire est un autre élément de bien-être et de richesse, vers lequel il est essentiel de diriger l'attention, on comprendra que la Californie soit destinée à devenir le siége de la colonisation la plus florissante.

C'est dans le but d'appeler sur cette contrée l'attention réfléchie des populations, que nous nous sommes entouré de tous les matériaux capables de rendre notre travail utile et intéressant.

En rédigeant cette description, nous nous sommes fait une loi de n'admettre que des faits d'une autorité bien constatée.

Les voyages d'exploration ordonnés par les gouvernements américain, français et anglais, nous ont fourni des renseignements précieux sur la végétation, le climat et la constitution physique du littoral vers lequel s'est porté jusqu'aujourd'hui le mouvement de l'émigration.

Au moyen des rapports adressés au gouvernement, nous avons pu compléter le chapitre qui traite de la région aurifère, par une série d'utiles informations provenant de correspondances officielles.

Il entrait dans le plan de notre ouvrage de ne pas oublier les faits qui intéressent le commerce et la navigation. Tous les renseignements relatifs aux douanes et aux formalités à remplir en Californie, par les bâtiments étrangers, sont extraits de documents qui nous ont été fournis par le Département de l'Agriculture et du Commerce.

Nous avons consacré des planches à la représentation des côtes, des baies et des ports qui se présentent sur les deux principales lignes de navigation.

Les *baies de Monterey* et de *San-Francisco*, destinées à fixer plus particulièrement l'attention, les cartes de l'*isthme de Panama*, du *cap Horn* et du *détroit de Magellan*, ont été dressées d'après les travaux hydrographiques les plus récents.

Nous avons pensé aussi que des observations nautiques sur ces côtes, ainsi que des notions historiques et géographiques concernant ces différents points, seraient accueillies avec plaisir, non seulement par les marins, les voyageurs et les émigrants, mais aussi par toutes les personnes qui suivent avec intérêt ou curiosité le mouvement qui porte vers ces régions, les Argonautes des temps modernes.

DESCRIPTION DE LA NOUVELLE CALIFORNIE

CHAPITRE PREMIER.

Coup d'œil général sur les deux Californies.

La vaste contrée située à l'ouest de l'Amérique septentrionale, et connue sous la double dénomination des deux Californies (*ancienne et nouvelle*), s'étend le long de l'océan *Pacifique* entre le 22° 52' et le 42e degré de latitude nord.

Elle est bornée au nord par les possessions américaines de l'*Orégon*, à l'est par la grande chaîne des *Montagnes-Rocheuses* ; elle forme au sud le golfe profond connu sous le nom de *mer Vermeille*, qui occupe sur la côte occidentale du Mexique une longueur de deux cent quatre-vingt-dix lieues du sud au nord.

A son entrée, entre le cap *Pulmo* et le port de *Ma-*

zatlan, ce golfe a environ soixante lieues d'ouverture, il en a trente-cinq dans sa moindre largeur.

C'est en 1535 que les Espagnols abordèrent dans cette contrée ; ils n'occupèrent longtemps qu'une très faible portion du promontoire désigné sous le nom de *Vieille-Californie*, et avant qu'ils en eussent exploré les différentes parties, ils songèrent à étendre leurs découvertes vers le nord. En 1542, ils reconnurent la côte au-dessus de la Vieille-Californie sur une étendue de plus de deux cents lieues, et donnèrent à cette autre partie de leur découverte le nom de *Nouvelle-Californie*.

Nous allons examiner séparément l'une et l'autre de ces contrées, pour nous occuper ensuite exclusivement de la dernière qui est celle qui doit principalement nous intéresser.

Vieille-Californie

(Old or Lower California.)

La Vieille-Californie, qui seule aujourd'hui appartient à la république mexicaine, forme la grande péninsule comprise entre le 22° 52' et le 32° 30' de latitude nord, et le 111° 35' et le 119° 25' de longitude occidentale.

Elle est baignée à l'est par le golfe de Californie ou mer Vermeille ; au sud et à l'ouest par l'océan Pacifique, elle est jointe au nord à la Nouvelle-Californie par un isthme de vingt-deux lieues de large.

Sa longueur du nord-nord-ouest au sud-sud-est, est de près de trois cents lieues, sa largeur varie de dix à quarante lieues. Elle dépasse le tropique et se termine dans la zône torride par le cap *San-Lucas*. Ses côtes, découpées de mille manières, sont environnées d'un grand nombre d'îles.

Le Mexique venait à peine d'être subjugué; les Espagnols s'étaient emparés de sa capitale, le 13 août 1521, quand *Cortez*, dont l'esprit aventureux rêvait déjà de nouvelles découvertes, fit construire deux caravelles, dans le but de reconnaître les terres qui pouvaient se rencontrer à l'ouest de la contrée qu'il venait de conquérir. Après plusieurs tentatives malheureuses, Cortez se détermina à faire un nouvel effort, et prit lui-même le commandement de l'expédition; il reconnut, le 1er mai 1535, la côte orientale de la grande Péninsule; le 3, il mouilla dans la baie de *la Paz*, par 24° 10′ de latitude nord et 112° 20′ de longitude ouest, et prit possession de la contrée au nom de *Charles-Quint*, roi d'Espagne.

Ce pays, bien qu'élevé, est excessivement chaud et sec. Le sol en est sablonneux; on n'y trouve aucune rivière importante. Une longue chaîne de montagnes arides le traverse dans toute sa longueur. Il ne laisse pas cependant que de présenter des terrains propres à la culture. Aux environs du cap de San-Lucas, dans les endroits où l'on trouve de l'eau, on récolte beaucoup de grains et des fruits d'Europe en abondance, comme aussi une grande quantité de gommes aromatiques.

Les terres basses sont très propres à l'élève du bétail; elles nourrissent des moutons d'une très grosse espèce.

Les parties montagneuses, encore imparfaitement connues sont peuplées d'animaux carnassiers et malfaisants; les jaguars, les loups, les ours y sont en grand nombre. Tous les reptiles particuliers aux pays chauds s'y rencontrent également. La contrée est infestée de scorpions, de lézards, de tarentules et de fourmis; elle est mieux partagée sous le rapport de l'ornithologie; on y trouve une grande variété d'oiseaux au plumage le plus brillant.

Les montagnes renferment beaucoup de métaux précieux; il existe aussi des dépôts abondants de salpêtre, de soufre, de cristal de roche, du sel gemme et de l'ocre de diverses couleurs.

On recueillait autrefois sur ses côtes des perles d'une très belle eau; mais depuis plus d'un demi-siècle cette pêche est presque entièrement abandonnée.

Les pluies sont très rares dans la Vieille-Californie; le ciel, d'un bleu éclatant, se couvre rarement de nuages. S'il en paraît quelquefois le matin et le soir, ils brillent des plus belles teintes de pourpre et d'émeraude.

Le nom de *Mer-Vermeille*, donné au golfe de Californie, lui vient, dit-on, de l'admirable couleur de ses eaux, qui, au lever et au coucher du soleil, reflètent de mille manières, sur ses vagues transparentes, les éclatantes teintes des nuages.

Les indigènes de la Vieille-Californie étaient, avant l'arrivée des Espagnols, dans un grand état d'abrutissement; ils passaient des journées entières étendus sur le sable, à l'ombre des rochers, insouciants sur tout ce qui touchait à leur existence, ils ne couraient à la chasse que quand ils y étaient poussés par la faim.

Sous la conduite des premiers missionnaires, ils abandonnèrent leur vie nomade, ils quittèrent insensiblement leurs habitudes sauvages, et, au milieu des rochers, des broussailles et des ronces, ils cultivèrent quelques portions du sol, se construisirent des habitations, et goûtèrent enfin toutes les douceurs que la civilisation avait introduites parmi eux.

La Californie, ancienne et nouvelle, a été désignée autrefois sous trois différents noms, ceux de *Californie*, d'*île Caroline* et de *Nouvelle-Albion*.

Le nom de *Californie*, qui lui est resté, est le plus ancien; on le trouve consigné dans l'ouvrage de *Bernal*

Diaz del Castillo, l'un des compagnons d'armes de Fernand Cortez dans la conquête du Mexique, et plus tard son historien. On ne sait rien sur la véritable étymologie de ce nom singulier. S'il faut en croire les conjectures de quelques écrivains, les premiers Espagnols qui abordèrent la Péninsule l'auraient appelée ainsi de deux mots latins, *calida fornax* (fournaise ardente), pour rappeler la chaleur excessive qu'ils y avaient éprouvée; mais il est plus probable, comme le fait observer le Père *Venegas*, historien de la Californie, que cette appellation lui vient de quelque mot indien dont les premiers conquérants n'auront pu discerner le sens.

Le nom d'*île Caroline* fut donné à la Vieille-Californie plus d'un siècle après sa découverte, en l'honneur de Charles II, roi d'Espagne, à l'époque où ce monarque projetait la conquête de cette péninsule, que l'on croyait alors être une île.

En 1579, l'amiral anglais *Francis Drake*, en cherchant un passage dans le nord-ouest, reconnut la côte de la Nouvelle-Californie, vers le 38e degré de latitude, et donna à toute la contrée le nom de *Nouvelle-Albion* (1), ignorant sans doute que les Espagnols l'avaient découverte trente-sept ans auparavant.

La première capitale de la Vieille-Californie était *Lo-*

---

(1) La relation du voyage de *Drake* porte « qu'il donna au pays qu'il « découvrit le nom de *Nouvelle-Albion*, pour deux raisons, la première « parce que, par la nature des bancs et des rochers blancs dont la côte est « bordée, elle présente le même aspect que celle de l'Angleterre ; la se- « conde, parce qu'il était raisonnable et juste que cette terre, jusqu'alors « inconnue, portât le nom de la patrie du premier navigateur qui y eût « abordé. »

On a peine à supposer que *Drake* ait eu connaissance de la découverte des Espagnols, alors qu'il annonçait être le premier navigateur qui eût exploré ces parages.

reto, qui ne compte guère aujourd'hui que 300 habitants. La capitale actuelle est *Real-de-San-Antonio*, qui possède environ 800 habitants.

Le reste de la population de la péninsule ne dépasse pas 6,000 âmes; dans ce nombre les indigènes ne figurent que pour un tiers.

Nouvelle-Californie.

La Nouvelle-Californie, désignée par les Anglais et les Américains sous le nom de *Upper California* (Haute-Californie), est comprise entre le 32e et le 42e degrés de latitude nord et le 110e et le 127e degrés de longitude occidentale.

Cette contrée, envers laquelle la Providence s'est montrée si libérale, occupe sur l'océan Pacifique une étendue de côtes de près de trois cents lieues de développement. Elle est bornée au nord par le territoire de l'Orégon, à l'est par la grande chaîne des Montagnes-Rocheuses; au sud, sa limite partant du 32° 30' au-dessous du port de *San-Diego* se dirige par une ligne oblique au fond du golfe de Californie, et de là suit jusqu'aux Montagnes-Rocheuses le cours de la Gila, qui la sépare de la province mexicaine de *Sonora*; son étendue du nord au sud est de deux cent cinquante lieues, de l'est à l'ouest de trois cents lieues.

La priorité de la découverte de la *Nouvelle-Californie* appartient, comme nous l'avons dit, aux Espagnols. Le 27 janvier 1542, une expédition aux ordres de *Henri Rodriguez Cabrillo*, Portugais au service d'Espagne, sortit du port de la *Natividad* pour aller faire des explorations au nord, ou plutôt pour découvrir le fameux passage à travers l'Amérique, qui était l'objet de la préoccupation d'alors (1).

Le 10 mars suivant, l'expédition se trouvait par le 40° 30' de latitude nord; Cabrillo reconnut le grand cap, qu'il nomma *Mendoza*, du nom du vice-roi qui gouvernait le Mexique. Le mauvais état de ses navires et le manque de provisions le forcèrent au retour.

Il aperçut en redescendant, vers le 37°, une baie spacieuse à laquelle il donna le nom de *Bahia de Pinos*, à cause de la quantité de pins qui couvraient le rivage, et rentra, le 14 avril de la même année, dans le port de la Nativité.

En 1579, le fameux Francis Drake, navigateur anglais, après avoir ravagé les établissements espagnols de

(1) Les expéditions avaient moins pour objet de découvrir de nouvelles terres que de chercher un passage de l'*océan-Pacifique* à l'*océan Atlantique* à travers l'Amérique du Nord. Et ces recherches étaient excitées par la royance qu'on accordait à une fable.

En l'an 1501, *Gaspard de Cortereal*, Portugais de distinction, partit de *Lisbonne*, arriva à *Terre-Neuve*, et visita la côte orientale de l'Amérique, reconnut l'embouchure du fleuve Saint-Laurent, découvrit, au-dessus du 50° parallèle, une terre qu'il nomma *Terre de Labrador*, parce qu'il la jugea propre au labourage et à la culture, parvint enfin, en remontant vers le nord, à l'entrée d'un détroit auquel il donna le nom de *Détroit-d'Anian* (c'était le nom de deux frères compagnons de *Cortereal*), et qui, plus d'un siècle après, fut appelé *Détroit de Hudson*, du nom du navigateur anglais qui, en 1610, pénétra par ce passage dans la baie qui, également, a retenu son nom.

Cortereal, supposant de bonne foi que le détroit dont il avait découvert l'entrée devait conduire dans la mer des Indes orientales, se hâta de revenir à Lisbonne pour y apporter la nouvelle de sa grande découverte. Il en repartit l'année suivante pour se rendre aux Indes par ce prétendu passage, mais depuis on n'a jamais entendu parler de lui.

L'idée de cette communication des deux mers par le Nord avait pris beaucoup de faveur chez les Espagnols qui pensaient que si, en effet, le détroit d'Anian existait, ils pourraient, en le faisant chercher sur la côte N.-O. de l'Amérique, découvrir sa sortie dans l'océan Pacifique. (*Recherches de Fleurieu, consignées dans le voyage de Marchand.*)

la mer du Sud, s'avança vers le nord jusqu'au 45°, espérant trouver un passage pour rentrer dans l'océan Atlantique. Contraint de redescendre, il reconnut la côte de la Californie, par le 38o, entre la baie de San-Francisco et la pointe de la Bodega, et mouilla dans la baie de *Los Reyes*. Il fit quelques excursions aux environs de son mouillage et prit possession de la contrée au nom d'*Elisabeth*, reine d'Angleterre. Il donna à tout le pays le nom de *Nouvelle-Albion*, qui lui fut conservé sur les cartes anglaises jusqu'à une époque peu éloignée de nous.

Il s'écoula bien des années avant que l'Espagne pût prendre une résolution capable d'assurer sa domination en Californie ; plusieurs expéditions furent faites d'ailleurs sans succès ; le mauvais état des vaisseaux rendait la navigation pénible et occasionnait de fréquents sinistres.

En 1599, Philippe III ordonne au comte de Monte-Rey, vice-roi du Mexique, de former un établissement dans cette contrée.

Le vice-roi chargea du commandement en chef de l'expédition *Sébastien Viscaino*, homme d'un mérite éprouvé et d'une infatigable activité, qui alliait à un grand courage beaucoup de douceur et d'affabilité, qualités qui le rendaient essentiellement propre à une entreprise de cette nature.

L'amiral Viscaino fit voile d'*Acapulco* le 5 mai 1602, avec deux vaisseaux, une frégate et une chaloupe pontée. Il reconnut exactement la côte jusqu'au cap Mandocin, puis redescendant jusqu'au 36° 39', il se trouva près du cap des Pins (*Puenta de Pinos*), explora la baie précédemment aperçue par Cabrillo, laquelle lui parut extrêmement commode comme point de relâche pour les galions qui revenaient des Indes. Il donna à l'anse où il établit son mouillage le nom de *Monte-Rey*, en l'honneur du vice-roi qui l'avait envoyé.

Nous croyons devoir reproduire ici les premières notions qui furent transmises sur cette contrée intéressante.

On lit dans le compte-rendu de l'expédition du général Viscaino :

« *Que le climat de ce pays est doux, le sol couvert d'herbes et extrêmement fertile, le pays bien peuplé; que les naturels sont humains et si dociles qu'il sera aisé de les convertir à la foi chrétienne et de les rendre sujets de la couronne d'Espagne; qu'ils se nourrissent des fruits que la terre produit naturellement et du gibier qu'ils tuent, et qui est très abondant; qu'ils sont vêtus de peaux de loups marins, qu'ils ont le secret de tanner et de préparer, et qu'ils ont aussi quantité de lin, de chanvre et de coton.*

« *Que ledit Sébastien Viscaino ayant questionné ces Indiens et beaucoup d'autres qu'il trouva au bord de la mer, sur une grande étendue de côte, ils lui avaient appris qu'au-delà de leur pays, il y avait plusieurs grandes villes et quantité d'or et d'argent, ce qui lui fait croire qu'on pourra y découvrir de grandes richesses.* »

Quoiqu'il en soit de cette déclaration, l'Espagne, trop préoccupée d'intérêts plus rapprochés et de ses autres possessions, d'ailleurs très étendues, n'attacha qu'une importance secondaire à la Californie, qui doit à un enchaînement de circonstances que nous n'essaierons pas d'analyser, l'avantage immense d'avoir été conservée avec l'intégralité de ses richesses, à la génération actuelle.

Pour mettre de l'ordre dans nos descriptions, nous allons présenter ici un aperçu de ce qui compose l'ensemble géographique de cette contrée, nous réservant d'en développer en détail les différentes parties dans les chapitres suivants.

La Nouvelle-Californie est divisée par la nature en plusieurs zônes ou grandes régions fort distinctes. Ces régions séparées par des chaînes de montagnes sont au nombre de *trois* principales.

La première, qui est la plus connue, et pour ainsi dire, la seule habitée par la population blanche, s'étend entre la côte montueuse de l'océan Pacifique et la chaîne désignée sous le nom de *Monts-Californiens*. Cette bande de terre, qui se prolonge dans toute l'étendue de la côte, n'a pas en moyenne quinze lieues de largeur.

La seconde zône, comprise entre les Monts-Californiens et une autre chaîne de montagnes plus élevées, la *Sierra-Nevada*, forme un vaste bassin encore peu connu et d'une admirable fertilité. Ce bassin se termine vers le 38° parallèle, à la hauteur de la branche nord de la baie de San-Francisco, où plusieurs chaînons détachés de la Sierra-Nevada le séparent de la riche vallée au milieu de laquelle coule le Sacramento.

La troisième zône, la plus grande de toutes, s'étend entre la Sierra-Nevada et l'immense chaîne des *Montagnes-Rocheuses*, qui forme la limite occidentale des États-Unis.

On fait encore sur cette zône beaucoup de conjectures; comme elle n'a été explorée que partiellement, on ne peut prétendre à une connaissance de sa physionomie suffisante pour en tracer un tableau fidèle. Ce que nous en dirons dans la suite de nos descriptions, servira du moins à en faire connaître les traits principaux. Bornons-nous pour le moment à indiquer quelques-uns de ses caractères. Le pays vers le nord est très accidenté et présente partout les traces des plus violentes convulsions de la nature, au sud des solfatares, des débris volcaniques, des rivières roulant avec peine leurs eaux sulfureuses, de vastes plaines couvertes de sels efflorescents; tantôt aride à l'excès, tantôt couverte d'arbres et de plantes, cette région offre les plus singuliers contrastes.

Les deux zônes comprises entre la Sierra-Nevada et la mer, présentent, en opposition de ce qui précède, l'aspect de la plus riche végétation; le climat y est doux et excessivement sain. Le sol, entrecoupé de montagnes boisées et de vallées verdoyantes, est d'une extrême fécondité.

Malgré l'état arriéré où se trouvait l'agriculture, on récoltait en abondance des grains de diverses espèces, des légumes et des fruits excellents. Les arbres fruitiers d'Europe introduits dans la contrée se sont acclimatés sur presque tous les points avec une rare facilité.

Avec de telles ressources naturelles, il n'est pas douteux que l'agriculture en Californie soit destinée à alimenter une branche d'exploitation pleine d'avenir pour cette contrée.

La vigne a été cultivée avec succès sur plusieurs points de la côte, et principalement au sud de Monterey Les raisins y ont acquis des proportions remarquables et ont fourni des vins très estimés.

Les montagnes sont couvertes d'immenses forêts où se réfugient un nombre considérable d'animaux; on distingue particulièrement les ours et les loups, on y trouve aussi une grande quantité de renards, de lynx et de chats sauvages.

Le pays abonde en daims, en cerfs, en bœufs et en chevaux sauvages.

On y voit une multitude d'oiseaux, parmi lesquels

beaucoup d'oiseaux de proie de la grande et de la petite espèce.

Les forêts fournissent de très beaux bois de construction et les montagnes recèlent toutes sortes de métaux; elles renferment des granits, des porphyres, des carrières de marbres magnifiques, des mines de sel gemme, de soufre, de soude, des amas considérables de fossiles et un grand nombre de curiosités naturelles.

Les saisons sont divisées en Californie comme en France, mais les hivers y sont beaucoup moins rigoureux.

Les Indiens répandus dans l'intérieur se divisent en un grand nombre de petites tribus menant toutes la même vie nomade, vivant de glands, de racines, de poisson et de gibier; mais n'ayant entre elles aucune communication, elles diffèrent complètement de langage.

CHAPITRE II.

Précis des événements politiques de la Nouvelle-Californie.

Nous ne saurions mieux faire que d'emprunter au voyage de M. le capitaine Dupetit-Thouars le récit de la première phase des événements politiques de cette contrée. La suite de ces événements a été rédigée sur les documents qu'a bien voulu nous communiquer un Américain de distinction résidant à Paris. Ils résument avec précision les principales circonstances de cette guerre de conquête qui a été si énergiquement poussée par les États-Unis : guerre d'ambition sans doute, mais qui, du moins, aura pour résultat d'imprimer aux riches et fécondes contrées annexées à l'Union une impulsion régulière, et d'en assurer par là le brillant avenir.

Au temps de la domination des Espagnols, la Californie n'entretenait que des rapports fort éloignés avec le gouvernement central. Ce gouvernement paraissait, du reste, méconnaître l'immense valeur de cette colonie, considérée sous le point de vue agricole, et ignorer tout le parti que l'on pouvait en tirer. Il se contentait de nommer des gouverneurs et n'envoyait jamais de secours ni de subsides. Les colons, bien que fort ignorants en agriculture, s'entretenaient sans peine dans cette contrée fertile, et les Missions, composées uniquement d'indigènes, bien administrées par des religieux que recommandaient également une grande probité et une charité éclairée, étaient alors florissantes.

CHAPITRE II.

Si ces établissements recevaient de l'appui des présidios élevés pour leur sûreté, ils trouvaient aussi les moyens de subvenir à l'entretien des militaires qui composaient les garnisons.

Jusqu'en 1823, la Nouvelle-Californie jouit donc de beaucoup de calme. Les événements qui survinrent alors modifièrent singulièrement les affaires de ce pays.

Par suite de l'émancipation qui eut lieu, à raison de la réunion de la Californie à la république du Mexique, bon nombre de religieux qui dirigeaient les missions, n'ayant point voulu prêter serment au nouveau gouvernement, durent les abandonner.

On leur substitua des hommes d'un moindre mérite, qui n'ont pas su acquérir au même degré l'estime générale. Ces changements n'ont point été favorables à ces établissements; mais la mesure qui depuis a enlevé l'administration temporelle aux ecclésiastiques, pour leur substituer des intendants civils, a été de toutes, la plus funeste à leur existence.

Toutes les missions décrurent rapidement en population et en richesses. La plus grande partie des Indiens qui les habitaient retournèrent dans leurs *tulares* (1) avec les *gentils* (2).

Pendant l'année 1834, le gouvernement du Mexique, pénétré sans doute de la nécessité de peupler ce fertile pays, envoya à Monterey une colonie d'environ deux cents personnes. Autant cette mesure eût été sage, autant cette augmentation de population eût été utile, si cette colonie se fût trouvée composée de bons agriculteurs et d'artisans laborieux, autant elle fut nuisible à la prospé-

---

(1) Mot californien indiquant un lieu planté de roseaux.
(2) Indiens non baptisés.

rité et à la tranquillité de cette contrée, n'étant composée que de gens en général abandonnés à la paresse et habitués à vivre aux dépens de la société.

L'arrivée de cette colonie produisit les effets les plus déplorables; elle exalta la population californienne, et cette inimitié prit un nouveau développement et un nouveau degré d'acrimonie dans la partialité imprudente que plusieurs gouverneurs ont trop souvent montrée en faveurs de ces colons.

Ces circonstances n'ont pas peu contribué à amener tous les troubles que l'on a vus dès lors se succéder.

En 1835, il y avait déjà quelques Américains des États-Unis établis en Californie; mais ce fut à partir de cette époque surtout, qu'ils arrivèrent en plus grand nombre. Ils venaient du Nouveau-Mexique, de la rivière Colombia et aussi des îles Sandwich, et professaient, la plupart, le métier de chasseur, connu aux États-Unis sous le nom de *rifleman*.

La présence de ces étrangers ne pouvait qu'encourager la partie de la population qui se proposait d'agir contre le gouvernement établi, et qui espérait trouver en eux un appui efficace. Dans la disposition où se trouvaient les esprits, le plus petit évènement devait amener une collision, et c'est ce qui arriva.

Une discussion, dans le principe fort insignifiante, s'étant élevée entre le gouverneur général, don *Nicolas Gutierez*, et un employé supérieur de la douane, *J.-B. Alvarado*, Californien, prit tout-à-coup un caractère tellement grave, que le gouverneur ordonna l'arrestation d'Alvarado. Cet ordre devint le signal de la révolte.

Alvarado, favorisé par l'administrateur des douanes et secondé par plusieurs aventuriers qui s'étaient mis dans le complot, parvint à s'échapper de Monterey et à gagner San-Juan, village situé à douze lieues dans l'intérieur.

Il s'occupa immédiatement de recruter des adhérents, et réunit en quelques jours une troupe de *rancheros* (fermiers à cheval) et de chasseurs américains.

Le commandant de la province, don Nicolas Gutierez, n'ignorait pas le projet qui se tramait, mais trop peu prévoyant, et se reposant sur une force de 70 hommes qu'il avait sous ses ordres, il se crut à l'abri de tout danger, et se renferma dans le présidio, entouré de murs en briques crues.

Par suite de cette incurie, les insurgés s'organisèrent tranquillement hors de la ville et marchèrent sur la capitale. Le commandant, sommé de se rendre, ne voulut d'abord admettre aucune espèce de composition avec les révoltés; mais se voyant bientôt abandonné d'une partie des siens, à qui l'on avait insinué qu'ils avaient affaire à une armée considérable, il fut obligé de capituler, et la ville se rendit le 5 novembre 1836, sans avoir tiré un coup de fusil.

Le même jour, à midi, le parti vainqueur prit possession du présidio, et de ce moment on ne parla plus à Monterey que de demander la protection des États-Unis et l'admission de la Haute-Californie à faire partie de l'Union.

Alvarado fut proclamé par ses gens gouverneur de la province, le lieutenant Vallejo fut nommé commandant général militaire, et don José Castro, préfet de Monterey. Les pouvoirs étant ainsi distribués, Alvarado s'occupa sans retard d'envoyer des commisaires dans les districts, pour sommer les villes de reconnaître l'indépendance. Mais les populations, qui avaient trop éprouvé ce que leur avait valu la première émancipation, ne voulurent point se soumettre au nouvel ordre de choses qui s'établissait; elles s'armèrent contre le parti qui venait de triompher à Monterey.

Le nouveau gouverneur fut donc obligé de se remettre en campagne, et après quelques jours de marche il rencontra une force supérieure à la sienne, commandée par don José Castillero, qui l'obligea, sans en venir aux mains, de jurer fidélité à la constitution centrale du Mexique.

A cette condition, Castillero consentit à reconnaître Alvarado comme chef politique par intérim; car Alvarado était plus ancien député que lui, et il s'engagea en outre à rendre compte au gouvernement suprême de tous ces faits, afin qu'il pût prendre les mesures qu'il jugerait utiles et convenables dans cette occurrence.

Lorsque M. Dupetit-Thouars arriva à Monterey, en 1837, il régnait dans les esprits une grande consternation, et l'on attendait avec anxiété les nouvelles du Mexique.

Nous allons rapporter brièvement les événements postérieurs à 1837, ainsi que les circonstances qui ont amené l'annexion de la Nouvelle-Californie aux États-Unis.

A la fin de 1837, Alvarado reçut l'avis qu'un ancien député du congrès, don Ch. Carrillo, venait d'être désigné par le gouvernement central pour le remplacer. Cette nomination, qui d'ailleurs ne pouvait apporter aucun changement notable dans la situation des affaires, rencontra une vive opposition de la part du chef du nouveau gouvernement; les obstacles furent tels que don Carillo dut renoncer à occuper son poste.

En apprenant cet acte d'insoumission, il y eut à Mexico des proclamations furieuses contre les rebelles qu'on menaçait des plus terribles châtiments; mais cette effervescence ne devait durer qu'un moment. En effet, par une décision ultérieure du congrès, Alvarado fut maintenu au pouvoir avec le titre de *gouverneur constitutionnel* de la Nouvelle-Californie; la nomination de Vallejo, comme gouverneur militaire, fut confirmée.

Mais la division ne tarda pas à se mettre entre les habitants et les chefs de ce gouvernement, composé d'éléments si divers. En 1840, Alvarado devint suspect aux étrangers qui l'avaient aidé à conquérir le pouvoir; ces derniers songèrent en conséquence à le déposer comme ils avaient fait de son prédécesseur.

Leur entreprise échoua cette fois. Prévenu à temps, Alvarado fit diriger en toute hâte, dans la nuit du 7 avril 1840, un détachement de ses hommes les plus dévoués, sous le commandement de don José Castro, vers une cabane où se trouvaient réunis les chefs présumés du complot, et entre autres le vieux Isaac Graham, dont le nom est lié à tous les mouvements qui eurent lieu en faveur de l'indépendance. Attaqués à l'improviste, il y eut plusieurs hommes de blessés et un tué; on s'empara des autres et successivement de tous leurs adhérents, qui furent expédiés au nombre de quarante-six (savoir vingt-cinq Anglais, la plupart matelots déserteurs, et vingt-un Américains) dans les prisons du Mexique.

Ces circonstances et les vexations exercées, à tort ou à raison, sur les familles étrangères résidant à Monterey, soulevèrent des réclamations de la part des légations britannique et américaine établies à Mexico, qui fondèrent leurs griefs sur ce qu'aucune instruction judiciaire n'avait été formée contre les prisonniers, qu'il n'existait pas de déclaration de témoins, qu'aucune preuve enfin n'avait été fournie au gouvernement. Des indemnités furent réclamées en faveur des sujets compromis ou inquiétés, et le paiement s'en effectua par les soins du gouvernement central.

Il n'est pas besoin de dire l'aigreur qui se manifesta de part et d'autre durant cette longue négociation.

En 1842, sur une rumeur que la guerre venait d'éclater entre les États-Unis et le Mexique, le commodore *Jones* s'empara de Monterey; mais ayant reconnu la méprise il restitua cette ville peu de temps après.

Alvarado resta maître de la contrée jusqu'en 1842, époque à laquelle un assez grand nombre d'émigrants arrivèrent par terre des Etats-Unis. Celui-ci, craignant avec raison les griefs qu'il avait accumulés sur sa personne par la persécution des Américains en 1840, fit demander des troupes au congrès de Mexico. Santa-Anna, alors président, ordonna, par un décret du 21 février 1842, de faire partir pour la Californie trois cents prisonniers, et profita de cette circonstance pour remplacer Alvarado en envoyant comme gouverneur le général de brigade *Micheltorena*, qui arriva à Monterey en septembre 1842.

Le Mexique, qui avait conservé tout juste assez d'autorité sur la Californie pour être responsable des erreurs ou des fautes de l'administration locale, n'eut pas plus tôt satisfait aux exigences de l'Angleterre et des Etats-Unis, relativement aux prisonniers d'Alvarado, qu'il se produisit une autre difficulté d'une nature bien plus sérieuse à l'occasion d'un Etat limitrophe.

La province mexicaine du *Texas*, située au sud des Etats-Unis, qui s'était, dès l'année 1836, déclarée indépendante, venait par un nouvel acte de son congrès, daté du 12 avril 1844, de proposer un traité d'annexion aux Etats-Unis.

La proposition, soumise à la sanction du sénat de Washington fut rejetée; mais bientôt après, les vues non équivoques de l'Angleterre sur cette province, qui se manifestaient par des velléités de protectorat, changèrent complètement les dispositions du congrès américain.

Le Texas, agissant conformément au vœu général de la population, lui ayant adressé de nouvelles propositions, celles-ci furent acceptées, et le bill formel d'annexion fut définitivement adopté par les deux chambres, le 22 décembre 1845.

La perte d'une province aussi importante produisit au Mexique une vive sensation.

Le gouvernement central avait bien reconnu, en 1836, l'indépendance du Texas, mais son incorporation à l'Union ne pouvait être envisagée d'un œil aussi indifférent. Il fut donc résolu qu'on lèverait une armée pour disputer aux Etats-Unis la possession de ce territoire.

L'issue de cette guerre ne pouvait être douteuse. Le Mexique, livré à l'anarchie la plus complète depuis le jour où il s'était cru mûr pour l'exercice de toutes les libertés, n'avait point de ressources financières, son armée manquait de matériel, d'approvisionnement; le Mexique n'avait enfin ni administration, ni organisation politique et militaire.

Un malentendu au sujet d'une question de limite précipita la marche des évènements.

Le Mexique prétendait que le Texas se bornait au sud-ouest à la rivière *Nueces*, qui se jette dans le golfe du Mexique, mais le congrès texien avait décrété après sa séparation que le sol du Texas s'étendait jusqu'au *Rio-Grande* ou *Bravo del Norte*; c'est ainsi que le comprenait de son côté le gouvernement américain, qui jugea prudent d'envoyer au Texas une armée d'observation sous les ordres du général *Taylor* (aujourd'hui président des États-Unis) pour protéger l'intégrité de cette nouvelle frontière.

C'est en mars 1846 que l'armée américaine se présenta sur la limite du territoire contesté. Le général Taylor alla camper sur la rive gauche du Rio Nueces, près de la baie de *Corpus Christi*. L'armée mexicaine prit position dans la ville de *Matamoros*, capitale de l'Etat de Tamaulipas, située sur la rive droite du Rio-Grande, à douze lieues de la mer.

Les forces américaines s'élevaient à 4,000 hommes de troupes, dont 3,000 fantassins et 1,000 cavaliers.

Le 22 mars, cette armée fut partagée en deux corps, le général Taylor prit le commandement du premier et garda sa position à l'embouchure du Rio Nueces, tandis que le général Worth, à qui fut confié le commandement du second corps, reçut l'ordre de franchir la rivière et d'aller se poster en face de Matamoros.

L'invasion était flagrante aux yeux des Mexicains, néanmoins ils s'abstinrent de toute manifestation. Le général *Mejia*, commandant la place de Matamoros, attendait, avant d'agir, qu'il eût reçu les renforts qui lui étaient annoncés. Plus d'un mois s'écoula en négociations, entre les généraux Taylor et Mejia, sans qu'aucun accord s'ensuivît; elles n'eurent d'autre conséquence que de laisser à ce dernier le temps d'augmenter ses forces, tandis que l'armée du général Taylor s'affaiblissait par les maladies et la scission qui éclata entre plusieurs de ses régiments, à peine disciplinés et encore imbus de l'esprit de rivalité provinciale.

Sur ces entrefaites, on apprit dans le camp américain que le chargé d'affaires des Etats-Unis à Mexico avait demandé ses passeports. La guerre était donc officiellement déclarée.

L'armée mexicaine se trouva complétée à la fin d'avril, elle comptait environ 8,000 hommes.

Le 1ᵉʳ mai, le général Arista, commandant en chef de cette armée, donna l'ordre au général Torrejon de passer le Rio-Bravo. Quelques jours après il passait lui-même le fleuve, à trois lieues au nord de Matamoros, avec un second corps de troupes.

Les divisions Taylor et Worth se mirent de leur côté en mouvement, et se trouvèrent en présence de l'ennemi, le 7 mai 1846, dans la plaine de *Palo-Alto*;le feu s'engagea immédiatement.

Dès les premières heures, l'artillerie américaine fit d'immenses ravages dans les rangs ennemis ; toutefois, le combat fut soutenu avec courage; il se continua pendant une partie de la journée du lendemain, mais avec des pertes énormes du côté des Mexicains, qu'écrasaient le feu du canon et les balles des chasseurs américains. Cette armée si brillante, aux étendards bigarrés, aux armes étincelantes, fut contrainte de repasser le Rio Bravo, et se jeta en désordre dans Matamoros.

Ce premier succès des armes américaines fut suivi en peu de temps de plusieurs autres. Le 18 mai, Matamoros se rendit, et quelques semaines après deux Etats voisins, ceux de *Nuevo Léon* et *Cohahuila*, se trouvaient à leur tour envahis.

Néanmoins les ouvertures faites par le gouvernement de Washington, pour amener un arrangement entre les deux pays, furent formellement déclinées. Les Mexicains adoptèrent la tactique d'éviter toute action générale avec les troupes américaines, en organisant un système de guérillas et en interceptant leurs approvisionnements, car le plus redoutable ennemi de l'armée américaine était le climat et les fatigues. Elle eut en effet beaucoup à souffrir sous ce double rapport, et la guerre du Mexique présentait l'étrange spectacle d'une armée victorieuse en pays ennemi, qui se trouvait plutôt dans la nécessité de faire la paix que l'ennemi lui-même.

Le gouvernement de Mexico, en repoussant ces offres pacifiques, déclarait qu'il ne traiterait point avec l'ennemi, tant que celui-ci n'aurait pas vidé le sol national.

Les généraux américains poursuivaient toutefois leur marche à travers des régions inconnues et à peine habitées, et déclaraient réunis à l'union du nord les immenses territoires que traversaient leurs troupes.

Le 6 juillet 1846, le commodore John Sloat s'emparait de *Monterey*, capitale de la Nouvelle-Californie, et le 23 septembre de la même année, le général Taylor, avec une force de 6,200 hommes, s'emparait de *Monterey*, capitale du Nouveau-Léon, au sud du Texas, vigoureusement défendu pendant trois jours par 9,000 combattants.

Le gouvernement mexicain espérant sans doute atténuer ses pertes par des captures maritimes, délivrait une foule de *lettres de marque* pour courir sus aux navires américains (1). Mais cette tentative ne produisit pas les résultats qu'on en attendait.

A la fin de 1846, l'Etat du *Nouveau-Mexique*, capitale Santa-Fé, était déclaré d'avance partie intégrante des Etats-Unis; ainsi, pour résumer les principaux événements de cette première phase de la guerre du Mexique, nous voyons qu'en moins de huit mois après l'ouverture de la campagne, les troupes américaines occupaient les provinces du Nouveau-Mexique, de Tamaulipas, de Nuevo-Léon, de Cohahuila, et la Californie.

(1) Ces commissions étaient en blanc pour recevoir le nom de tout individu de quelque nation qu'il soit, qui voudrait en acheter.

CHAPITRE II.

Un armistice de deux mois avait été conclu après la prise de Monterey, ce temps d'arrêt était à peine suffisant à l'armée américaine pour refaire son matériel presque anéanti et réparer ses pertes.

Au milieu de ces circonstances, une révolution éclatait à Mexico; le général Paredes fut renversé de la présidence et Santa-Anna, rappelé de l'exil, fut porté au pouvoir et investi d'une véritable dictature.

A la reprise des hostilités, Santa-Anna se mit à la tête de l'armée.

Le 22 février 1847, il atteignit l'ennemi campé dans la plaine de *Buena-Vista*, près de la route de Saltillo (Nouveau-Léon).

L'armée mexicaine était forte d'environ 12,000 hommes, l'armée américaine ne comptait que 4,400 hommes. Après deux jours de combat acharné, les troupes mexicaines furent défaites et se replièrent sur San-Luiz de Potosi, laissant sur le champ de bataille environ 2,000 morts et un nombre encore plus considérable de blessés.

Les pertes éprouvées par l'armée américaine, dans cette dernière affaire, s'élevèrent à plus de 700 hommes.

Une victoire si chèrement achetée exigeait qu'on s'occupât promptement des moyens de prévenir un plus grand désastre peut-être.

Le congrès de Washington comprit qu'il n'était plus temps de reculer devant les sacrifices, il vota immédiatement neuf régiments de volontaires (1) ainsi que la

(1) Le sénat de Washington avait adopté, en janvier 1847, un bill qui accordait à tous ceux qui serviraient pendant un an dans la guerre du Mexique, une concession de 160 acres de terrain ou 100 dollars de rente 6 0/0. La même loi augmentait la solde de l'armée régulière qui était déjà de 8 dollars (42 fr.) par mois.

création d'un nouveau papier, jusqu'à concurrence de vingt-huit millions de dollars, pour suffire aux dépenses de cette campagne.

Le gouvernement américain avait résolu dès le mois de janvier de faire un effort par mer et de s'emparer de la *Vera-Cruz*.

L'armée de terre, partagée jusqu'alors en plusieurs colonnes éloignées les unes des autres, à des distances qui ne leur permettaient pas de se prêter un mutuel appui, reçut, au commencement de mars, l'ordre de combiner ses forces avec la flotte, pour agir contre la même place.

La prise de la Vera-Cruz devait assurer la conquête prochaine de la capitale du Mexique, située à moins de cent lieues de là.

Dans les premiers jours de mars 1847, une escadre américaine débarquait sur la côte de la Vera-Cruz une armée de 12,000 hommes aux ordres du général *Scott*. Le 22 mars, cette armée, secondée par l'escadre du commodore Perry, mit le siège devant la Vera-Cruz, et le 28 du même mois, la ville capitulait à la suite d'un bombardement de cinq jours.

Le château de Saint-Jean-d'Ulloa se rendit avec la ville.

Toutes les calamités semblaient s'être déchaînées à cette époque sur le Mexique.

Les Indiens *Apaches* avaient envahi la province de *Sonora* et y commettaient d'épouvantables ravages. Le général Alvarez allumait la guerre civile dans l'Etat d'*Acapulco*, l'Etat d'*Oajaca* avait deux gouverneurs et deux congrès dont l'un semblait occupé uniquement à annuler les decrets de l'autre. Les Etats de *Yucatan* et de *Zacatecas* se séparaient de Mexico et opposaient au congrès souverain un simulacre d'assemblée nationale.

Pendant ce temps, la plus affreuse anarchie régnait à *Mexico*, la ville était barricadée, on combattait à outrance dans les rues. Cette perturbation sanglante était due à l'ambition d'un chef du parti révolutionnaire qui cherchait à s'emparer du pouvoir en l'absence des troupes qui tenaient la campagne et défendaient la patrie. Durant plusieurs jours, 160,000 personnes se sont trouvées livrées au pouvoir oppressif d'une multitude en démence.

L'arrivée du général Santa-Anna avec le gros de l'armée rétablit le calme dans la cité. Il rallia à la cause commune tout ce qu'il trouva d'hommes capables de porter les armes, et résolut, malgré la capitulation des deux principales places du Mexique, de défendre le terrain pied à pied.

L'armée du général Scott s'élevait à 15,000 hommes. En déduisant de ce chiffre un tiers de malades, de blessés et d'hommes nécessaires à la garde des dépôts, il restait au général américain environ 10,000 hommes disponibles. C'est avec cette force qu'il quitta sa position le 16 avril pour marcher sur la capitale ennemie.

Santa-Anna avait concentré tous ses moyens de défense sur un passage périlleux situé à environ deux journées de Vera-Cruz, le *Cerro-Gardo*, défilé bordé alternativement de montagnes à pic et d'affreux précipices; c'est là que l'armée mexicaine, forte de 14,000 hommes, devait détruire l'armée américaine.

La vue des dispositions de la défense offrait quelque chose de saisissant, de la base au sommet des montagnes, ce n'était que retranchements, canons, lances et bayonnettes, la route elle-même était occupée par une tranchée, derrière laquelle on avait placé une redoutable artillerie.

Il n'y avait nul moyen de tourner cet obstacle, le général Scott accepta résolument l'immense difficulté de l'entreprise.

Il partagea son armée en quatre divisions qui reçurent l'ordre d'attaquer simultanément les principales positions occupées par l'ennemi.

Le général Twiggs commandait l'avant-garde et devait attaquer le Cerro-Gardo, l'un des points les mieux défendus, le général Schields devait emporter la tranchée de la route. Le général Worth devait déloger les troupes de la montagne qui dominait la route, le général Pillow qui commandait la quatrième brigade, eut pour mission de chasser l'ennemi des autres positions.

L'attaque eut lieu le 18 avril 1847. Un feu terrible accueillit les Américains, mais sans s'arrêter aux préliminaires de la fusillade, ceux-ci se précipitèrent dans les retranchements avec une grande impétuosité ; ce fut un combat corps à corps ; de toute part hommes, chevaux, canons et caissons roulaient pêle-mêle au fond des précipices.

La promptitude et la simultanéité de l'attaque fixèrent le sort de cette journée, qui tiendra sa place parmi les faits d'armes les plus mémorables de l'histoire militaire des nations.

Les Mexicains vaincus sur tous les points, laissèrent au pouvoir des Américains environ 6,000 prisonniers et une trentaine de pièces de canon.

En voyant la bataille perdue, Santa-Anna s'était replié avec le reste de son armée sur Mexico.

Le 20 avril, le drapeau de l'Union flottait sur les murs

de Jalappa, et quelques jours après, le château fort de Perotte tombait au pouvoir des forces américaines.

Le mois suivant, le général Scott occupait Puebla, ville importante, située à 28 lieues de Mexico.

Tout en poursuivant sa marche victorieuse, l'armée américaine se trouvait aux prises avec de grandes difficultés; les garnisons laissées à Vera-Cruz, à Jalappa et à Perotte, avaient absorbé la moitié des forces disponibles, la route était couverte de guérillas qui ne cessaient d'inquiéter les flancs et les derrières de l'armée. Le général Scott n'avait avec lui que 6,000 hommes lorsqu'il entra à Puebla, ville peuplée de 60,000 habitants.

De retour à Mexico, Santa-Anna avait réuni environ 18,000 hommes, et faisait exécuter de grands travaux de défense aux environs de la capitale.

Pendant que le général Scott occupait Puebla et recevait quelques légers renforts de Vera-Cruz, le général Taylor avait quitté les provinces occidentales pour opérer sa jonction avec l'armée de Scott.

L'armée américaine continua sa marche sur Mexico.

Les journées des 19 et 20 août furent signalées par la prise des positions avancées de *Contrebas* et *Charabusco* après des pertes considérables du côté des Américains.

Cette victoire fut suivie d'un armistice pour traiter des conditions de la paix, mais les négociateurs ne purent tomber d'accord. Les points dissidents qui amenèrent la rupture des conférences étaient relatifs à la province de Santa-Fé et à la langue de terre située entre le Rio Bravo et le Rio Nueces, dont les Américains ne voulaient pas se dessaisir et que les Mexicains ne voulaient point abandonner.

Les hostilités recommencèrent donc peu de temps après avec une nouvelle ardeur.

Le 13 septembre, le général Scott attaquait les positions de *Chapultepec* et du *Moulin du Roi* qui commandent l'entrée du Mexico. Malgré la résistance désespérée des troupes qui les défendaient sous les ordres de Santa-Anna, les positions furent emportées, et l'armée américaine fit son entrée dans la capitale du Mexique le 16 septembre 1847.

Le général Scott, alliant l'énergie à la plus sage modération, entoura les vaincus d'une protection généreuse et éclairée. Pour être juste à l'égard de son adversaire malheureux, disons que, de son côté, Santa-Anna n'exerça aucun traitement rigoureux envers les prisonniers américains que le sort des armes avait fait tomber en son pouvoir, et se montra toujours disposé à les échanger lorsque la proposition lui en était faite.

Les négociations furent renouées sans qu'aucun traité cependant ne se conclût durant plusieurs mois d'occupation, et bien que tous les ports du Mexique fussent au pouvoir des escadrilles américaines.

C'est là, du reste, le caractère distinctif de toutes les expéditions faites chez les peuples espagnols des deux hémisphères ; la guerre semble toujours sur le point de se terminer et ne finit jamais.

Les bases du traité que fut chargé de négocier M. *Tristt*, plénipotentiaire américain, consistaient : dans la cession du Nouveau-Mexique à titre de conquête et dans la vente de la Nouvelle-Californie, déjà peuplée d'occupants américains, qui serait payée en argent par les États-Unis.

Si le gouvernement de Washington mettait tant d'instances à cet arrangement, c'est qu'il savait qu'il y avait en Europe une puissance qui proposerait au gouvernement obéré du Mexique de lui céder la Californie contre paiement comptant, dès que les troupes américaines en seraient sorties. Cette prévision s'appliquait à l'Angleterre, qui, disait-on, avait fait des ouvertures à ce sujet au gouvernement mexicain.

Nous allons laisser un moment le Mexique pour suivre la marche des événements qui se poursuivaient à la même époque en Californie. Disons d'abord un mot de sa population et de la situation des esprits, avant l'arrivée de l'escadre américaine devant Monterey.

En 1845, la population blanche de la Nouvelle-Californie s'élevait à 10,000 âmes dont près de la moitié était étrangère, c'est-à-dire ne descendait pas de race espagnole. Cette population active et remuante se montrait peu sympathique au gouvernement de la contrée et semblait prendre à tâche d'entraver toutes ses résolutions. Les Californiens, qui nourrissaient d'anciennes rancunes contre les actes de l'administration mexicaine, se mêlèrent au mouvement qui se préparait pour s'affranchir encore une fois de son autorité. Le chef de ce mouvement, le nommé *Pico*, Californien, parvint à réunir une milice imposante.

L'armée insurrectionnelle comptait à sa tête les chefs de l'ancien gouvernement, Vallejo, Castro, Alvarado et autres.

Le 21 février 1845, le général Micheltorena, gouverneur de la contrée, fut défait dans une rencontre qu'il eut avec les troupes de Castro aux environs de los Angeles. *Pio Pico*, en sa qualité de doyen des représentants de la cité, fut nommé gouverneur de la Californie, et José Castro prit le commandement général des troupes.

Micheltorena, ses officiers et les soldats qui voulurent le suivre, s'embarquèrent sur un navire américain et se firent conduire à San-Blas.

Nous devons dire qu'une des premières résolutions prises par le gouvernement de Washington, après que la guerre eut été engagée avec le Mexique, fut de faire occuper la Californie.

En apprenant cette résolution, et l'ordre donné au commodore John, le 16 mai 1846, de s'emparer de Monterey, le parti qui avait triomphé en 1845, organisa la résistance, et choisit pour centre de ses opérations la cité de los Angelès au sud de la contrée.

La nouvelle de cet événement qui allait susciter de graves embarras aux résidents américains, parvint au colonel *Stephan W. Kearny* qui se trouvait alors au Nouveau-Mexique, au moment où cet officier recevait de son gouvernement l'ordre de se rendre par terre en Californie avec le régiment de dragons qu'il commandait, pour protéger les nationaux établis dans le pays et appuyer les opératons de l'escadre américaine. Le colonel Kearny ne se dissimula pas la gravité des difficultés qu'il rencontrerait s'il engageait un si grand nombre d'hommes et de chevaux dans ce désert de Californie, dont l'imagination sondait avec effroi la profondeur inconnue. Pressé de se rendre où l'appelait son devoir, il laissa sa troupe près du Rio del Norte et partit à la tête d'un détachement d'une centaine d'hommes, espérant arriver de cette manière assez à temps pour secourir ses compatriotes.

Pendant que le colonel Kearny parcourait ces vastes solitudes, le capitaine américain *Frémont*, du corps des ingénieurs topographes, dont les voyages d'exploration ont fait faire tant de progrès à la géographie de la Californie, réunissait un petit corps d'armée dans la plaine des Trois-Buttes à quarante milles au nord de la Nouvelle-Helvétie. Beaucoup de résidents américains s'étaient rendus dans son camp en apprenant les dispositions hostiles de Pico.

Le partie de la résistance occupait encore toutes les positions de l'intérieur, et entre autres *Sonoma* au nord de la baie de San-Francisco qui possédait un petit fort armé de neuf canons, lorsque le 10 juin éclata une insurrection qui servit admirablement les vues des Américains. Les insurgés avaient pris le titre de *Bears* (ours) et leur étendard portait celui de *Bear-flag* (étendard de l'ours.) Après s'être emparés d'un convoi de chevaux que Castro, l'ancien gouverneur militaire, dirigeait sur Santa-Clara, ils se portèrent sur Sonoma et enlevèrent le fort. Le chef de cette insurrection, nommé Mears, après avoir laissé à Sonoma une petite garnison, repartit pour le sud à la tête de ses volontaires en proclamant partout l'indépendance. De son côté, Castro publiait une proclamation appelant les habitants à la défense de la patrie et dirigeait des troupes sur Sonoma. C'est dans ce moment que le capitaine Frémont, quittant sa position des Buttes, se porta sur Sonoma à la tête de quatre-vingt-dix hommes, et y arriva en même temps que l'avant-garde de Castro forte de soixante-dix hommes envahissait la ville, et se disposait à attaquer le fort. Après avoir dispersé cette troupe, le capitaine Frémont se fit livrer le fort occupé par les *Bears* et tout le matériel qu'il renfermait. Une fois en sûreté dans cette place, il organisa un gouvernement provisoire dont il prit lui-même la direction. Le parti de la résistance ne laissait pas cependant que de faire des progrès sur tout le littoral, des bandes ennemies composées en partie de Californiens de naissance s'organisaient dans les environs de Monterey et poussaient des reconnaissances jusque dans la ville.

Au mois d'octobre 1846, le commodore *Stockton* vint mouiller devant San-Francisco, ville déjà tout américaine à cette époque. A la nouvelle de son arrivée, le capitaine Frémont alla le rejoindre avec cent quatre-vingts volontaires, et le 13 du même mois, cette troupe s'embarqua pour Monterey où elle arriva le lendemain.

Les officiers américains déployèrent une grande activité pour recruter partout des adhérents à la cause de l'Union; en moins d'un mois, ils disposaient déjà d'une troupe de plus de quatre cents hommes, mal équipés il est vrai, mais bons soldats et cavaliers intrépides.

Le capitaine Frémont se disposait à marcher sur los Angeles lorsque le bruit se répandit le 15 novembre que M. Th. O Larkin, consul américain, venait d'être enlevé par une bande de Californiens, en se rendant de Monterey à San-Francisco. Un détachement fut immédiatement dirigé dans la direction où l'on annonçait que cette troupe était réunie; on l'atteignit aux environs de San-Juan-Baptiste; elle était formée en trois pelotons conduisant au centre leur captif; attaqués aussitôt, les Californiens furent dispersés, et M. Larkin rendu à la liberté au milieu d'une vive fusillade.

Le 30 novembre, le capitaine Frémont à la tête d'un bataillon de *riflemen* se mit en marche sur los Angeles.

Dans les premiers jours de décembre, le colonel Kearny atteignait *Agua-Caliente*, au sud de la vallée des Tulares, après une marche d'une incroyable difficulté. Il fut rejoint quelques jours après par un détachement d'Américains commandé par le capitaine Gillespie qui l'informa que la Californie était en pleine insurrection, et qu'une troupe de sept à huit cents hommes commandés par le général *Andreas Pico* tenait la plaine en avant de los Angeles.

Le colonel Kearny, que nous verrons figurer désormais comme général dans les affaires de la contrée, se porta sans perdre de temps à la rencontre de l'ennemi qu'il atteignit le 6 décembre dans la plaine de San-Pascual; l'attaque fut aussi vigoureuse que la résistance fut opiniâtre. Après un engagement très sérieux, l'ennemi fut mis en déroute. Dans ce combat, le général Kearny perdit deux capitaines, un lieutenant, deux sergents, deux caporaux et dix dragons, il reçut lui-même deux blessures, et eut un assez grand nombre de ses hommes blessés; les pertes de l'ennemi furent beaucoup plus considérables. Le jour suivant, le général Kearny fut rejoint par un détachement de marins de l'escadre du commodore Stockton; après les soins donnés aux blessés, il reprit sa marche vers le nord. Les 8 et 9 décembre, il eut deux nouveaux engagements avec les Californiens qu'il continuait à pousser devant lui.

Le 10 décembre, Castro fugitif rencontrait le capitaine Frémont, et faisait sa soumission. Los Angeles tenait cependant encore, mais on pouvait prévoir la prochaine réduction de ce dernier rempart du patriotisme californien.

Le 14 décembre, un détachement de la troupe du capitaine Frémont se saisit de Tortoria Pico, réfugié dans les environs de San-Luiz Obispo, jugé et condamné à mort pour avoir violé le serment qu'il avait fait de ne plus porter les armes contre les Américains. La sentence allait être exécutée le 17 du même mois, lorsqu'une députation des dames de San-Luiz vint implorer et obtint du capitaine Frémont la grâce du prisonnier. Pendant la marche sur los Angeles, une révolte éclatait dans le nord. Une centaine de Californiens faisaient irruption dans San-Francisco, et s'emparaient de M. Bartlett, alcade, et de plusieurs personnes notables de la ville. Le 2 janvier 1847, le capitaine *Word-Marston* s'avança à la rencontre des factieux, et les mit en fuite. Le 8, l'ennemi capitulait, rendait les prisonniers et livrait ses armes et ses munitions.

Dans les premiers jours de 1847, la colonne du capitaine Frémont faisait sa jonction avec celle du général Kearny. Les 8 et 9, on battait les troupes californiennes réunies devant los Angeles, et le 13 du même mois, l'armée américaine entrait dans cette cité abandonnée de ses habitants indigènes.

La conquête de la Californie était consommée.

Après la ratification des conditions de la paix, le général Kearny s'occupa d'organiser les pouvoirs civils, et sut s'attirer en peu de temps par l'urbanité de ses manières et les nobles qualités de son cœur, les sympathies générales. Le capitaine Frémont, promu au grade de colonel, fut nommé le 19 janvier *gouverneur militaire* de la contrée.

Dans le courant du mois de février, le général Kearny publiait une proclamation dans laquelle il annonçait que le gouvernement de l'Union respecterait les institutions religieuses des Californiens, protégerait leurs personnes et leurs propriétés, et aviserait à leur donner au plus tôt une constitution en vertu de laquelle ils nommeraient eux-mêmes leurs représentants pour défendre leurs intérêts, et rédiger leurs lois. Il déclarait en même temps que les habitants de la Californie étaient désormais affranchis de leurs serments envers le Mexique ; qu'ils étaient citoyens des États-Unis.

« Lorsque le Mexique, ajoutait le général Kearny,

« nous obligea à faire la guerre, le gouvernement des
« États-Unis n'eut pas le temps d'inviter les Californiens
« à se rallier à son drapeau, il fut forcé de s'emparer
« de cette contrée, pour prévenir l'invasion de quelque
« puissance européenne. Si dans l'accomplissement de
« cette mesure, les agents des États-Unis ont commis
« des abus de pouvoir, ces actes de violence seront sé-
« vèrement examinés, et ceux qui en ont été victimes
« recevront une juste indemnité.

« La Californie a beaucoup souffert de ses discordes et
« de ses guerres civiles. Mais c'en est fait à présent de
« ce temps de désastres. La bannière étoilée flotte sur ce
« beau pays, à tout jamais elle le protégera. Sous cette
« égide, l'agriculture de la terre californienne sera amé-
« liorée, et les arts et les sciences fleuriront dans cette
« région.

« Les Américains et les Californiens ne forment plus
« qu'un même peuple. N'ayons plus ensemble qu'un
« désir et qu'un espoir, unissons-nous comme des frères
« pour travailler au progrès et à la prospérité de ce pays
« qui est devenu notre pays. »

Cette proclamation, accueillie avec un sentiment
unanime de joie et d'espérance par la population de
Monterey, fut bientôt connue dans toute la contrée et
produisit le plus salutaire effet.

Revenons maintenant au Mexique; nous avons laissé
le général Scott à Mexico, attendant vainement la fin
des conférences diplomatiques ouvertes depuis plusieurs
mois.

Pour vaincre la résistance des négociateurs républi-
cains, et frapper un coup décisif, le général Scott de-
manda à son gouvernement de nouveaux renforts et

annonça, par un ordre du jour daté du 15 décembre 1847, que l'armée américaine allait se répandre sur le pays et se mettre en mesure de l'occuper définitivement.

L'intérêt des populations de ces provinces requérait qu'un gouvernement stable et régulier y fût établi aussitôt que possible. Cette mesure devait amener la paix et la tranquillité parmi les habitants, en éloignant toutes les appréhensions qu'ils pouvaient avoir d'être de nouveau soumis à la juridiction du Mexique.

C'est au milieu de ces graves péripéties, et tandis que tout semblait annoncer une recrudescence d'hostilités, que furent arrêtées, dans la ville de *Guadalupe-Hidalgo*, le 2 février 1848, les conditions qui contenaient la cession du Nouveau-Mexique et de la Nouvelle-Californie, pour la somme de *quinze millions de dollars*.

Les États-Unis se chargeaient, en outre, de liquider toutes les réclamations que les sujets américains et texiens élevaient contre le Mexique, jusqu'à concurrence de *cinq millions de dollars*.

Ce qui porte à 20 *millions de dollars* (environ 107 millions de francs), en sus des frais de la guerre, les sommes à payer par les États-Unis, sacrifice bien compensé aujourd'hui par l'immense valeur de l'acquisition de ces vastes et riches territoires.

Nous donnons ci-après les trois principaux articles du traité intitulé :

Traité de paix, amitié, délimitation et arrangements entre les États-Unis d'Amérique et la république mexicaine.

Art. 5. *Relatif à la délimitation entre le Mexique et le Nouveau-Mexique, et entre le Mexique et la Nouvelle-Californie.*

La ligne de démarcation entre les deux républiques longera au nord la limite occidentale du Nouveau-Mexique, jusqu'au point où elle coupe la première branche du *Rio-Gila,* ou si elle ne coupe pas cette branche, jusqu'au point qui en est le plus proche. De ce point, la limite continuera au sud-ouest en suivant le milieu de ladite rivière, jusqu'à son confluent avec le *Rio-Colorado.*

Partant de la jonction de la *Gila* avec le Colorado, la limite marquant la division entre l'Ancienne et la Nouvelle-Californie se prolongera jusqu'à l'océan Pacifique.

Les limites méridionale et occidentale du Nouveau-Mexique, telles qu'elles ont été mentionnées plus haut, sont consignées dans une carte des Etats mexicains, par *J. Disturnelle (New-York,* 1847).

Pour prévenir tout malentendu relativement au tracé sur le terrain, de la limite séparant la Vieille-Californie de la Nouvelle, il est convenu que la limite consistera en une ligne droite, tirée du milieu du *Rio-Gila,* au point de sa jonction avec le Colorado, et allant aboutir à un point de la côte de l'océan Pacifique, distant *d'une lieue marine* de l'extrémité la plus méridionale du port de *San-Diego,* selon le plan dudit port dressé en l'année 1782, par don *Juan Pantoja,* publié à Madrid en 1802 dans l'atlas du voyage des schooners *Sutil et Mexicana.*

Art. 12. En considération de son agrandissement territorial, le gouvernement des Etats-Unis s'engage à payer à la république du Mexique la somme de *quinze millions de dollars,* savoir : Immédiatement après la ratification du traité par le gouvernement de la république mexicaine, 3 millions de dollars en la ville de Mexico. Les 12 millions restant dus seront payés à Mexico, en versements annuels de 3 millions de dollars avec intérêt à 6 pour 0/0 par an.

Art. 13. Les Etats-Unis s'engagent à assurer et à payer aux ayant-droit toutes les sommes échues et à échoir à raison des réclamations déjà liquidées et décidées contre la république mexicaine, aux termes des conventions entre les deux républiques des 11 avril 1839 et 30 juin 1843. « Le gouvernement mexicain sera absolument affranchi à l'avenir de toutes les dépenses à raison de ces réclamations. »

L'échange des ratifications du traité avec le Mexique eut lieu le 30 mai 1848.

Le 14 août suivant, le congrès américain rendit un décret qui étend au peuple de la Californie les bénéfices des lois de l'Union. Mais les dispositions nécessaires pour la mise en vigueur de ces lois n'ont été prises que le 3 mars 1849 (1).

(1) L'acte du 3 mars 1849 n'a pour objet que le revenu et laisse entières toutes les autres questions.

Il étend à la Californie les lois sur la *perception de l'impôt*, érige le territoire en *districts de collection*, crée un port de déclaration (*port of entry*) à San-Francisco, et autorise la nomination d'un Collecteur dans ce port.

Il désigne comme port d'expédition (*port of delivery*), Monterey, San-Diego et un point situé le plus près possible du confluent des rivières Gila et Colorado, à la tête du golfe de Californie.

CHAPITRE III.

Climat de la Nouvelle-Californie. — **Chaînes de montagnes, topographie.** — Les monts californiens. — La Sierra-Nevada. — Les montagnes rocheuses. — Le désert.

L'année atmosphérique se divise, en Californie, en deux parties égales : *la saison des pluies* qui commence en octobre ou novembre, et finit en mars ou avril, et la *saison sèche* qui embrasse les six autres mois.

Durant cette dernière saison, les pluies font défaut dans toute la partie de la contrée située au-dessous du 39° parallèle, tandis qu'au-dessus de cette latitude, il pleut assez fréquemment pendant l'été pour fertiliser tous les genres de culture.

Il faut donc distinguer plusieurs climats qui diffèrent aussi suivant la situation ou la direction des vallées.

Les froids de l'hiver ont peu d'intensité et sont de courte durée. Les vents du *sud-est* qui règnent dans cette saison, adoucissent la température, tandis que ceux de l'été, soufflant du *nord-ouest*, diminuent l'ardeur du soleil.

Ces vents sont quelquefois assez frais pour obliger de faire du feu dans les maisons situées sur les bords de la mer, ils sont produits par un courant constant d'eau froide qui vient des régions polaires, et court le long des côtes de Californie ; il apporte de l'air frais qui se résout en vapeurs au contact d'une atmosphère plus chaude et produit ces brumes si favorables à la végétation.

En hiver les pluies croissent de novembre à février, puis décroissent de février à avril, c'est dans les mois de décembre et de janvier qu'elles sont le plus abondantes.

Il pleut tous les jours dans cette saison vers trois heures de l'après-midi, et rarement pendant la nuit.

La température de l'été est très élevée dans les plaines intérieures du Sacramento et de San-Joaquin. Au pied des montagnes, le thermomètre placé à l'ombre monte quelquefois à 45° centigrades ; mais en toute saison les matinées sont délicieuses, et les soirées ainsi que les nuits sont fraîches et agréables.

Nous avons rassemblé ici les observations thermométriques qui ont été faites récemment sur différents points de la contrée.

En 1849, à la *Nouvelle-Helvétie*, sur le Sacramento, la température *moyenne* du thermomètre placé à l'ombre a été pendant les quatre mois suivants :

Juillet	23°	centigrades.
Août	21°	id.
Septembre	18°	id.
Octobre	18°	id.

De onze heures à trois heures, la température s'est élevée plusieurs fois à 40°.

En 1847-1848, à *San-Francisco*, la température moyenne a été pendant les six mois suivants :

Octobre	13° 1/2	au-dessus de 0 centigrade.
Novembre	9° 1/2	id.
Décembre	10°	id.
Janvier	9° 1/2	id.
Février	10°	id.
Mars	10° 1/2	id.

En 1849, au port de *San-Diego*, au sud, température moyenne :

Juillet	21° 1/2	centigrades.
Août	23° 1/2	id.
Septembre	21°	id.

Le caractère dominant du climat de la Californie est une grande salubrité.

La salubrité du pays est telle, dit M. de *Mofras* (1), que les maladies des colons sont toujours indépendantes des influences climatériques. Ceux-ci, ainsi que les individus vaccinés, sont exempts des fièvres intermittentes et de la petite vérole, qui déciment les Indiens des tribus sauvages.

Les exemples de longévité ne sont pas rares ; il existe plusieurs centenaires dans l'étroite région habitée par les blancs.

En été les brumes fréquentes contribuent à rafraîchir l'atmosphère, elles sont souvent si épaisses que l'obscurité est presque complète. Ce phénomène expose à de grands dangers les navires qui se trouvent près des côtes, et lorsqu'on voyage à l'intérieur, on court risque de s'égarer et d'être surpris par les Indiens maraudeurs, ou attaqué par les ours qui abondent dans la contrée.

Bien que les ouragans soient assez violents sur la côte de Californie, les orages accompagnés de grêle et d'éclairs y sont fort rares, et l'on passe des années sans entendre gronder le tonnerre.

La côte est formée par une suite de petites chaînes de montagnes dont l'élévation ne dépasse pas six à huit cents mètres, et qui présentent une riante ceinture de magnifiques forêts et de gras pâturages.

Ce cordon de collines forme du nord au sud, les sierras de *Ross*, de *Santa-Cruz*, de *Santa-Lucia*, *del Buchon*, de *Santa-Inès*, de *San-Fernando*, et de *San-Gabriel*.

Les roches constituantes des collines qui bordent le

---

(1) Exploration de l'Orégon des Californies et de la mer Vermeille, par M. Duflot de Mofras. 2 vol. in-8. Paris, 1844.

rivage paraissent appartenir à l'étage *tertiaire* ; c'est une alternance de *grès*, de *marne*, de *gypse*, de *silice* et d'*ocre*. On a découvert aussi en quelques endroits, et particulièrement aux environs de Monterey, des *granits* assez semblables aux granits d'Europe.

Lors du voyage de M. Dupetit-Thouars, le docteur Neboux, attaché à l'expédition, a recueilli dans la baie de Monterey, une roche stratifiée qui, de prime abord, ressemble au *quartz résinite* du terrain d'eau douce d'Auvergne.

Cette roche, qui se présente à tous les états de dûreté possible, depuis l'état pâteux jusqu'à celui de silex, faisant feu sous le briquet, a la singulière propriété de se laisser percer par d'innombrables coquilles. Il paraît que le passage d'un de ces états extrêmes à l'autre s'opère en assez peu de temps à l'air ou au soleil.

Nous parlerons, dans un autre chapitre, des productions du sol des vallées comprises entre les différentes chaînes de montagnes que nous allons décrire. La première chaîne à l'est qui limite la seule région habitée jusqu'ici par la population blanche, est celle des monts Californiens.

Monts Californiens.

Les monts Californiens (*coast range des Américains*) suivent une direction à peu près parallèle à la côte, dont ils ne sont éloignés, au plus, que de quinze à vingt lieues. La hauteur de ces montagnes varie de mille à douze cents mètres. C'est une belle chaîne en partie boisée, en partie couverte de pâturages.

Le sol compris entre ces montagnes et les rives de l'Océan est très accidenté, de nombreux contreforts qui se relient à la chaîne principale et aux collines de la côte, forment de jolies vallées arrosées par une infinité de petits cours d'eau.

Toutes les plantes et arbres fruitiers d'Europe ont parfaitement réussi dans la plus grande étendue de cette zône, constamment tempérée par les brumes qui s'élèvent de la mer. La partie sud présente quelques intervalles de côte dégarnis de montagnes, et se trouve, par conséquent, exposée à l'influence des vents secs qui règnent dans ces parages, elle convient particulièrement aux plantes équinoxiales. La formation des monts Californiens appartient aux terrains *crétacés* ; on trouve à leur base des grès diversement colorés, entremêlés de couches argileuses. Le calcaire domine à la partie supérieure. Quelques sommets dépourvus de végétation se distinguent par leur blancheur qui a l'éclat de la neige, c'est ce qui a fait supposer aux premiers navigateurs qui les aperçurent dans l'éloignement, qu'ils étaient réellement couverts de neige.

Les neiges que reçoivent ces montagnes, disparaissent ordinairement au bout de quelques jours.

C'est dans la zône comprise entre les monts Californiens et la mer, que se trouvent tous les établissements créés par les missionnaires et tous les points habités par la race blanche. Des chemins bien tracés lient entre eux ces différents points.

Sierra-Nevada.

(Californian range des Américains.)

La Sierra-Nevada (*montagnes neigeuses*) mesure toute l'étendue de la Californie dans la direction du nord-nord-ouest au sud-sud-est. Cette chaîne est beaucoup plus haute que la précédente, et présente, dans son immense développement, à des intervalles presque égaux, de vastes plateaux boisés du milieu desquels surgissent des pics volcaniques qui atteignent des hauteurs de quatre à cinq mille mètres au-dessus du niveau de la mer.

Ces pics isolés, entièrement couverts de neige, forment le trait caractéristique de cette chaîne, et la distinguent complètement des Montagnes-Rocheuses, et, en général, de toutes les autres chaînes du continent.

Pour donner une idée exacte des formes qu'affectent ces montagnes, et du développement de leur base, il nous suffira de rapporter le passage suivant, extrait de la relation du voyage du commandant *Wilkes* (1), chef de l'expédition scientifique ordonnée par le gouvernement américain.

« La Sierra-Nevada s'élève lentement de terrasse en terrasse de la vallée occidentale, d'abord sous la forme de petites collines puis de montagnes dont la pente devient de plus en plus rapide, à mesure que l'on approche de la région des neiges éternelles ; cette pente est toutefois d'un accès très facile jusqu'à la limite inférieure des neiges.

« Le flanc de ces montagnes offre un développement considérable. La distance de la base au sommet est de soixante-cinq à soixante-dix milles (2) (*vingt-six à vingt-huit lieues*), et leur hauteur ordinaire de 8,000 pieds (3) (2,400 mètres).

---

(1) *Narrative of the united states exploring expédition by Ch. Wilkes united states navi (Philadelphie*, 1844*).

(2) Le *mille* terrestre anglais ou américain est de 1,609 mètres.

(3) Le *pied* anglais ou américain est un peu moins grand que le pied de France; il a 30 centimètres.

« La rampe de la Sierra présente une grande variété de climats. Chaque étage a sa végétation et sa botanique propre ; à la base dominent les *chênes*, sur l'étage suivant croissent les *cèdres*, l'étage supérieur est couvert de *pins*, et autres conifères. On trouve néanmoins beaucoup de pins dans la région des chênes, principalement l'espèce *lambertiani.* »

Toute cette face de la Sierra renferme des terrains propres à la culture ; les nombreux ruisseaux qui la sillonnent ne sont pas un des moindres avantages offerts aux agriculteurs qui viendront se fixer dans ces climats.

La face orientale est privée d'une partie des avantages de l'autre versant. Comme elle n'est point exposée à l'influence bienfaisante des vents de l'Océan, il en résulte que la terre se dessèche aussitôt après la saison des pluies, et offre l'image d'une stérilité presque complète.

La Sierra-Nevada, autant qu'il est permis de l'apprécier aujourd'hui, est de formation granitique. Ses roches sont un composé de quartz blanc, de feldspath, de mica noir et de basalte.

Le capitaine Frémont parle de magnifiques granits blancs trouvés sur quelques points de ces montagnes ; il reconnut que leur partie moyenne, ainsi que leur base, était formée de roches volcaniques.

En général, ces roches sont presque toutes aurifères, et, d'après leur constitution, susceptibles de se décomposer rapidement.

La Sierra-Nevada s'abaisse considérablement vers le sud, et se termine par des collines en partie sablonneuses, en partie formées de gypse, de granits gris et de quartz, qui n'offrent plus que des élévations de quelques cents mètres.

Cette chaîne partage la Californie en deux parties bien distinctes, elle exerce une grande influence sur le climat, le sol et les productions de cette contrée. Les vapeurs, chassées par les vents de l'Océan, arrivent jusqu'à elle, mais elles ne la franchissent point, elles s'y condensent et se répandent en pluies bienfaisantes sur ses flancs occidentaux. Des vents froids et secs règnent, au contraire, dans la partie orientale.

Les saisons comme les climats sont complètement distincts de chaque côté de cette chaîne. Le capitaine Frémont a fait à ce sujet une série d'observations qui jettent une grande lumière sur cette singulière opposition des saisons dans des limites si rapprochées.

Au mois de décembre 1845, cet intrépide explorateur traversa, pour la troisième fois, la *Sierra-Nevada*, par le 39° 7′ de latitude à environ quatre-vingts milles au nord-est de la Nouvelle-Helvétie, et fit des observations sur l'une et l'autre base pour déterminer la hauteur et la température respective des deux *bassins*. Les observations *barométriques* ont donné les résultats que voici :

Le sol de la contrée située à l'*est* de la Sierra est élevé de 4,000 pieds anglais au-dessus du niveau de la mer, tandis qu'à l'*ouest* cette élévation n'est que de 500 pieds. L'élévation de la *passe* fut trouvée de 7,200 pieds au-dessus du niveau de la mer (1).

Les observations *thermométriques* donnèrent à l'*est*,

---

(1) L'ascension de la Sierra commence à l'est, aux environs du lac Pyramide ; la longueur de la pente, depuis la base jusqu'au sommet, est de soixante-cinq milles. Une épaisse forêt de pins couvre le sol de ces hautes régions ; la descente se termine dans la vallée du Sacramento, non loin de la rivière de l'Ours, l'un des affluents de la rivière de la Plume.

au lever du soleil, 9 degrés *Fahrenheit* (1) (12° *au-dessous de 0 du thermomètre centigrade*); à midi, 44 degrés (6° *au-dessus de 0 centig.*), et au coucher du soleil, 30 degrés (1° 1/4 *au-dessous de 0 centig.*).

L'aspect général de la contrée offrait, à la même époque (deuxième semaine de décembre), tous les indices de l'hiver : les rivières étaient gelées, les herbes desséchées, et les arbres complètement dépouillés de leurs feuilles.

A la partie *ouest*, la température moyenne, dans la semaine correspondante, était, le matin, 29 degrés (1° 1/2 *au-dessous de 0 centig.*), et le soir, 52 degrés (11° *au-dessus de 0 centig.*). La température était douce, l'herbe fraîche et haute ; les plantes printanières étaient en fleur, et les arbres se couvraient de feuilles.

Ainsi, d'un côté, le règne des frimas; de l'autre, le printemps paré de tous ses charmes. On peut donc appliquer à cette partie de l'Amérique, l'observation que faisait M. *Alex. de Humboldt*, relativement aux régions équinoxiales de ce continent, c'est-à-dire que, contrairement à ce qui existe dans la plus grande partie de l'Europe, où les températures sont réglées par la division des latitudes; dans le continent américain, au contraire, le climat, la nature des produits agricoles sont presque uniquement modifiés par l'élévation du sol au-dessus du niveau de la mer.

C'est dans la région comprise entre la Sierra-Nevada et la chaîne précédente, qu'ont été découverts les riches

(1) Le 1er degré du thermomètre de *Fahrenheit* correspond à 17° 22 *au dessous* de 0 de notre thermomètre centigrade. Les divisions Fahrenheit sont plus petites que les nôtres, il faut environ deux degrés Fahrenheit pour un degré centigrade.

Le zéro centigrade correspond à 32° de chaleur du thermomètre de Fahrenheit.

dépôts d'or sur lesquels nous donnerons, dans un autre chapitre, des renseignements détaillés.

La Sierra-Nevada et les monts Californiens forment, en se réunissant au sud, la magnifique vallée des *Tulares*, arrosée par le San-Joaquin.

Ce fleuve a, comme le Nil, ses débordements annuels, sur une moindre échelle, sans doute, mais qui ne contribuent pas peu à entretenir dans le bassin qu'il arrose une admirable végétation.

La vallée des Tulares est agréablement diversifiée par des lacs, des collines, des rivières et des prairies où paissent d'immenses troupeaux de daims, de buffles et de chevaux sauvages.

Garantie par les montagnes qui la bornent à l'ouest de l'action directe des vents de l'Océan, son climat est plus agréable que celui de la côte. Ce n'est que dans sa partie occidentale, au pied des monts Californiens, qu'il se produit réellement en été, par l'effet de la réverbération, une élévation de température comparable à celle de la zône torride.

Mais telle est la variété des expositions que l'on rencontre dans ce vaste espace, que les plantes de nos climats et celles des tropiques pourront s'y cultiver avec un égal succès.

La vallée des Tulares se termine à la hauteur de la baie de San-Francisco.

Mesurée dans sa plus grande longueur, elle a environ 350 milles du sud-est au nord-ouest; sa plus grande largeur est de 100 milles.

Les Montagnes-Rocheuses
(*Rocky mountains des Américains*).

L'immense chaîne des Montagnes-Rocheuses qui sépare les États-Unis de la Nouvelle-Californie, fait partie de cette longue chaîne des *Andes* ou *Cordilières*, qui parcourt du nord au sud l'Amérique entière (1).

La direction de ces montagnes est du nord-nord-ouest au sud sud-est, et leur région culminante présente des sommités qui atteignent près de 5,000 mètres.

Au pied de cette chaîne naissent les plus grands fleuves de l'Amérique septentrionale. Les points les plus élevés du sol coïncident au 41°. C'est dans cette contrée supérieure que prend sa source le Rio-Colorado qui se jette dans le golfe de Californie.

La base des Montagnes-Rocheuses est formée de granits de diverses couleurs, leur composition diffère peu de celle des Andes du Pérou, décrites par M. de Humboldt; elles appartiennent aux diverses roches de cristallisation, c'est-à-dire aux terrains primitifs. Les roches *porphyritiques* s'y montrent en grands amas; elles se distinguent de celles d'Europe par la présence du *hornblende* et l'absence du quartz. Le *gypse*, le *basalte*, le *trappe*, dominent sur les plateaux.

Plusieurs rivières des États-Unis peuvent être remontées jusqu'au pied de ces montagnes, ce qui favorisera puissamment les communications des États-Unis avec la Californie.

On a découvert en outre, dans l'Orégon, une gorge qui rendra le passage de cette chaîne facile, même pour les voitures.

---

(1) La chaîne des Andes, dont le nom péruvien est *Antis*, qui signifie *cuivre*, s'étend depuis les îlots placés au sud de la Terre-de-Feu, ou depuis le cap Horn jusqu'au mont Saint-Elie, au pied duquel est la baie de Behring, c'est-à-dire depuis le 55° 58' de latitude australe, jusqu'au 60° 12' de latitude boréale. Elle a 2,500 lieues de long sur 30 à 40 de large.

(Alex. de Humboldt.)

La grande zône comprise entre les Montagnes-Rocheuses et la Sierra-Nevada, qui constitue à elle seule environ les deux tiers de la Californie, est formée en partie de roches calcinées, de sables et de dépôts calcaires.

Un trait remarquable de cette zône est son élévation au-dessus du niveau de la mer, elle suit un plan ascendant du sud au nord, et offre dans sa partie septentrionale une élévation de quatre à cinq mille pieds (1) (12 à 1500 mètres) au-dessus du niveau de la mer, circonstance qui influe sur sa température et ses produits. Toute sa partie nord est semée d'une multitude de petites chaines de montagnes courant toutes du nord au sud, tandis que la direction des rivières est généralement est-ouest.

Il existe au nord-est de cette région une plaine d'environ cent cinquante milles de long sur trente à quarante de large, complètement couverte d'efflorescences salines. Cette plaine est située à l'ouest du lac Salé; les émigrants qui font le voyage par terre des États-Unis en Californie la traversent dans toute son étendue; sa surface est d'une blancheur éclatante, la végétation saline qui la recouvre d'une couche de deux centimètres environ d'épaisseur, est très résistante dans la partie orientale de la plaine; à l'ouest, au contraire, le sol est extrêmement mou. Ce trajet devient quelquefois si difficile pour les chevaux et les mules, qu'il est impossible de les faire avancer. Sur une grande étendue, cette zône est sablonneuse, la végétation y est rare, et l'on n'y aperçoit que des arbres tortueux et rabougris. Mais il y a des exceptions à ce tableau, et l'on verra, par ce qui sera rapporté au sujet du lac

---

(1) Chaque fois qu'il sera question de mesures en pieds, c'est toujours du pied anglais de 0 m. 30 c. que nous entendrons parler.

Salé, que cette contrée offre des vallées généreusement dotées par la nature.

La plus grande partie de cette vaste région est encore inconnue, toutefois les doutes qui régnaient sur sa physionomie centrale ont cessé d'exister, grâce aux travaux infatigables du capitaine Frémont.

Le capitaine Frémont suivit, à travers *le désert*, une ligne transversale en le remontant du sud-ouest au nord-est, pour rentrer aux États-Unis par la vallée de la rivière de l'Ours. Quelques passages empruntés à son journal feront connaître les points les plus remarquables de son itinéraire.

Le voyage du capitaine Frémont dura quinze mois, de mai 1843 à juillet 1844. Il emmena avec lui trente-neuf personnes de diverses nations, des chevaux, des mules, des charrettes pour le transport des bagages, et les instruments nécessaires pour divers genres d'observations.

Après avoir exploré le sud de l'Orégon et la vallée du Sacramento, le capitaine Frémont descendit dans la vallée des Tulares, et franchit la Sierra-Nevada par le 35° 17′ de latitude, le 13 avril 1844. En sortant de la *passe*, la contrée se présente sous deux aspects bien distincts : au sud, s'étendent des plaines couvertes de fleurs, aux couleurs les plus variées ; l'herbe y est abondante, et de nombreux bouquets d'arbres embellissent la campagne.

A l'est et au nord de la passe, le tableau change, les arbres disparaissent, la vue embrasse une plaine immense, aride et sablonneuse, offrant de loin en loin des pics isolés, aux flancs noircis, aux sommets neigeux. C'est une solitude morne et désolée. Çà et là, au milieu des laves et des scories décomposées par l'action lente des siècles, croît le *cactus* au fruit salutaire, et l'*agave américaine* aux feuilles armées de dards menaçants.

L'expédition prit d'abord une direction sud, et parcourut une succession de plaines fleuries et de vallées fertiles parsemées de *yucca*, arbre de la famille des liliacées, et d'un nouvel arbrisseau que le docteur Torrey, de l'expédition, nomma *zygophyllum californicum*: ce dernier atteint une hauteur de dix pieds, ses branches flexibles et pliantes lui donnent un aspect très gracieux, ses feuilles sont minces et couvertes d'une substance résineuse exhalant, quand on les froisse, une odeur agréable et rafraîchissante.

On trouve dans la même région le *cotonnier*, le *saule*, le *sureau*, et plusieurs variétés de cactus. Le *poppy californica*, à la jolie fleur rouge-orange, couvre des vallées entières.

Le capitaine Frémont signale plusieurs cours d'eau descendant de la Sierra-Nevada et allant se perdre dans la plaine ; il rencontra un petit lac dont les eaux étaient légèrement salées.

Après quelques jours de marche à travers ces riches vallées, l'expédition prit une direction nord-est, laissant au sud et à l'ouest des pics couverts de neige, et s'arrêta le 23 avril sur le bord de la rivière *Mohave*, par le 34° 27′ de latitude. Cette rivière présente un phénomène assez curieux, celui de disparaître et reparaître alternativement ; ses bords sont parfois couverts de cotonniers, de saules et de divers arbrisseaux, on aperçoit aussi dans cette région le zygophyllum, décrit plus haut, et une espèce d'*acacia* nommé, par le docteur Torrey, *spirolobium odoratum*. Cet arbre caractérise la végétation de la contrée jusque très avant dans le nord, il forme souvent de véritables forêts. Il atteint une hauteur de vingt pieds, son sommet est droit et touffu, et ses branches inférieures s'inclinent vers la terre ; il porte des cosses tournées en spirale, et ses fleurs répandent au loin un parfum délicieux.

L'expédition reçut en cet endroit la visite d'un détachement de six Indiens pauvres et affamés ; ils étaient armés d'arcs d'une longueur démesurée, et portaient chacun, pour toute provision, une gourde remplie d'eau. L'un d'eux, élevé dans les Missions, parlait couramment l'Espagnol, et les voyageurs obtinrent de lui quelques renseignements sur la contrée. Après la ruine des Missions, cet Indien était retourné dans les montagnes ; rencontré par une troupe d'Indiens *Mohaves*, il s'associa à leur sort. Il dit qu'ils habitaient près d'une grande rivière, appelée par les Espagnols *Colorado*, mais que précédemment une fraction de la tribu vivait dans le lieu même où ils se trouvaient ; elle récoltait dans la plaine, arrosée par la rivière Mohave, plusieurs variétés de courges et de melons, et envoyait de temps en temps de ses gens trafiquer avec les naturels de la *Sierra-Nevada*, de couvertures et autres objets fabriqués par les tribus qui habitent les bords du *Colorado*.

Le 24 avril, l'expédition suivit pendant l'espace de huit milles le cours de la rivière, bordée de distance en distance de *zygophyllum* et d'une espèce nouvelle et très remarquable d'*erigonum* (*erigonum inflatum*. Torr. et Frem.)

Le 25 avril, le capitaine Frémont quitta la rivière Mohave pour prendre une direction nord ; mais au bout de quelques milles il retrouva la même rivière. Après avoir franchi le lit desséché de divers ruisseaux, qui dans la saison des pluies deviennent des torrents, et gravi plusieurs collines, l'expédition put prendre pour la première fois une connaissance exacte du désert. Cet espace se présente comme une plaine immense que sillonnent quelques chaînes de montagnes, aux flancs décharnés et affectant les formes les plus bizarres ; de loin en loin se montrent des pics couverts de neige. L'aspect général de la contrée est noir ; mais au milieu de ces plaines nues, couvertes de sable et de gravier, où aucune herbe ne saurait croître, on rencontre des amas de plantes fleuries qui trouvent dans ce sol aride le fond convenable à leur existence. On ne saurait se figurer, dit le capitaine Frémont, combien les endroits où le sable domine fournissent de fleurs odorantes à corolles brillantes et variées. Quelques arbrisseaux de la famille des légumineuses se montrent aussi dans la plaine ; l'un d'eux, considéré comme une nouvelle espèce de *psoralia*, porte des fleurs pourpres magnifiques ; on le retrouve souvent en remontant vers le nord.

L'expédition se dirigea de nouveau au nord-est ; après avoir gravi plusieurs collines, elle arriva à l'*Agua de Tomaso* : c'est une source fraîche et limpide, aux environs de laquelle on trouve un peu d'herbe. Latitude nord 35° 13'.

La contrée qui s'étend au nord et à l'est présente, sur une longueur de quarante à cinquante milles, une succession de plaines couvertes de *zygophyllum* et de défilés entre des montagnes escarpées. On y trouve quelques sources et une grande rivière d'eau salée ; plus au nord, on rencontre des sources d'excellente eau et des forêts d'acacias.

Le 29 avril, les tentes furent dressées près de l'*Archilette* ou *Agua de Hernandez*, petite rivière dont les bords sont couverts d'herbes et ombragés de saules et d'acacias. Ce point forme une station au milieu d'un affreux désert.

On retrouve, en remontant au nord-est, la même

succession de plaines entièrement dépourvues d'eau et de végétation, et de vallées parsemées d'arbres et bien arrosées. L'*acacia*, le *cotonnier*, le *purshia tridentata*, le *zygophyllum*, le *cactus*, l'*artemisia*, l'*ephedra occidentalis*, l'*erigonum inflatum*, le *stanleya integrifolia*, et sur les montagnes le *pin*, le *cèdre* et une espèce de *chêne noir*, sont les productions végétales particulières à cette région.

Le 3 mai, on atteignit *las Vegas*; les Espagnols désignent sous ce nom une plaine humide et fertile, en opposition à *Llanos*, qui signifie une plaine stérile et dépourvue d'eau.

Il y a à las Vegas deux rivières, dont l'eau est claire et courante, mais trop chaude pour être agréable à boire; la température de l'une est de 71° *Fahrenheit*, celle de l'autre de 73°. Ces rivières ont quatre à cinq pieds de profondeur et arrosent un sol couvert d'une herbe abondante.

Le 6 mai, l'expédition s'arrêta près d'une grande rivière, venant du nord, que l'on croit être le *Rio-Virgin*, affluent du Colorado. Latitude 36° 41′.

Le sol de cette région est formé d'une pierre sableuse (*sand-stone*) de couleur jaune et d'aglomérats de gravier de six à huit pouces de diamètre. Les plantes observées sur les bords de la rivière sont : le *zygophyllum*, l'*acacia*, le *saule* et le *garrya elliptica*, arbrisseau touffu comme le saule et portant des fleurs en forme d'œillet.

La chaleur était excessive; un soleil étincelant, dont rien ne tempérait l'ardeur, embrasait l'atmosphère et échauffait le sable jaune de ces immenses plaines.

Les Indiens, qui depuis plusieurs jours avaient fait leur apparition dans la campagne, se montrèrent en grand nombre en ce lieu, et manifestaient des intentions très hostiles. On fut obligé de rentrer le bétail qui paissait au bord de l'eau et qui paraissait surtout exciter leur convoitise.

Plusieurs fois le camp fut insulté par ces maraudeurs; mais comme l'expédition n'avait aucun but de conquête, on se contenta de se tenir sur la défensive; c'était aussi le parti le plus prudent.

Ces Indiens étaient éparpillés dans toutes les directions, les uns se tenaient de l'autre côté de la rivière et péroraient avec arrogance, tandis que les autres semblaient épier à distance, comme des oiseaux de proie, les moindres mouvements des voyageurs. Il en apparaissait sur toutes les hauteurs, et leur nombre augmentait à chaque instant.

Ils étaient tous armés d'arcs et portaient un carquois rempli de flèches; outre cela chaque homme tenait à la main deux ou trois flèches pour le service du moment. Une de ces flèches ayant été trouvée, on remarqua qu'elle était armée d'une pierre blanche laiteuse, ressemblant à l'opale et presque aussi dure que le diamant.

Il fallut exercer durant la nuit une active surveillance pour prévenir une surprise de la part de ces Indiens.

Les jours suivants, l'expédition continua à remonter le cours de la rivière, escortée par ces sauvages qui suivaient, dit la relation, comme une bande de loups. On en voyait de divers côtés, réunis autour de grands feux et faisant rôtir des lézards, dont la plaine foisonne, et qui paraissent former leur principale nourriture.

Le 12 mai, l'expédition arriva à la station appelée par les Mexicains *las Vegas de Santa-Clara*; c'est une immense prairie haute, ayant environ un mille de large sur quelques dix milles de long, parfaitement arrosée par de nombreuses sources. A l'est et à l'ouest, la contrée est montagneuse ; au loin s'aperçoivent quelques pics couverts de neige. L'élévation de las Vegas au-dessus du niveau de la mer est de 5,280 pieds. Latitude nord 37° 38'.

On considère cette station comme la fin du désert, et en effet, à partir de ce point, on entre dans la région qui appartient au climat des Montagnes-Rocheuses.

L'expédition continua à suivre pendant plusieurs jours une direction nord-est au milieu de belles vallées bien arrosées. Le 23 mai, elle s'arrêta près de la rivière *Sevier*, joli cours d'eau de huit à douze pieds de profondeur. Latitude 39° 22'.

Le 24 mai, le capitaine Frémont se dirigea au nord. Après avoir gravi plusieurs collines, il descendit dans une magnifique vallée abondamment pourvue d'eau et d'herbe à l'extrémité de laquelle est le lac *Utah*.

Comme il sera question dans un autre chapitre du lac Utah et du lac Salé, nous n'en donnerons pas ici la description.

Nous avons dû forcément abréger cette relation d'un voyage de plus de six cents milles à travers une région jusqu'alors inconnue ; mais le rapide exposé qu'on vient de lire aura suffi pour donner une assez juste idée de sa physionomie.

Ce qui semble parfaitement établi aujourd'hui, c'est que cette zône que l'on croyait si déshéritée, et dans laquelle il reste encore tant à découvrir, offre des étendues considérables de terrains arables, plusieurs vallées bien arrosées, couvertes d'une végétation qui témoigne par sa variété que la culture y pourra réussir sans autre modification du sol.

CHAPITRE IV.

Fleuves et rivières, lacs. — Le Sacramento et ses affluents. — Le San-Joaquin et ses affluents. — Le Rio Colorado. — La Gila. — Le lac Salé, le lac Tulare, le lac Laguna, le lac Frémont, le lac Pyramide. — Rivières sans issue.

La vallée du Sacramento occupe à l'ouest de la Sierra-Nevada, depuis le mont *Shaste*, qui la borne au nord, jusqu'à la baie de *San-Francisco*, au sud, une étendue d'environ deux cents milles.

« Cette vallée, dit M. de Mofras, est l'une des plus magnifiques que l'on puisse imaginer. Au nord, la vue est bornée par les montagnes, qui vont de l'est à la mer et la garantissent des vents froids ; au levant, elle a la Sierra-Nevada et ses neiges éternelles ; à l'ouest, les monts Californiens, et au sud le cours du fleuve et celui du San-Joaquin et de leurs mille affluents.

« Les eaux, après la fonte des neiges, s'élèvent jusqu'à trois mètres, ainsi que le témoigne le limon qui enduit le tronc des arbres, et en se retirant elles donnent une nouvelle vigueur à la végétation.

« Les chênes, les saules, les lauriers royaux, les pins, les sycomores, les lianes, des vignes vierges, des bandes de chevaux sauvages, des troupeaux de bœufs et de cerfs animent le paysage.

« Les Indiens de cette vallée habitent des cabanes creusées dans la terre et couvertes de branches ; bien qu'ils soient tous pêcheurs, ils possèdent des bœufs et des chevaux ; quelques-uns, élevés dans les Missions, cultivent même la terre, et le seul animal à craindre dans ces vastes prairies est l'ours gris (*ursus terribilis*), que l'on rencontre souvent monté sur les chênes et jetant des glands doux à ses petits. »

La vallée du Sacramento suit un plan descendant du nord au sud, ce qui la fait désigner par les habitants du pays en haute et basse, ou *prairies supérieures* et *prairies inférieures*.

La vallée haute, d'après les observations du commandant Wilkes, est élevée d'environ mille pieds au-dessus niveau de la mer.

Les collines arrondies qui constituent les prairies hautes se montrent également, mais clairsemées, dans les prairies inférieures, et donnent à cette vallée un caractère particulier.

La chaîne de montagnes qui la borne à l'est est un simple étage de la Sierra-Nevada; c'est une chaîne intermédiaire de formation secondaire, d'où descendent les affluents aurifères du Sacramento.

La vallée basse est parsemée de petits lacs ou d'étangs, que bordent ordinairement d'épais taillis entremêlés de vignes vierges ; ils sont d'un accès difficile, à cause de l'extrême perméabilité du sol.

L'été est très chaud dans la partie moyenne de cette vallée, mais les nuits sont généralement fraîches et agréables.

A la Nouvelle-Helvétie, située à cinquante milles de l'embouchure du Sacramento, le thermomètre Fahrenheit, placé à l'ombre, accuse assez fréquemment 114° (45° 1/2 centigrades). Vers la fin de l'été (septembre et octobre), les herbes dépérissent par l'effet de la sécheresse prolongée, mais, dès le mois de décembre, la verdure commence à renaître, et, au mois de février ou mars, la terre est recouverte d'une brillante végétation.

FLEUVES ET RIVIÈRES.

Le sol de la vallée du Sacramento se prête à tous les genres de culture ; les fermes qu'on y rencontre et qui y sont établies depuis peu d'années, sont déjà dans un grand état de prospérité. On y recueille de très beaux grains, du riz, des fruits délicieux, du chanvre, du lin, du coton. La vigne formera une de ses principales richesses ; l'olivier y est cultivé avec succès.

Les *Trois-Buttes*, montagnes d'origine plutonique, se montrent au centre de la vallée ; elles surgissent du milieu d'une plaine unie, comme des îles du sein de la mer. Ces montagnes sont groupées dans un espace ovale d'environ trente milles de circonférence, dont l'axe le plus long gît dans la direction nord-est sud-ouest ; elles s'élèvent à près de 1,800 pieds au-dessus du niveau du fleuve. Leur base est formée de *porphyre trachytique*, de couleur pourpre, mêlé de *hornblende* et de *feldspath vitreux*, disséminé dans la roche en cristaux de un quart à demi-pouce de long, et d'une grande quantité de *mica*. Quelques pointes de rocher ont la blancheur et l'éclat de la porcelaine.

A l'époque de la crue du Sacramento, l'inondation baigne le pied de ces montagnes ; elles se couvrent alors d'une multitude de gibier, qui y cherche un refuge contre l'irruption des eaux.

Le terrain de la vallée inférieure est un riche dépôt d'alluvion ; les collines et le sol des hautes prairies sont formés d'argile sableuse mêlée de cailloux et de gravier.

Le mont *Shaste* occupe le haut de cette vallée ; il s'élève au-dessus d'immenses forêts primitives, et s'élance dans la nue à une hauteur de 14,000 pieds. Son sommet de glace s'aperçoit quelquefois à cent cinquante milles de distance.

Entre autres roches remarquables du mont Shaste,

CHAPITRE IV.

M. Dana, géologue de l'expédition du commandant Wilkes, cite particulièrement ses magnifiques *granits*, qui sont d'un grain extrêmement fin, et offrent dans leur composition du quartz, de l'albite, espèce de feldspath vitreux des terrains volcaniques, et du mica, ordinairement noir, quelquefois argenté.

L'*albite* et le *feldspath* forment les deux principaux éléments de ces roches ; le premier se reconnaît aisément à sa couleur de chair ; le feldspath se présente ordinairement en cristaux carrés et allongés d'un demi-pouce à un pouce et demi d'épaisseur.

Les roches qui constituent la base de la montagne appartiennent à la série des *schistes argileux*.

Les roches *talqueuses*, très communes dans la région du mont Shaste, ont rarement la structure schisteuse qui leur est particulière ; elles sont compactes, et présentent des cassures irrégulières.

Les *serpentines*, les *trachytes*, les *syénites*, les *amphiboles*, les *quartz laiteux*, les *porphyres*, les *protogynes* ou granits talqueux, les *poudingues*, se rencontrent en masses considérables dans cette montagne.

Le poudingue du mont Shaste est une roche compacte et très dure, composée de cailloux de quartz, de silex, de jaspe et autres d'apparence talqueuse. Ces cailloux sont ordinairement arrondis, polis, et de diverses couleurs, telles que noir, rouge, rose, vert et gris.

Là où domine le poudingue, le sol est couvert de cailloux, et aussi dépourvu de végétation que sur la roche elle-même.

La serpentine forme de grands amas dans les montagnes situées à l'ouest du mont Shaste ; sa couleur est ordinairement d'un vert sombre veiné de vert clair.

On trouve dans ces montagnes de l'*asbeste* et de l'a-

mianthe; il en existe également sur le mont Shaste, mais d'une variété moins soyeuse.

Le Sacramento et ses affluents. — Le Sacramento, l'un des plus beaux fleuves de la Californie, et le plus navigable de tous, coule du nord au sud, au milieu de la riche et fertile vallée dont nous venons de tracer les principaux caractères. Il prend sa source aux environs du mont Shaste, entre le 41ᵉ et le 42ᵉ parallèles, et se jette, après un cours de plus de deux cents milles, au fond de la baie de San-Francisco.

Ce fleuve a en plusieurs endroits un demi-mille de largeur, et sa profondeur ordinaire, en été, jusqu'à cinquante milles de son embouchure, est de 3 à 4 mètres, ce qui permet aux bâtiments de 200 tonneaux de le remonter jusqu'à cette distance.

Son courant étant peu rapide, pas même dans la saison des pluies, on le remonte avec facilité et promptitude lorsqu'on est favorisé par les vents ordinaires.

Le Sacramento est parfaitement navigable, pour les bâtiments à voile de moyen tonnage, jusqu'à cinquante milles de son embouchure; il n'a aucune chute ou portage. Plusieurs relations rapportent qu'on peut le remonter, à l'époque de sa crue, jusqu'à la rivière des Trois-Buttes, située à cinquante milles plus haut, et qu'on le remonterait encore au-delà sans une forte estacade établie par les Indiens pour prendre le saumon.

Tous les cours d'eau un peu importants de la Californie renferment une quantité considérable de ces poissons; ils quittent la mer au printemps et entrent par troupes nombreuses dans les rivières, qu'ils remontent jusqu'à leurs extrémités les plus reculées; ils regagnent la mer vers la fin de l'été.

Lorsqu'ils se trouvent arrêtés tout à coup par un barrage comme celui dont nous venons de parler, ils font des efforts inouïs pour le franchir, ils se dispersent, s'agitent, et s'ils rencontrent quelque tronc d'arbre, quelque quartier de roc, déposé dans le lit de la rivière, on les voit s'en approcher résolument, se courber en arc sur cet objet résistant, puis se redresser avec violence, s'élancer hors de l'eau à une hauteur considérable, franchir l'obstacle, et aller retomber à trois ou quatre mètres au-delà.

A environ vingt-cinq milles au-dessus de son embouchure, le Sacramento se divise en deux branches qui se subdivisant à leur tour en plusieurs canaux, forment un groupe d'îles dont quelques-unes ont plusieurs lieues d'étendue. Ces divers canaux se réunissent à la branche principale un peu avant son entrée dans la baie.

Le San-Joaquin, qui vient du sud, confond ses eaux avec celles du Sacramento, et débouche avec lui au fond de la baie de San-Francisco. Les îles que forme le Sacramento sont basses, remplies de lagunes, en partie boisées, en partie couvertes de *tula (scirpus lacustris)*, végétation commune à toutes les parties basses et humides de la contrée.

Ces îles sont fréquentées par un nombre infini d'oiseaux, tels que canards, oies sauvages, cormorans, cigognes, pies et éperviers qui remplissent l'air de cris confus.

Nous avons représenté dans la carte particulière qui accompagne le Xe chapitre, le plan exact de l'embouchure du Sacramento avec ses îles et ses divers canaux. C'est la carte spéciale de cette embouchure, dressée par le commandant Wilkes de la marine américaine, qui a servi à l'établissement de la nôtre.

Nous insérons ici les quelques détails que fournit le commandant Wilkes sur la navigation de ce fleuve :

En sortant de la baie de Suison, pour remonter le Sacramento, il faut choisir la branche sud du fleuve, celle qui suit une direction est-ouest ; elle offre une profondeur suffisante pour les navires tirant moins de douze pieds d'eau. Après onze milles de navigation au sud d'un groupe d'îles, qui paraissent appartenir autant à la baie de Suison qu'au Sacramento, on aperçoit un bras qui se dirige au nord pendant deux milles ; l'autre, le principal, court dans l'est. C'est le premier que prennent ordinairement les embarcations d'un faible tirant d'eau, parce qu'il leur épargne un détour de quinze milles que forme le bras principal qui conduit à l'embarcadère de M. Marsh et au San-Joaquin.

En entrant dans la branche du nord, les rives du fleuve deviennent très escarpées, et se couvrent de bois. On continue à remonter le fleuve, qui tourne au nord-est, et prend, après plusieurs sinuosités, une direction nord, jusqu'au débarcadère de la Nouvelle-Helvétie, situé au confluent de la fourche américaine. En cet endroit le Sacramento a 300 mètres de largeur.

La marée se fait sentir jusqu'à la hauteur de la Fourche, elle élève les eaux de deux à trois pieds, mais sans produire de contre-courant.

L'aspect des bords du fleuve est très riant, la plaine qu'il arrose est couverte de fleurs et d'une grande variété d'arbrisseaux.

A trois milles et demi au nord de la Fourche-Américaine, on rencontre des bancs de sable qui interceptent la navigation dans la saison sèche ; ces bancs se prolongent jusqu'à la rivière de la Plume, qui a un barrage et un gué. Au-delà de la rivière de la Plume, le cours du

Sacramento devient extrêmement tortueux ; et à mesure qu'on avance au nord, ses bords sont de plus en plus escarpés et boisés.

Les ours apparaissent en plus grand nombre dans ces parages ; ils trouvent près de tous les cours d'eau une espèce de roseau tendre et doux dont ils aiment à se nourrir.

L'ours jaune de l'Orégon s'y montre ainsi que l'ours gris, ce dernier est d'une taille colossale ; sa peau égale, dit-on, en dimension celle d'un bœuf. Les loups, les lynx et les renards abondent dans le haut de la vallée.

Les principaux affluents du Sacramento sont la *Fourche-Américaine* qui vient de l'est, et se jette dans ce fleuve à cinquante milles de son embouchure. C'est une belle rivière, large de trente mètres, rapide, mais peu profonde ; son eau est froide et très limpide ; ses bords sont généralement élevés.

La Fourche-Américaine coule au milieu d'une magnifique contrée couverte d'arbres, de vignes vierges et de fleurs. Il existe dans la région qu'arrose cette rivière, à côté des gisements d'or dont il sera parlé plus loin, des mines d'argent, de platine et de fer, qui, même en présence de l'or ne sont pas indignes d'attention.

La petite rivière *Weber* (*Weber-Creek*) qui se jette dans la *Fourche*, à environ cinquante milles de son embouchure, a été signalée dans plusieurs rapports, pour la richesse de ses sables.

C'est dans l'angle méridional que forme la Fourche en se réunissant au Sacramento qu'est situé le *Fort-Sutter* et l'établissement de la *Nouvelle-Helvétie*, dont nous donnerons la description dans le chapitre suivant.

La rivière de la *Plume* (*Feather river*) se jette dans le Sacramento à quinze milles au nord de la Fourche, elle vient du nord-est et prend sa source vers le 41ᵉ degré. Cette rivière est large, profonde et rapide. Au point de sa jonction, elle a 65 mètres de large. Pendant la saison sèche, elle est guéable à son embouchure, mais, de même qu'à l'embouchure de la Fourche, il s'y trouve plusieurs bancs de sables mobiles qui rendent ce passage dangereux.

Cette rivière renferme beaucoup d'or et d'un titre très élevé. On trouve peu de pierres dans son lit, pas plus que sur ses bords, et c'est un caractère particulier à tous les affluents du Sacramento, qu'ils ne roulent aucune pierre, mais seulement des agglomérats de gravier.

Ses rives bien qu'élevées de vingt à trente pieds au-dessus du niveau ordinaire de l'eau, sont submergées annuellement pendant la saison des pluies.

La contrée que traverse la rivière de la Plume présente une suite de riantes vallées formées par une série de collines boisées et toutes uniformes. Ses rives sont couvertes de chêne, de sycomores et de cotonniers. Les rivières de l'*Ours* (*Bear river*); *Yuba river* et *Urber river*, affluents de la Plume, sont signalées aussi pour la richesse de leurs sables.

Les terrains qu'arrosent ces différents cours d'eau renferment de leur côté des gisements aurifères d'une grande étendue.

Le sol de toute cette contrée se compose d'une terre rougeâtre dans laquelle on trouve de l'or jusque sur le sommet des collines.

La rivière des *Trois-Buttes*, dont l'embouchure est située vers le 39° 22' de latitude, coule au pied de trois montagnes remarquables détachées de la *Sierra-Nevada*. Ces pics, que l'on aperçoit à une grande distance au bas de la vallée, passent généralement pour d'anciens volcans. C'est à partir de ces montagnes que les débordements du Sacramento sont le plus considérables ; il inonde toute la vallée, et principalement la contrée située à l'ouest, et qui s'étend vers le lac Laguna. Cette partie de la vallée, décrite par le commandant Wilkes, est formée de prairies basses, au milieu desquelles on trouve des amas de sable et de cailloux roulés de *jaspe*, de *quartz laiteux*, de *basalte*, de *schiste* et des *poudingues*.

La rivière des *Daims* (*Deers river*), qui descend de la Sierra-Nevada, se jette dans le Sacramento, à environ cent trente milles de son embouchure.

La rivière du *Moulin* (*Mill river*), venant de l'est, la rivière des *Saules* (*Willows river*), la rivière des *Cotonniers* (*Cotton-Wood river*), venant de l'ouest, se jettent dans le Sacramento entre le 40e et le 41e parallèles.

Plusieurs autres rivières venant de l'est et de l'ouest, dont la position et l'étendue n'ont point encore été déterminées, sont tributaires de ce fleuve.

Le San-Joaquin et ses affluents — Le San-Joaquin prend sa source à environ cent cinquante milles au sud-est de la baie de San-Francisco ; il descend de la Sierra-Nevada, autant qu'il est permis de l'apprécier d'après les renseignements encore vagues fournis sur l'origine de ce fleuve, et suit d'abord une direction ouest, tourne ensuite au nord, traverse une grande étendue de la vallée des Tulares, et vient se joindre au Sacramento pour tomber avec lui au fond de la baie de Suison, extrémité orientale de la baie de San-Francisco.

Les principaux affluents du San-Joaquin, aujourd'hui connus, sont à l'est, la rivière *Cosumnes*, qui tire son nom d'une tribu indienne qui habite ses bords.

Cette rivière arrose un sol fécond ; la plaine qu'elle

traverse est couverte d'herbes longues et principalement de moutarde sauvage ; cette plante envahit toutes les plaines de la Californie, ses fleurs, d'un jaune brillant, égaient le paysage et contrastent d'une façon heureuse avec le feuillage vert sombre des chênes. L'herbe est souvent si haute et si épaisse qu'elle embarrasse la marche des chevaux. Les collines environnantes sont couvertes jusqu'à leur sommet de folle-avoine, autre végétation qui dispute à la moutarde la possession de ces belles campagnes.

La rivière des *Mockelemnes*, qui se réunit à la rivière Cosumnes, à quelques lieues de son embouchure, tire son nom, comme la rivière Cosumnes, de la tribu indienne qui réside près de ses bords ; cette rivière arrose de jolies prairies émaillées de fleurs aux couleurs les plus brillantes; ses bords sont ombragés de chênes verts et de saules, mais les terres qui l'environnent étant basses et humides, donnent naissance à des nuées de moustiques qui incommodent beaucoup les voyageurs ; et l'on dit que depuis juin jusqu'en septembre il y règne des fièvres, et qu'en général, à proximité de la rivière, le pays est malsain.

La rivière *Calaveras* (ou San-Juan, d'après quelques cartes), se jette dans le fleuve à quinze milles plus bas.

Elle arrose de magnifiques prairies, offrant cette teinte dorée qui est un des traits les plus saillants de la physionomie de cette région. Ses bords sont ombragés de chênes et de lupins, charmant arbrisseau, couronné de fleurs bleues éclatantes qui remplissent l'air d'un parfum doux et agréable.

La rivière *Stanislas* se présente à environ vingt-cinq milles au sud de la précédente. C'est un rapide torrent, large de quarante mètres, près de l'embouchure duquel on trouvé la colonie agricole de *New-Hope* (Bonne-Espérance), fondée en 1846 par deux cents Mormons, secte religieuse venue de Missouri. En aucun lieu de la contrée, il n'existe une plus grande quantité de fleurs que sur les bords de la rivière Stanislas. On distingue particulièrement le *poppy californica* ; à la fleur rouge-orange, il recherche l'ombre des chênes. Les *lupins* qui affectionnent le voisinage des cours d'eau, se montrent par groupes de trois ou quatre réunis, formant de grands bouquets de l'effet le plus pittoresque. Cette rivière traverse un pays extrêmement riche en dépôts aurifères.

A douze milles plus bas, on trouve la rivière *Tawalumnes*, large et profonde, plus au sud la rivière *Notre-Dame-de-Miséricorde* (Our Lady of Mercy), nom qui a été dénaturé en celui de *Lamerced*, et enfin la rivière *Mariposa*, près de laquelle est l'importante propriété du capitaine, aujourd'hui colonel Frémont.

Toutes ces rivières descendent de la Sierra-Nevada qui borne la vallée à l'est et sont remplies de saumons et de truites.

Le San-Joaquin n'est navigable pour les embarcations à rames que jusqu'à vingt milles de son embouchure; mais à l'époque de la fonte des neiges, c'est-à-dire depuis avril jusqu'en août, il pourrait être facilement remonté par des bâtiments de cent tonneaux jusqu'au coude qu'il forme au centre de la vallée. Les eaux montent alors de deux à trois mètres et inondent les terres basses qui l'avoisinent à une distance de plusieurs milles sur chaque bord.

Ce fleuve est guéable vers la fin de septembre, à environ trente milles de son embouchure; il a en cet endroit 100 mètres de largeur. Vers le milieu de juillet il rentre dans son lit, et laisse en nombre d'endroits des lagunes et des marécages (*atascaderos*), qui en rendent l'approche impossible ou extrêmement dangereuse dans cette saison. Ces bourbiers engendrent d'innombrables moustiques qui remplissent l'air de leurs essaims, et font une guerre acharnée aux voyageurs qui fréquentent ces parages en se rendant de San-José à la Nouvelle-Helvétie.

La vallée du San-Joaquin renferme un grand nombre de lacs d'eau douce et de lagunes remplies de joncs ; le plus considérable de ces amas d'eau est le lac *Chintache*, plus généralement connu sous le nom de *lac Tulare*, il est très poissonneux. Les Indiens Tulares naviguent sur ce lac dans des barques faites de quelques bottes de jonc de huit à dix pieds de longueur, amincies graduellement vers les deux bouts, et maintenues par des traverses en bois. Ces embarcations, qui ne contiennent jamais plus de deux personnes, sont bien les plus grossières qu'il soit possible d'imaginer ; cependant elles font un assez bon service, et l'on rapporte que les Indiens de la côte ne craignaient pas de s'aventurer en pleine mer dans ces frêles machines à des distances souvent considérables.

La vallée des Tulares présente d'immenses espaces à mettre en culture. La douceur et l'égalité de son climat la rendent propre à la production des végétaux de toutes les zônes. Toute sa partie orientale est très boisée, montagneuse et entrecoupée de vallées fertiles, arrosées par une infinité de ruisseaux qui descendent avec rapidité du flanc des montagnes et se perdent bientôt dans les terres spongieuses formant le sol de cette région.

La plus grande partie de ce vaste littoral n'a été que très imparfaitement explorée ; on sait seulement que la végétation y est saine et vigoureuse. Les montagnes sont couvertes de chênes verts, de cèdres et de sycomores. D'immenses prairies, brillantes de la plus fraîche verdure, nourrissent des milliers de cerfs, de daims, de bœufs et de chevaux sauvages. Le versant des montagnes à l'est et à l'ouest offre de belles expositions pour la vigne et possède un sol qui paraît très convenable à sa culture. C'est cette vallée, disent les rapports américains, qui deviendra probablement la région vinicole de la Californie.

Le Rio-Colorado. — Le Rio-Colorado prend sa source dans les Montagnes-Rocheuses, entre le 41ᵉ et le 42ᵉ degrés de latitude. C'est le plus grand fleuve de la Californie. Il a un cours de près de huit cents milles.

Il coule directement du nord au sud jusqu'au 37ᵉ parallèle, se dirige ensuite au sud-ouest, puis au sud, et se jette au fond de la mer Vermeille par une embouchure large de près de deux lieues.

Cette embouchure est divisée en trois branches par deux petites îles (*los tres reyes*) qui, en resserrant le lit du fleuve, augmentent la rapidité de son cours. Il débouche avec tant de violence, que les eaux diaprées du golfe en sont troublées et agitées sur une étendue de plusieurs lieues.

Le Colorado est en général peu profond; il est guéable en beaucoup d'endroits, mais il est sujet à des crues annuelles et inonde alors une grande étendue de pays.

Ce fleuve coule parfois resserré entre des montagnes escarpées, mais le plus ordinairement au milieu de vastes plaines sablonneuses; on est très peu renseigné encore sur la région qu'il arrose.

Les Indiens qui habitent le bord de ce fleuve, sont guerriers et entreprenants. Les principales tribus sont celles des *Navajoas* et des *Apaches* ; ces derniers ont été de tout temps les ennemis déclarés des Espagnols.

Plus au nord les *Péluchis*, et à l'ouest du fleuve près de son embouchure, les Indiens *Yumas*, qui font quelquefois des incursions dans les établissements du littoral de l'Océan. Il y a entre autres plusieurs petites tribus qui ne sont pas nomades, comme les précédentes, mais qui ont construit des habitations. L'une des plus remarquables est celle des Soones, qui compte beaucoup d'*albinos* ; ces derniers cultivent le sol et vivent en paix, à ce que l'on assure, avec leurs nombreux et vaillants voisins.

Le Colorado reçoit, à huit lieues de son embouchure, la grande rivière Gila qui vient de l'est et qui forme la limite méridionale de la Nouvelle-Californie.

La Gila. — La Gila prend sa source dans les Montagnes-Rocheuses entre le 34e et le 35e degrés de latitude ; elle coule de l'est à l'ouest, reçoit plusieurs rivières, dont les plus importantes sont le *Rio-Asuncion* et le *Rio-Azul*, et se jette dans le Rio-Colorado, à huit lieues de son embouchure, après un cours de plus de cinq cents milles.

Toutes ces rivières ont peu de profondeur ; elles traversent des terrains susceptibles de culture, mais parfois aussi des déserts et des contrées extrêmement tourmentées.

Un voyageur américain, M. *Ed.-F. Beale*, officier de marine, a récemment parcouru les bords de la Gila, et a fourni sur cette rivière quelques renseignements que nous croyons utile de reproduire.

Chargé, au commencement de 1849, d'une mission en Californie, M. Beale a suivi les bords de la Gila, depuis sa source jusqu'à son embouchure, à travers mille obstacles et mille dangers.

Cet officier quitta Santa-Fé le 11 janvier et se vit immédiatement aux prises avec les plus rudes épreuves. Il traversa les Montagnes-Rocheuses qui prennent dans cette partie méridionale le nom de *Sierra de los Mimbres*; elles étaient couvertes de neiges épaisses. Le froid était si rigoureux que plusieurs mules furent gelées durant la première nuit, quoiqu'à l'abri d'une tente et enveloppées de couvertures. Le courage manqua à quelques-uns de ses compagnons, six d'entre eux retournèrent sur leurs pas. M. Beale poursuivit sa route avec une résolution indomptable, et par d'incroyables efforts, il réussit à passer de l'autre côté des montagnes et à atteindre la source de la Gila. Il suivit ce cours d'eau, qui descend en tournoyant le long des flancs de la Sierra.

C'est à tort qu'on se flattait de pouvoir établir une route de communication en Californie, à travers cette partie de la contrée.

Au rapport de M. Beale, c'est une suite non interrompue de pics couverts de neige et de vallées profondes, avec des pentes extrêmement rapides et présentant çà et là des barrières presque insurmontables.

Il serait impossible de tracer le long de cette rivière un sentier pour un charriot. M. Beale et ses compagnons, pour gravir les hauteurs, étaient obligés de se cramponner après les rochers, menacés à chaque instant d'être précipités dans les abîmes qui s'ouvraient sous leurs pas. Il leur a fallu passer souvent d'un bord à l'autre de la Gila pour tourner les barrières de rochers qui s'avancent jusqu'à la rivière et parfois la surplombent.

La Gila, dans une grande partie de son cours, n'est

même pas navigable pour un canot; elle a la rapidité d'une flèche, elle saute de rocher en rocher, change sans cesse et brusquement de direction, et son cours n'est qu'une suite de cascades et de tourbillons.

Le père *Garcès*, qui explora seul dans le siècle dernier le pays qu'arrose la Gila, rapporte avoir rencontré au sud de cette rivière les ruines d'une grande ville, au milieu de laquelle était une espèce de château fort, une tour carrée dont les faces répondaient exactement aux quatre points cardinaux; les murs de ce château avaient un mètre vingt centimètres d'épaisseur. Une muraille flanquée de grosses tours entourait l'édifice principal et paraissait lui avoir servi de défense.

Le père Garcès découvrit aussi les vestiges d'un canal artificiel qui conduisait les eaux de la Gila à la ville.

Ces traces d'une ancienne civilisation coïncident avec la tradition des Mexicains, d'après laquelle les ancêtres de ce peuple se seraient fixés dans ces contrées après leur sortie du pays d'*Aztlan*.

Lac Salé, *Youta* ou *Timpanogos*. — Le lac Salé est situé entre le 40° 41' et le 41° 50' de latitude nord, et le 114° 30' et le 115° 20' de longitude occidentale.

C'est un vaste bassin d'environ quatre-vingts milles de long sur quarante à cinquante milles de large, alimenté par un grand nombre de rivières, dont les principales sont la rivière de l'*Ours*, qui vient du sud et redescend par le nord en faisant un circuit considérable, et la rivière *Plate* ou *Webersfork*, qui vient directement de l'est.

C'est cette partie du grand Désert que traversent les caravanes qui se rendent de Saint-Louis (*Missouri*) en Californie, en profitant de la passe que laissent les Montagnes-Rocheuses au nord-ouest du Long-Pic,

Jusqu'à l'époque de l'expédition du capitaine Frémont, on ne possédait que de vagues renseignements sur tout ce qui concernait cette région reculée.

Le lac Salé n'était fréquenté que par quelques trappeurs qui erraient par les vallées à la recherche des castors, et s'occupaient par conséquent fort peu de géographie. Ses limites n'étaient pas connues, car nul d'entre eux n'en avait fait le tour, ses îles n'avaient jamais été visitées ; il n'existait enfin aucune donnée physique et géographique sur les points les plus dignes de fixer l'attention sur cette région.

On supposait généralement que le lac n'avait pas d'issue ; mais parmi les trappeurs engagés dans l'expédition plusieurs croyaient qu'en certain endroit de l'immense bassin il existait un tourbillon affreux, dans lequel s'engouffraient les eaux pour se rendre par quelque voie souterraine dans l'un ou l'autre océan.

Le capitaine Frémont franchit les Montagnes-Rocheuses, au-dessus du 42e parallèle, par la passe dite *du Sud*, gagna la vallée de la rivière de l'Ours et arriva dans celle du lac Salé dans le mois de septembre 1843.

Il détermina la position et la forme du lac, sa hauteur au-dessus du niveau de la mer ; il fit l'analyse de ses eaux, explora la contrée qui l'environne, et fournit sur sa végétation et sa minéralogie de nombreuses et utiles informations.

La rivière de l'Ours, principal tributaire du lac Salé, coule au milieu d'une large et belle vallée environnée de montagnes inaccessibles, qui paraissent être autant d'anciens volcans, car on remarque qu'elles portent toutes une large ouverture à leur sommet.

La base de ces montagnes est formée, en grande partie,

de carbonate de chaux diversement coloré. Un grand nombre de sources thermales jaillissent de leurs flancs; l'une de ces sources est très remarquable : elle forme un petit monticule d'une substance mêlée de carbonate de chaux et de soufre, du sommet duquel s'échappe alternativement tantôt un jet d'eau, tantôt une vapeur. Quelques sources ont un goût de soude, elles sont froides; les autres ont une chaleur douce comparable à celle du lait qu'on vient de traire.

Le sol est généralement bon dans cette vallée; on y rencontre une grande quantité d'arbrisseaux à baies, parmi lesquels on distingue le *sorbier*, le *cerisier*, plusieurs espèces de *groseillers*. Près des cours d'eau on trouve le *tremble*, l'*érable*, l'*aubépine*, et une variété de *chêne* de petite espèce.

Entre autres plantes observées figure l'épinette des prairies (*grindelia squarrosa*), très abondante, l'absinthe (*artemisia*), l'*hélienthe* à tige rameuse, qui s'élève à plusieurs pieds, et le *kooyah* des Indiens, qui paraît être la *valeriana edulis*. Cette plante a une souche charnue, qui fournit un aliment abondant; son odeur est forte et désagréable, et son goût ne peut être comparé à celui d'aucun autre végétal. Crue, elle est vénéneuse; mais soumise à certaines préparations elle perd ses propriétés nuisibles, et devient un aliment très goûté des indigènes.

L'âcreté du suc de cette plante paraît résider dans un principe volatil, de même que dans le manioc, dont la racine est un poison très violent, et qui produit une farine saine et nourrissante (*la cassave*) en la soumettant à une forte pression et à l'action desséchante de la chaleur.

C'est le 8 septembre 1843 que le capitaine Frémont arriva en vue du lac Salé et put contempler pour la première fois le magnifique spectacle de ses eaux mystérieuses.

D'innombrables volées d'oiseaux aquatiques avertissaient, depuis la veille, les voyageurs de l'approche de l'humide élément; leurs cris divers, multipliés par les échos d'alentour, remplissaient l'air d'une sorte d'harmonie sauvage.

A l'est du lac s'élève une rangée de montagnes s'avançant parfois jusqu'au bord de l'eau, parfois s'en écartant à de grandes distances, et laissant à divers intervalles des étendues de plaines, des sortes de grèves, ou au lieu de galets on trouve des croûtes salines, et une végétation particulière.

A l'ouest, la vue s'égare sur l'immense surface du lac, çà et là un point surgit à l'horizon, c'est une île élevée; au-delà tout est vague, indéfini.

L'expédition atteignit, le 12 septembre, le bord du lac Salé, le capitaine Frémont fit en arrivant ses observations de hauteur; il trouva que le lac était élevé de 4,200 pieds (1,260 mètres) au-dessus du niveau de l'Océan. Il fut résolu ensuite qu'à l'aide du bateau en caoutchouc qui servait habituellement au passage des rivières, on tenterait d'explorer quelques parties de cette mer intérieure.

On ne peut s'empêcher d'admirer ici la persévérance et l'intrépide courage de ces voyageurs, ce n'était pas assez d'avoir atteint le rivage du lac après une longue et fatigante journée, ils voulurent encore dresser leur tente dans une île qu'ils apercevaient à plusieurs milles devant eux.

Nous trouvions du plaisir à penser, dit le capitaine Frémont, que nous allions être les premiers depuis la création, qui eussions rompu par le son de la voix humaine, l'éternel silence de ces lieux.

L'île élevée sur laquelle se dirigea le capitaine Frémont avec les cinq ou six personnes qui purent prendre place à côté de lui dans le bateau, renfermait une montagne d'apparence volcanique.

Le bateau bien gonflé d'air marchait aisément et promettait une navigation heureuse, lorsque tout-à-coup il se dérangea à un mille de la côte, deux des divisions entre le cylindre se rompirent et réclamèrent l'emploi constant des soufflets pour y entretenir l'air nécessaire. L'anxiété allait croissante à mesure qu'on avançait, car l'île semblait fuire devant nos voyageurs, et bien que le temps fût très calme, on pouvait distinguer au sud des vagues blanches et un grand mouvement d'eau qui indiquait la présence d'un courant, et remettait à la mémoire de chacun l'histoire du tourbillon. La teinte des eaux qui, vue du rivage, était d'une couleur vert sombre, s'éclaircissait de plus en plus, leur transparence était telle qu'on apercevait le fond à une grande profondeur.

Les voyageurs atteignirent enfin cette île tant désirée, et descendirent sur une belle plage parfaitement unie. Leur attention se porta d'abord sur les roches qui garnissent en plusieurs endroits les bords de l'île, et qui étaient couvertes d'une couche de sel, toutes leurs cavités en renfermaient une quantité plus ou moins considérable. Exposé à être plus facilement évaporé par la chaleur du soleil, ce sel était blanc et très fin, ayant le goût du bon sel commun, mais il était rempli d'une infinité de larves d'insectes de couleur noire.

L'exploration de l'île ne fit découvrir, ni quadrupède, ni reptile, elle ne renferme, ni source, ni arbre, mais une plante qui, vue à une certaine distance, pourrait bien, à cause de sa hauteur et de son port, être prise pour un arbre ; la *fremontia vermicularia* était très abondante dans l'île, elle s'élève à la hauteur de sept à huit pieds. C'est la plante saline par excellence, sa tige est salée, ses feuilles sont salées, et elle ne se plaît que dans les sols les plus salés.

Les parties basses de l'île produisent une nouvelle espèce d'obione (*obione rigida*. Tor. et Frem.), une nouvelle plante ombellifère (*leptotœmia*), très abondante au bord de l'eau, et une grande pomme épineuse d'une espèce inconnue.

Les roches caractéristiques de l'île sont le *talc* et la *steatite*.

Les observations astronomiques placent cette île sous le 41° 10' 12" de latitude, et sous le 112° 21' 05 ouest du méridien de *Greenwich* (114° 41' 29" *du méridien de Paris*).

Au déclin du jour les voyageurs allumèrent un grand feu sur un point élevé de l'île, afin d'exciter la surprise des Indiens qui pourraient se trouver sur le rivage, et se reposèrent pour la première fois depuis leur départ de Saint-Louis, sans songer à garder leurs armes.

Le matin le ressac commençait à se faire sentir sur la plage de l'île, le ciel était noir, et tout annonçait une journée orageuse ; il fallut songer au retour, mais à peine embarqués, les voyageurs eurent à lutter contre la violence des lames qui menaçaient d'engloutir leur frêle esquif. On voulut essayer du sondage, mais sans succès, à cause de la grosseur des vagues qui s'élevaient comme celles de la mer. A la distance d'un demi-mille du rivage, cependant, on put ramener la sonde, elle donna seize pieds d'eau avec un fond d'argile.

Il importait de connaître la quantité de matières salines contenues dans l'eau du lac. On fit, à cet effet, évaporer sur le feu cinq gallons (40 *pintes*) d'eau qui produisirent 14 *pintes* de sel très blanc et très fin. C'est en poids *trente-cinq parties* de sel sur cent d'eau.

Comparée à l'eau de mer qui ne contient que 3 1/2 pour cent environ de sel (1), l'eau du lac Salé en renfermerait une proportion *décuple*, c'est le plus haut degré de saturation que puisse acquérir l'eau.

Une portion de ce sel ayant été soumise à l'analyse, donna, sur cent parties, les résultats suivants :

Analyse du sel du lac Salé.

Chlorure de sodium (sel marin)	97,80
Chlorure de calcium	0,61
Chlorure de magnésie	0,24
Sulfate de soude	0,23
Sulfate de chaux	1,12
	100,00

Il n'a pas encore été démontré que le lac Salé nourrissait aucun poisson, aucun animal aquatique quelconque.

On trouve aux environs du lac des étendues considérables de terrains propres à la culture, ses rives sont couvertes en partie d'herbes fraîches et épaisses, en partie de joncs, de roseaux et de diverses espèces d'arbrisseaux, parmi lesquels on distingue le *sumac* ou *rhus*, de la famille des térébinthacées, un grand *chénopode* plante intéressante sous le rapport pharmaceutique et économique, et une espèce de *salicorne*.

L'*artemisia tridentata* abonde dans cette région, mais

---

(1) M. Gay-Lussac a constaté que dans l'océan Atlantique la proportion du sel marin varie entre 3,48 et 3,77 pour cent.

sur plusieurs points aussi, le sel remplace entièrement la végétation.

Les montagnes environnantes produisent des *cèdres* et des *chênes* d'une petite espèce.

Le *carbonate de chaux* nuancé de bleu, et le *quartz granuleux*, constituent en grande partie la base de ces montagnes. Au sud du lac s'étend une immense plaine fertilisée par la rivière *Utah*, et dans laquelle on trouve une grande abondance de racines nutritives.

Le bois est généralement rare dans la plaine, mais le long des cours d'eau, on remarque une assez grande variété d'arbres, les essences principales sont le *bouleau*, le *chêne*, le *tremble*, le *peuplier* à petites feuilles (*populus augustifolia*), l'*aune* (*alnus viridis*), l'*aubépine* (*mespilus cratægus*); et plusieurs espèces de *saules*.

A environ vingt-cinq milles au sud du lac Salé, on trouve le lac *Utah*, long de vingt milles, large de quinze milles ; son eau est douce, et c'est une particularité d'autant plus remarquable, que les rivières tributaires de ce lac dérivent de montagnes où le sel gemme abonde.

La plaine du lac Utah s'appuie à l'est sur une longue suite de montagnes et de plateaux qui se relèvent progressivement jusqu'à la ligne des Montagnes-Rocheuses.

Le flanc de ces montagnes offre de magnifiques pâturages parfaitement arrosés par de nombreux ruisseaux.

Le sol, bien que sablonneux et légèrement salin, est riche et fertile dans toute la plaine du lac Utah, et la facilité de convertir en prairie une grande partie de ces terrains, jointe à la qualité des herbes et à l'abondance du sel répandu dans tout le pays, font de cette région l'une des mieux appropriées à l'élève du bétail, et principalement de l'espèce ovine.

C'est dans l'espace compris entre le lac Utah et le lac

Salé que se sont établis les *Mormons* (1), importante colonie qui a déjà mis en culture une étendue de terrain évaluée à plus de dix mille acres.

Les Mormons qui, en différente occasion, ont fait preuve d'une grande persévérance et d'une incroyable activité, ont accompli en moins de deux années, dans la nouvelle colonie, des travaux considérables qui ont dépassé tout ce qui jusqu'alors avait marqué leur passage.

Ils ont élevé près du lac Utah et du lac Salé quatre forts pour protéger leur établissement contre les incursions des Indiens. Ils possèdent un grand nombre de routes palissadées, des canaux d'irrigation, un vaste établissement de bains alimenté par des sources chaudes; ils ont construit des ponts de pierre, des moulins, des scieries, une fonderie, plusieurs tanneries, et nous venons de faire connaître l'importance de leurs travaux agricoles.

Cette région est peuplée de loups et d'autres animaux sauvages, et d'un grand nombre d'animaux de proie. Une chasse d'hiver, faite en 1849 par plusieurs détachements de cent hommes chacun, a conduit à la destruction d'environ sept cents *loups* et *renards*, vingt *lynx* et

---

(1) Les Mormons ou Mormonites, nouvelle secte religieuse des États-Unis, croient que les aborigènes des deux Amériques descendent des Hébreux, et, pour soutenir cette croyance, ils prétendent avoir trouvé une bible sous le titre de *Mormon* (nom de leur chef), écrite en lettres d'or, il y a plus de deux mille ans. Cette secte, qui s'est premièrement formée dans l'État de New-York, passa ensuite dans celui du Missouri, où elle établit dans un site pittoresque la nouvelle Jérusalem.

Poursuivis pour leurs doctrines et leur hostilité envers les autres sectes, les Mormons allèrent porter leurs tentes dans le comté de Clay, puis dans celui de Caldwell, où ils fondèrent la ville de *Far-West* (l'ouest lointain), de là ils se rendirent dans celui d'Illinois, où ils fondèrent la ville de *Nauvoo*, et enfin, passant les Montagnes-Rocheuses, ils arrivèrent dans le courant de l'année 1847, après de grands désastres, sur les bords du lac Salé.

chats sauvages, deux élans, cinq cents faucons, hiboux, pies, et mille corbeaux tués dans la vallée ou dans le voisinage.

A son retour d'un voyage dans la région de l'Océan, un détachement de Mormons découvrit, à l'ouest du lac Salé, une *mine d'or* dont l'existence a été reconnue sur une très grande superficie. Quelques jours d'arrêt dans leur marche ont permis aux travailleurs de recueillir assez de poudre d'or pour rendre les valeurs métalliques si abondantes que la colonie en possède en quantité suffisante pour tous les besoins.

Le lac *Timpan-Ogos*, si célèbre dans l'histoire des anciens Mexicains, vient donc de réaliser les merveilles que la renommée en avait publiées.

Ce n'était pas sans une donnée primitive qu'on plaçait sous le 44e degré de latitude l'*el Dorado* des Aztèques.

Il y avait bien quelque chose de vrai dans les indications fournies par les Indiens de la côte, qui annonçaient « qu'au-delà de leur pays on trouverait de grandes richesses. »

C'est une curieuse tradition que celle de ce *pays d'or*, dont la recherche fit braver autrefois tant de dangers et de fatigues. L'histoire nous apprend que c'est cette tradition qui décida *Marco de Niza* à aller reconnaître le pays situé au nord du Mexique. C'est à Niza que reviendrait même l'honneur de la découverte de la Nouvelle-Californie, puisqu'il franchit la Gila, en 1539, et visita les peuplades au nord de cette rivière.

Le récit des choses surprenantes qu'il avait vues détermina le voyage de *Vasquez de Coronado*, envoyé en 1540, par le vice-roi *Mandoza*, pour remonter par la voie de terre jusqu'au 41e parallèle; mais il revint sans avoir pu atteindre cette limite tant désirée.

On n'a pas encore trouvé ces cités merveilleuses de *Cibola* et de *Quivira*, ces villes aux toits d'or et aux portiques de rubis, mais on a découvert l'emplacement des trésors dont elles paraissent avoir été la représentation symbolique.

La cité du lac Salé embrasse un espace de trois à quatre milles carrés; elle se composait, à la fin de juillet dernier, d'environ mille maisons, construites en briques séchées au soleil; elles n'ont généralement qu'un étage et sont séparées par des jardins entourés de haies vives. Les rues sont larges de six mètres; plusieurs canaux conduisent l'eau, qui est excellente, dans les différents quartiers. L'église, grande et bien bâtie, occupe le centre d'un vaste enclos au milieu de la cité.

Il existe à un mille au nord de la ville une source chaude *sulfureuse*, douée de propriétés thérapeutiques très puissantes. Il y a plusieurs autres sources chaudes, dont la colonie nouvelle tire un grand parti.

On a découvert aussi, dans le voisinage du lac, des sources de *sodium* et d'*huile de pétrole*.

Le sel gemme y est, dit-on, si abondant, qu'il n'en coûte pas plus de charger une voiture de sel qu'une voiture de sable.

Les principales tribus indiennes qui vivent aux environs du lac Salé sont, au nord, les Indiens *Serpents* ou Shoshones, et les *Nez-Percés*.

Les Indiens Serpents habitent la partie méridionale de l'Orégon, sur la limite de la Californie; leur population d'environ 10,000 âmes se partage en plusieurs tribus.

Ces indigènes trouvent sur la frontière de la Californie une grande abondance de racines alimentaires. Comme ces racines viennent à maturité à des époques différentes, il leur arrive fréquemment de changer de résidence, pour se transporter là où elles ont atteint leur complet développement. C'est une des causes principales de leur vie nomade; ils règlent leur migration d'après la maturité de ces productions de la nature.

Les Nez-Percés, au nombre d'environ 2,000, possèdent beaucoup de chevaux; ce sont des chasseurs intrépides, armés de l'arc ou de la lance; ils poursuivent le buffle jusque dans les passes des Montagnes-Rocheuses. Les Indiens *Youtas* et les *Moquis* résident à l'ouest et au sud du lac.

Ces indigènes vivent aujourd'hui en bonne intelligence avec les nouveaux colons, ils manifestent l'intention de s'instruire dans les arts et la religion des blancs, et paraissent surtout désireux d'acquérir des connaissances en agriculture, afin de pouvoir faire, comme ils disent, des *plantations de pain.*

Il y a deux autres petits lacs au sud-ouest du lac Utah : le lac *Nicolet* et le lac *Astley;* ils sont alimentés par la rivière *Sevier,* que l'on croit être un affluent du Colorado. Le sol, dans cette région, ressemble en beaucoup de points aux terrains qui avoisinent le lac Utah; les bords de la rivière sont couverts d'une belle végétation, et l'on aperçoit dans la plaine quelques bouquets d'arbrisseaux.

Le lac le plus important, après le lac Salé, est le lac *Chintache* ou *Tulare;* il est situé dans la partie méridionale de la vallée des Tulares, et paraît communiquer avec le San-Joaquin, par une rivière que les pluies créent passagèrement.

Le lac Chintache est élevé de 1,000 pieds au-dessus du niveau de la mer; il a une longueur d'environ 65 milles, sur 8 à 10 milles de largeur; il reçoit une multitude de petites rivières venant de l'est et de l'ouest.

C'est dans cette région que l'on trouve, en plus grande abondance, l'espèce de roseau appelé tula (*scirpus lacustris*), dont les Indiens font des pirogues avec lesquelles ils naviguent sur le lac.

Plusieurs rapports mentionnent l'existence de mines d'or importantes au sud de la vallée des Tulares.

A 50 milles au nord de la baie de San-Francisco, dans une vallée riante et fertile, on trouve le lac *Laguna*, à l'ouest duquel il existe une montagne presque entièrement formée de *soufre natif*.

Le lac Laguna a environ 40 milles de long, sur 4 à 5 milles de large; il abonde en poissons de toute espèce. Au nord du lac s'étendent de magnifiques prairies, qui nourrissent un grand nombre de cerfs d'une force et d'une taille remarquables.

Dans la moyenne région de la Sierra-Nevada on voit le lac *Frémont*, au-dessus du point où la Fourche-Américaine prend sa source.

Plus au nord, de l'autre côté de la Sierra, on trouve le lac *Pyramide*, découvert, comme le précédent, par le capitaine Frémont.

Il existe, dans cette partie de la contrée, un grand nombre de phénomènes naturels qui méritent de fixer l'attention des naturalistes et des géologues. Peu de jours avant d'atteindre le lac Pyramide, le capitaine Frémont découvrit au nord-est de ce lac, sous le 40° 39' de latitude, une des sources minérales les plus intéressantes qu'il eût encore rencontrées. Elle forme un bassin de quelques cents pieds de circonférence, sur un côté duquel se trouve la source proprement dite, occupant à elle seule un espace de quinze pieds de diamètre.

L'eau bout par intermittence avec beaucoup de bruit; la source est très profonde et l'eau parfaitement limpide;

sa température sur les bords est de 206° *Fahrenheit* (96° 67 centigrades), et l'on présume qu'elle est plus élevée encore vers le centre.

En enfonçant une longue perche dans le bassin, il se produit une violente effervescence, accompagnée d'un bruit souterrain effrayant.

Cette source est légèrement imprégnée de sel; ses bords sont garnis d'un superbe gazon.

On voit dans la plaine beaucoup d'arbrisseaux, de la famille des *chenopodiacées*, d'une grande beauté; les plantes les plus communes, dans cette région, sont l'*ephedra occidentalis* et l'*artemisia*.

En arrivant près du lac Pyramide, le 12 janvier 1844, l'expédition aperçut plusieurs Indiens qui s'enfuirent à son approche, abandonnant leurs huttes établies sur les bords du lac. On parvint cependant à en attirer un dans le camp.

Il apprit par signes qu'il existait une grande rivière au sud du lac, sur les bords de laquelle vivaient les gens de sa tribu.

Le lac Pyramide est situé sous le 40° de latitude; son étendue du nord au sud est d'environ trente-cinq milles et sa largeur de quinze à vingt milles; il s'étend à l'ouest jusqu'au pied de la Sierra-Nevada.

Ce lac offre le spectacle extraordinaire d'une pyramide naturelle qui sort de son sein et s'élève à une hauteur d'environ six cents pieds anglais (180 m.) (1).

---

(1) La pyramide de *Ghizé*, la plus grande des pyramides d'Egypte, a 139 mètres 11 centimètres de hauteur. En admettant le chiffre de cent quatre-vingts mètres indiqué pour la hauteur de celle du lac Pyramide, cette pyramide serait de 41 mètres plus haute que celle de Ghizé.

C'est une masse granitique parfaitement régulière terminée par un sommet fort aigu.

La contrée environnante est âpre et sauvage ; les montagnes offrent des rochers nus taillés à pic, leur base est formée de granit, des roches basaltiques noires se montrent à leur sommet.

La hauteur du lac Pyramide au-dessus du niveau de la mer, mesurée par la température de l'eau bouillante, est de 4,890 pieds, c'est sept cents pieds plus haut que le bassin du lac Salé.

L'expédition se dirigea vers le sud, où l'on apercevait beaucoup d'arbres, et principalement des cotonniers, qui sont un indice certain de la présence d'un cours d'eau. Après avoir franchi plusieurs ravins, au fond desquels on remarqua bon nombre de traces de chevaux sauvages, elle arriva à l'embouchure d'une belle rivière claire et profonde et large d'environ vingt mètres.

L'expédition ayant remonté pendant quelque temps le cours de l'eau, s'arrêta sur un tertre d'où l'on pouvait contempler le village indien, consistant en une quarantaine de huttes grossièrement construites en paille et en joncs. L'emplacement était admirable pour un campement, et l'on fit ses dispositions pour s'y établir.

A peine installés, les voyageurs virent venir à eux un homme grand et robuste, qui paraissait être le chef de la tribu; il était accompagné de plusieurs Indiens armés d'arcs et de flèches, vêtus de tuniques de peau de loutre, et portant sur l'épaule un manteau en peau de lièvre.

Le chef s'adressant au capitaine Frémont, qui s'était avancé pour le recevoir, lui parla avec beaucoup de volubilité, mais son discours fut inintelligible pour tous les voyageurs.

Quelques moments après, un Indien apporta un énorme poisson que l'on reconnut être une truite saumonnée de la plus belle espèce ; elle fut bientôt apprêtée et consommée, car la cuisine de nos voyageurs n'exigeait pas beaucoup de combinaisons. Ces Indiens voyant le bon accueil fait à leur présent se hâtèrent d'apporter de nouveaux poissons, et en si grand nombre que le camp en fut bientôt encombré.

Le capitaine Frémont pour consacrer l'abondante libéralité des habitants de ce rivage, donna à ce cours d'eau le nom de *Salmon-trout-river* (rivière de la truite saumonnée).

Nous avons rapporté ce fait pour prouver le caractère doux et bienveillant de ces indigènes.

Les truites saumonnées sont très communes dans tous les cours d'eau et les lacs situés aux pieds de la Sierra. Le lac Pyramide, entre autres, en renferme une prodigieuse quantité ; elles ont de deux à quatre pieds de long ; leur chair est, au dire du capitaine Frémont, de la plus exquise qualité.

On trouve dans cette région l'espèce très remarquable de pin portant des fruits à coque ligneuse que le docteur Torrey, de l'expédition, nomma *pinus monophyllus*, et dont le nom vulgaire anglais peut se traduire par *pin à noix*. Ces fruits renferment une pulpe huileuse d'un goût agréable. Les naturels s'en nourrissent en y mêlant du sel qu'ils trouvent en roche dans la montagne.

L'air de santé et l'embonpoint des habitants de cette contrée prouvent que cet aliment est très substantiel.

L'expédition se remit en marche le lendemain, en remontant le cours de la rivière, qui porte, outre le nom qui lui fut donné par la reconnaissance des voyageurs, celui de rivière *Truckee*. Elle est bordée de deux lisières d'une belle verdure, et parcourt, en décrivant de nombreuses sinuosités, un pays boisé de pins, de cèdres et de cotonniers.

De temps en temps, les voyageurs apercevaient des Indiens qui fuyaient au loin, et, au déclin du jour, des feux brillaient sur toutes les montagnes, et d'épaisses colonnes de fumée s'élevaient dans les airs. C'est le signal en usage chez les peuplades sauvages de toutes les contrées pour avertir qu'il y a des ennemis ou des étrangers dans le pays.

La rivière de la Truite-Saumonnée est large de cinquante à soixante pieds. On lui donne environ cent neuf milles de long. Vers son extrémité méridionale, on trouve des amas de *laves* compactes, affectant une structure granitique, et renfermant des veines *d'obsidienne*, roche vitreuse, qui paraît être un feldspath fondu, mêlé d'amphibole. C'est ce composé volcanique de laves et d'obsidienne qui constitue en grande partie la base des montagnes dans cette région.

Le lac *Carson* se voit au sud-est du lac Pyramide, plus au sud, le lac *Walkers*. Ces lacs sont alimentés par de jolies rivières dérivant de la Sierra.

Une grande partie des rivières qui roulent leurs eaux dans le grand désert sont *sans issue*. Les unes, chargées de matières volcaniques, perdent insensiblement leur fluidité, enflent et se déversent dans la plaine où elles forment des lacs et des marécages imprégnés de sel et chargés de bitume, les autres se dessèchent au soleil ou se perdent dans les sables comme dans une vaste mer.

CHAPITRE V.

La Nouvelle-Helvétie. — Situation de la région aurifère. — Caractères physiques des terrains aurifères. — Conséquences déduites d'une plus grande quantité de numéraire dans la circulation.

Nouvelle-Helvétie. — Le capitaine *Sutter*, fondateur de cet établissement, est d'origine suisse. Il était, en 1830, officier dans la garde de Charles X.

Privé de son grade à la suite de la révolution de juillet, il résolut d'aller chercher fortune en Amérique. Après un séjour de plusieurs années dans l'Etat de Missouri, il quitta cette province en 1836 pour passer dans l'Orégon, dont on commençait alors à vanter les ressources, la première émigration pour cette région ne remontant qu'à 1832.

M. Sutter se joignit à une caravane, emmena avec lui quelques compatriotes, traversa les Montagnes-Rocheuses vers le 42º parallèle, et arriva au fort Vancouver, sur la rivière Colombia, où il résida environ deux ans. Il se rendit de là aux îles Sandwich, pour y réaliser le montant de quelques opérations commerciales, et arriva en Californie en 1839.

Le gouverneur de la province, occupé alors de projets de colonisation, lui accorda gratuitement une étendue de pays d'environ trente lieues carrées dans la vallée du Sacramento, sur les deux rives de la Fourche-Américaine, ayant pour limite, à l'ouest, le Sacramento, et s'étendant au nord jusqu'aux prairies Buttes.

M. Sutter établit sa résidence sur un monticule, situé

à 2 milles à l'est du Sacramento et à 1 mille de la Fourche-Américaine, dans l'angle méridional que forme cette rivière, et s'occupa immédiatement de retrancher sa position.

Le gouvernement mexicain lui conféra des pouvoirs illimités dans toute l'étendue de son district, tant pour l'administration de la justice que pour la direction des affaires civiles et militaires.

On rapporte qu'il eut dans l'origine quelques démêlés avec les indigènes de la contrée; mais par la fermeté de son caractère et son esprit juste et conciliant, il triompha de leur résistance, et parvint à les convertir en un peuple paisible et industrieux.

Ayant traité avec un chef de tribu, il obtint de lui autant de travailleurs qu'il en pouvait désirer. Ce sont les Indiens qui ont creusé les fossés de son fort, fabriqué les briques qui ont servi à sa construction et élevé ses murailles, épaisses de près de 2 mètres. Il les nourrissait bien et les payait en étoffes, colliers de verre et autres colifichets.

Le *fort* (représenté dans la planche ci-contre) est un vaste quadrilatère dont chaque face a 100 mètres de développement; les angles sont flanqués de bastions à double étage, percés d'embrasures. Le tout est couronné d'une large galerie. Vingt-quatre pièces d'artillerie, acquises en majeure partie de l'ancien établissement russe de la *Bodéga*, composent aujourd'hui son armement.

La garnison consiste en une cinquantaine d'Indiens en uniforme, bien exercés à la manœuvre et organisés militairement.

M. Sutter a consacré plusieurs hectares de terrain à la culture des arbres fruitiers d'Europe, qui ont réussi à merveille; la vigne est magnifique et donne d'abondants produits.

La culture des céréales et l'élève du bétail formaient, avant la découverte des mines, les deux principales sources du revenu de ce vaste établissement.

L'avant-dernière récolte de M. Sutter, celle de 1848, s'est élevée, d'après le témoignage du colonel Mason, à 40,000 boisseaux de blé (1).

La nouvelle cité de Sutterville, qui comptait au printemps de 1848 une douzaine de maisons, en a plus de trois cents aujourd'hui; elle est distante d'environ 2 milles au sud-ouest du fort. Un chemin, ombragé d'énormes chênes, conduit du fort à la ville, près de laquelle est situé l'ancien débarcadère du Sacramento. En cet endroit, les bords du fleuve sont très élevés et de niveau avec la plaine; ils forment des quais naturels où les bâtiments à voile peuvent accoster et débarquer leurs marchandises au moyen de ponts en planches qu'on y a établis.

Cette ville a une rivale dans *Sacramento-City*, située à 3 milles au nord, au confluent de la Fourche-Américaine. Les bâtiments tirant de 8 à 9 pieds d'eau peuvent remonter le fleuve pendant toute l'année jusque-là seulement. Elle jouit des mêmes avantages que Sutterville sous le rapport de la commodité du débarquement; elle a un quai garni de belles maisons, des rues bien alignées, et il s'y fait déjà un commerce considérable. Mais on pouvait prévoir le sort que lui réservait sa position au confluent de deux rivières telles que le Sacramento et la Fourche-Américaine.

Le 22 décembre 1849, le Sacramento déborda, et un

(1) Le boisseau (*bushel*) = 35 litres 24.

grand nombre d'habitants logés dans les parties basses de la ville furent contraints d'abandonner leurs demeures. Cet événement fut le précurseur d'un plus grand désastre qui eut lieu le 9 janvier 1850 ; il fut occasionné par deux ou trois jours de neige dans la montagne, suivis de deux jours de chaleur très intense ; la fonte des neiges a été subite et l'inondation s'en est suivie. Au haut de *Feather river*, une couche de neige de 2 pieds d'épaisseur disparut complétement en un jour ; pareille chose se produisit vers la source d'*American-Fork*. Cette rivière grossit en une seule nuit de plus de 20 pieds, et le 9 janvier les eaux coulaient à plein bord ; dans la soirée du même jour, elles franchirent violemment leurs rives élevées, et le terrible élément s'élança, balayant tout sur son passage, depuis le fort Sutter jusqu'aux quartiers méridionaux de Sacramento-City. Le 10 au matin, toutes les rues de la ville étaient navigables pour de gros bateaux.

Les habitants trouvèrent heureusement un refuge sur un monticule situé à une faible distance de la ville ; plus de 2,000 personnes gagnèrent le fort Sutter, où elles furent retenues pendant près de dix jours que dura l'inondation. Malgré ce désastre, on semble peu disposé à abandonner cette position tant elle est avantageuse sous le point de vue commercial. Cette ville est située à la tête de la navigation du Sacramento ; elle est le centre commun où viennent s'approvisionner les travailleurs des contrées aurifères d'où descendent les affluents du Sacramento. La ville a d'ailleurs réparé ses dégâts, et l'on y exécute des travaux qui la mettront à l'abri, pour l'avenir, d'un semblable désastre.

Comme on s'y attendait, les sables jetés sur les rives du Sacramento et de la Fourche ont produit, au lavage, des résultats qui ont amplement dédommagé les habitants des pertes qu'ils avaient éprouvées.

Situation de la région aurifère.

L'imprévu joue souvent un grand rôle dans les choses humaines ; on l'a appelé l'incognito de la Providence, et sans doute, il faut mettre au nombre des bienfaits dont elle nous comble, ces découvertes fortuites, qui, de prime abord, produisent des résultats inespérés.

La fameuse mine de *Potosi*, au Pérou, fut découverte, en 1545, par un Indien qui poursuivait dans la montagne un lama échappé de son troupeau.

Il a fallu qu'un esprit entreprenant et éclairé, le capitaine Sutter, allât chercher fortune au-delà des mers, qu'il fît établir une scierie dans un lieu très éloigné de sa résidence, et que le mécanicien chargé de la construction de cette usine, obligé d'agrandir le *sas* de la roue, qui se trouvait être trop étroit, eût l'idée, pour épargner la main-d'œuvre, de laisser à la chute d'eau le soin de se creuser elle-même un passage. Et aussitôt le sable de bondir, et des paillettes d'or de se répandre brillantes sur le sol.

C'est à 50 milles à l'est du fort qui porte le nom du capitaine colonisateur, non loin de la rive méridionale de la Fourche-Américaine, au pied d'une colline couverte de pins et de sapins, que la scierie a été construite.

Nous avons indiqué sur la carte, par des traits parallèles et des tirets, les terrains aurifères signalés par les rapports américains et les correspondances officielles. On verra par l'examen de cette carte que la région aurifère, autant qu'il est permis de l'apprécier aujourd'hui, embrasse d'une part la presque totalité de la vallée du Sacramento, de l'autre toute la partie de la vallée des Tulares, située à l'est du San-Joaquin.

La zône septentrionale commence à une faible distance de l'extrémité nord-est de la baie de San-Francisco, s'étend à l'est jusqu'aux Montagnes-Neigeuses, dépasse la rivière des *Cotonniers*, pour continuer au-delà, probablement jusqu'au mont Shaste.

A l'ouest du fleuve, la situation est moins bien définie; on a reconnu l'existence de l'or sur la rive droite du Sacramento, mais toute l'attention s'est portée jusqu'ici sur les riches dépôts journellement découverts dans la partie orientale de la vallée.

Dès le mois d'août 1848, la présence de l'or était signalée sur une assez grande étendue, ainsi que l'annonçait le rapport du colonel Mason et la communication suivante de *M. Walter Colton*, alcade de Monterey :

« La région aurifère s'étend de jour en jour, écrivait
« à la date du 20 août 1848 M. Walter Colton. On a
« trouvé une grande quantité d'or dans le *Sacramento*,
« la *Fourche-Américaine*, branche nord et sud, la
« rivière de la *Plume*, *Yuba river*, et la rivière *Cosum-*
« *nes*, ainsi que dans beaucoup de petits ravins et jus-
« qu'au sommet des collines. La contrée dans laquelle
« on a constaté la présence de l'or, n'a pas moins de
« 200 milles du sud au nord et environ 60 milles de
« l'ouest à l'est, et ces limites sont journellement recu-
« lées par de nouvelles découvertes. Dans les lits des
« rivières on trouve l'or en paillettes charriées par les
« eaux. Dans les rochers et les montagnes on le trouve
« en morceaux du poids d'un quart à une demi-once
« et quelquefois de 2 ou 3 onces. »

Peu de temps après, le 18 septembre, le capitaine *Folson*, attaché au service du port de San-Francisco, adressait, à son tour, au gouvernement américain, un rapport qui, tout en confirmant les détails qu'on vient de lire, étendait considérablement les limites précédemment assignées à la région aurifère :

« On a trouvé de l'or, écrivait le capitaine Folson, sur presque tous les points de la Fourche-Américaine, de la rivière de la Plume, de l'Ours, et jusqu'à 150 milles au nord du fort Sutter.

« On en a trouvé dans la rivière Cosumnes, dans la rivière Stanislas et sur les deux rives du San-Joaquin. On a trouvé au sud jusqu'à la cité de *los Angeles*. On sait qu'il existe maintenant sur une superficie de plus de 600 milles et probablement il s'étend jusqu'à l'Orégon.

« Il est des questions, ajoutait plus loin le capitaine Folson, que l'on ne peut traiter sans crainte d'éveiller l'incrédulité, et ce n'est qu'avec embarras que je parlerai de la richesse des mines.

« J'ai été les visiter avec des dispositions sceptiques, et j'en suis revenu entièrement convaincu.

« Je ne crois pas qu'il existe dans le monde de dépôts plus riches ; j'ai reconnu moi-même qu'un travailleur actif pouvait recueillir par jour pour une valeur de 25 à 40 dollars (1) d'or, en estimant le métal à 16 dollars l'once. »

Depuis cette époque, les renseignements sur les mines ont constamment été favorables, chaque courrier de Californie annonce la découverte de nouveaux gisements. Il est bien constaté aujourd'hui par les correspondances émanées des agents officiels des divers gouvernements, que les mines de la Californie sont d'une étendue et d'une richesse sans exemple.

---

(1) Le dollar des Etats-Unis vaut 5 fr. 35c.

Le consul de France à Monterey, M. Moerenhout, qui a visité la région aurifère, a adressé à M. le Ministre des affaires étrangères des échantillons de minerai provenant de divers gisements de la vallée du Sacramento, il a donné aussi sur la situation et la richesse de ces dépôts des renseignements que nous rapporterons en abrégé.

L'exploitation désignée sous le nom de *Lower-Mines* (mines basses) ou *Mormon-Diggings* (exploitation des Mormons) est à 25 milles à l'est du fort Sutter, sur la Fourche-Américaine. C'est une île d'*un acre* (40 ares) environ d'étendue, dans laquelle les paillettes d'or formaient un dépôt si considérable dans tous les endroits laissés à sec, qu'on en a extrait en moins de deux mois pour une valeur de 100,000 dollars.

L'extraction de l'or dans ces parages produit encore aujourd'hui de 1 once à 1 once 1/2 par journée de travail, car les crues du Sacramento ont complètement dérangé les bancs de sable et ramené de nouveaux dépôts d'or.

La découverte de ce riche dépôt fut faite en janvier ou février 1848 par quelques Mormons qui pendant plusieurs mois parvinrent à la tenir secrète.

L'existence de l'or a été constatée sur toute l'étendue de la Fourche-Américaine.

On le tire principalement des bancs de la rivière, où charrié par les eaux, il s'attache à la terre argileuse et est retenu entre les fissures des rochers. On le rencontre aussi en plus grande abondance dans les sables qui s'amoncèlent dans les coudes, les anses, les petites îles et autres endroits laissés à sec.

L'or se présente en paillettes, qui diminuent en quantité et en grosseur à mesure qu'on descend la rivière. On le recueille jusqu'à une profondeur de 2 à 3 pieds, passé laquelle on trouve le *granit* ou le *schiste*, qui constituent la base du terrain et forment le lit de la rivière.

Les schistes caractérisent, comme on sait, les terrains primitifs supérieurs, désignés par les géologues sous le nom de *terrains primordiaux stratifiés*.

Or, l'aspect général de la contrée, les formes arrondies des collines, et le peu de profondeur des vallées, font penser que les collines qui renferment des veines aurifères appartiennent plutôt aux terrains de schistes, qu'à ceux de granits proprement dits.

Les paillettes que nous avons examinées provenaient d'un lavage fait à quelques milles au-dessus du *Mormon-Diggings*, c'est-à-dire à environ 12 lieues de l'embouchure de la rivière américaine.

La longueur de ces paillettes varie de 1 à 3 millimètres, leur largeur de 1 à 2 millimètres, et leur épaisseur de 1/4 à 1 millimètre, leur forme est ordinairement arrondie ou oblongue, avec une surface légèrement convexe.

Leur composition, d'après l'analyse qui en a été faite dernièrement à l'école de mines de Paris, est la suivante :

Or	90,70
Argent	8,80
Fer	0,38
Cuivre et corps divers	0,12
	100,00

Ce résultat, qui est presque en tout semblable à celui trouvé à l'hôtel des monnaies de Philadelphie, donne à l'or brut de Californie une valeur supérieure au titre officiel de la monnaie d'or, qui est aussi de 90 centièmes;

c'est-à-dire qu'il y a sur 100 parties en poids, 90 d'or et 10 de cuivre. Mais dans l'essai en question, les 10 de cuivre sont remplacées par 8 d'argent. Il y a donc réellement excédant de valeur à poids égal sur le titre officiel de la monnaie d'or.

Le dépôt connu sous le nom de *Dry-Diggings* (exploitation sèche) est situé entre la Fourche-Américaine et la rivière Cosumnes.

« Les mines sèches sont des endroits où le quartz a surgi au-dessus du sol, et s'est désagrégé par l'action de l'atmosphère, laissant à nu l'or dans sa forme primitive.

« Sur ces points, le métal apparaît en morceaux de toutes dimensions, incrusté de quartz de manière à attester incontestablement la simultanéité de leur formation. Ce dernier fait est d'ailleurs confirmé par les veines encore intactes de quartz aurifère que l'on a découvertes dans les montagnes (1). »

C'est au mois de juin 1848 qu'un Irlandais passant de la Fourche Américaine à la rivière des Mockelemnes, découvrit ce fameux *placer* (2).

Ceux qui s'y rendirent les premiers ayant encore l'eau à proximité, faisaient facilement, suivant le rapport du consul, de 200 à 300 dollars par jour; souvent même ils ne ramassaient que les gros morceaux, et ne se servaient d'autres outils que d'une barre de fer et d'un couteau. La journée commune était alors de 10 à 20 onces

---

(1) Rapport de M. Butler-King adressé au sénat américain.

(2) On a donné le nom de *placer* à tout emplacement où, par suite de la richesse de la terre aurifère, il s'est établi un camp pour la recherche de l'or. Cette dénomination est devenue ensuite comme un synonyme d'exploitation.

d'or; plus tard, à mesure que l'eau diminuait, de 5 à 6 onces, et, sur la fin de l'été, l'eau manquant absolument et les chercheurs d'or étant obligés de transporter la terre à 3 et 4 milles de distance, le produit de la journée n'était plus que de 2 à 4 onces par homme; aussi commençait-on à mettre en pratique avec des chances diverses le procédé d'extraction de l'or à sec en usage au Mexique.

M. Moerenhout, qui, dans une de ses excursions, eut l'occasion de voir extraire l'or de cette manière, donne de ce procédé la description suivante :

Extraction de l'or à sec. — « Les hommes qui faisaient ce travail étaient des habitants de la *Sonora*, province du Mexique, qui, ayant adopté les procédés de leur pays pour séparer l'or de la terre, avaient l'avantage de pouvoir travailler sur le lieu même où se trouve le métal. L'opération est simple, mais demande de la pratique.

« Après avoir amassé la terre et toutes les parties fragiles de la pierre argileuse, qui sont d'abord brisées et pulvérisées, ils l'exposent pendant quelque temps au soleil; quand elle est bien sèche et de nouveau pulvérisée, ils l'agitent dans une espèce de van pour en séparer les petites pierres et faire envoler la poussière, mais ce moyen ne remplissant pas complètement le but, ils élèvent le van au-dessus de leur tête, et, l'agitant circulairement à cette hauteur, ils font tomber l'or sur une toile étendue par terre.

« La poussière se sépare entièrement au moindre souffle de l'air, et l'or, même les plus petites parcelles, tombe, à ce qu'ils prétendent, perpendiculairement à leurs pieds sur la toile.

« La principale condition qu'exige cette manière d'extraire l'or, est de bien sécher la terre,

« Ces hommes obtenaient ainsi de très beaux résultats. Leur procédé serait plus facile et plus profitable que les autres, puisqu'ils assuraient avoir recueilli, depuis qu'ils étaient en ce lieu, de 6 à 7 onces d'or par jour chacun; mais ils se plaignaient que la poussière leur faisait mal, et craignaient de ne pouvoir continuer de la sorte. »

La contrée où est situé le Dry-Diggings est très aride ; elle n'offre à la vue que des rochers de quartz et d'ardoise, une terre rougeâtre et sableuse, des broussailles et des chênes rabougris, mais, du côté de la Sierra-Nevada, le paysage s'embellit, les collines et les plaines sont couvertes d'arbres, et plus on pénètre dans l'est plus la contrée abonde en arbres magnifiques.

La terre de cette vallée, de même que sur toute la lisière de la Sierra-Nevada, est argileuse et rougeâtre au-dessus, blanchâtre ou cendrée au-dessous; c'est cette espèce de marne calcaire qui passe pour la véritable terre aurifère, bien qu'on trouve de l'or en assez grande abondance en nombre d'endroits de la couche supérieure du sol.

Examinée à la loupe, on reconnaît que la terre rougeâtre (qui couvre ordinairement d'un pied à un pied et demi la terre aurifère) est presque entièrement composée de *silice*; elle est fine, légère, et très douce au toucher.

La terre grise présente plutôt les caractères d'un produit volcanique que l'apparence d'une terre proprement dite; elle paraît toutefois appartenir à la classe des calcaires. Ces dépôts, trouvés immédiatement au-dessus du terrain primitif, viendraient ici à l'appui de l'opinion de quelques géologues modernes, qui pensent que le calcaire a dû être formé dès les premiers temps, et qu'il ne faut pas l'attribuer à l'élaboration des animaux de la mer.

Cette terre forme une couche d'un pied à un pied et demi d'épaisseur. On trouve au-dessous le *schiste argileux* (ardoise), qui se présente en feuilles minces, dont les fragments ont la propriété de se dissoudre dans l'eau.

Lorsqu'on fait une fouille, on conduit ordinairement le travail jusqu'à une profondeur d'environ 3 pieds, passé laquelle la pierre dure et compacte qui forme le lit inférieur du schiste n'offre plus de fissures où l'or ait pu s'introduire.

Nous trouvons des considérations pleines d'intérêt sur les *caractères physiques* des terrains aurifères de la Californie, dans une notice rédigée par le docteur américain **Boyton**.

Il paraît résulter de beaucoup d'indices, d'après M. Boyton, que la terre de cette région était primitivement dans un grand état de fluidité; sa croûte originaire était composée principalement de quatre minéraux distincts : *quartz*, *feldspath*, *mica* et *hornblende*, formant par leurs combinaisons les *syénites* et les *granits*.

Par une conséquence de l'immense fermentation de la masse liquide dans l'intérieur de la terre et de ses contractions successives, des ouvertures se pratiquèrent dans la croûte primitive, et de nombreuses veines de la matière ignée se répandirent dans ces excavations et se logèrent non-seulement dans l'enveloppe originaire, mais aussi dans les couches terreuses qui se trouvaient au-dessus.

L'or en rognons doit se présenter, d'après ces considérations, dans les endroits où se rencontre l'enveloppe primitive, tandis que l'or fin, se déposant au fond des sources, a été nécessairement balayé par l'eau des torrents. Et l'explication de ce phénomène est facile à donner. En effet, presque toutes les roches de la Nouvelle-

Californie sont d'une composition chimique imparfaite ; leur nature est molle et friable, facile à réduire en poudre et incapable de résister à l'action de l'atmosphère.

Dans la succession des âges, ces montagnes se sont affaissées sur elles-mêmes, leurs roches se sont désagrégées, et le métal qui s'y trouvait a été par ce fait complétement dégagé. L'or en masse ou en *pepites* n'a pu, à cause de son poids, être arraché du flanc des montagnes, tandis que l'or fin ou en paillettes a été entraîné au loin dans les vallées.

Analyse des sables aurifères de la Californie.

On trouvera ci-après le résultat de l'analyse, faite à l'école des Mines, de sables recueillis dans le lit de la rivière de la *Plume,* tributaire du Sacramento, et dans lequel l'or se trouve disséminé sous forme de paillettes, décrites plus haut.

La teinte générale de ces sables est noire ; on s'aperçoit, à la première vue, que le *fer oxidulé* y domine, et que c'est ce métal qui leur communique sa couleur. La proportion du fer oxidulé est en effet considérable, comme le prouve l'analyse suivante de sables en partie lavés :

Fer oxidulé (ou aimant naturel.—Couleur propre *noire*)	59,82
Fer oligiste et fer oxidulé titanifère (couleur propre *gris d'acier* brillant)	16,32
Zircon (ou hyacinthe. — Couleur propre, *rouge orange* mais généralement *blanc* dans les sables de Californie)	9,20
A reporter	85,34

Report	85,34
Quartz hyalin (cristal de roche)	13,70
Corindon (ou saphir —Affecte diverses couleurs, mais généralement *bleu* dans les sables de la Californie)	0,67
Or	0,29
	100,00

La pesanteur spécifique de ces sables est 4,37.

L'état cristallin du fer oxidulé et des zircons témoigne que les terrains anciens, dont la destruction a produit le diluvium aurifère de la vallée du Sacramento, ne sont pas éloignés, et l'on est naturellement conduit à les considérer comme appartenant à la chaîne de la Sierra-Nevada ou aux collines qui séparent les divers affluents du fleuve.

Le consul, qui a envoyé ces échantillons, s'est assuré en effet que les dépôts d'or ne sont pas limités aux seules rivières et aux seuls ravins. Dans différents essais, faits avec de la terre prise à 3 mètres de ces ravins et à la profondeur de 60 centimètres, il trouva de l'or partout, et, sur d'autres essais, faits avec de la terre prise à la même profondeur, mais à 40 et 50 mètres des ravins, à mi-côte des collines, il trouva de l'or en plusieurs endroits.

« En parcourant ces lieux, dit le consul, je me suis convaincu que la millième, ni peut-être la millionième partie de ce terrain n'est explorée ni entamée, et que, malgré l'abandon d'un grand nombre de ravins, aucun d'eux n'est épuisé. En faisant prendre, en effet, de la terre au hasard, dans les endroits délaissés, non-seulement j'y ai trouvé de l'or, mais je l'y ai trouvé dans une proportion presque égale à celle des exploitations actuelles les plus vantées. Je pense donc que ces parages, à peu près inconnus, ont été à peine exploités, qu'ils renferment des trésors pour bien des années à venir, et qu'après la saison des pluies, les ravins qu'on croit épuisés seront sinon les plus riches, au moins les plus productifs, car l'eau, en lavant ces terres déjà remuées, laissera l'or à nu sur la pierre solide, ou le jettera dans les creux des fossés que les mineurs ont creusés. »

Les montagnes appelées les *Trois-Buttes*, situées au nord de la rivière de la Plume, renferment de grandes richesses, mais l'extraction de l'or est entravée pendant une grande partie de l'année par le manque d'eau nécessaire aux lavages des terres.

Nous allons rendre compte des résultats obtenus sur quelques points de la vallée où s'opèrent directement les lavages des alluvions et sables aurifères; nos assertions seront fondées sur la concordance des rapports émanés de sources officielles.

On a vu plus haut les produits que continuait de donner l'exploitation appelée *Mormon-Diggings*; quelques mots feront connaître l'état de la rivière en cet endroit. Elle se divise en plusieurs branches séparées par de grands bancs de sable offrant ainsi aux travailleurs un moyen facile de fouiller toutes les parties de son lit; on distingue ces branches en *North, Middle et Lower-Fork*. Les deux premières sont les plus productives, mais l'or qu'on en retire n'est pas le plus fin; il a une couleur de citron clair, et révèle à l'essai la présence d'une plus grande quantité d'argent que celui qu'on recueille, par exemple, dans la rivière de la Plume.

En remontant la rivière américaine jusqu'à 53 milles de son embouchure, on trouve la petite rivière *Weber* (*Webers' creek*), mentionnée dans le rapport du colonel

Mason. Le travail du chercheur d'or produit en moyenne, dans cette région, de 1 à 2 onces (1) par jour.

Le pays, de chaque côte de la rivière, est très accidenté et coupé dans tous les sens par des ruisseaux ou des ravins qui contiennent tous plus ou moins d'or.

C'est dans le lit de la rivière de la *Plume*, grand affluent du Sacramento, qu'on recueille l'or le plus fin; il se distingue particulièrement par sa couleur rougeâtre. Cette rivière donne des produits équivalents à ceux des mines basses; la journée moyenne est de 1 once à 1 once 1/2.

La rivière de l'*Ours*, tributaire de la rivière de la Plume, possède des sables très riches; ces produits ont dépassé dans ces derniers temps ceux de la rivière de la Plume. Cette rivière arrose une contrée couverte de petites collines arrondies, boisées et toutes uniformes, qui sont elles-mêmes aurifères.

La rivière *Yuba* se jette dans la rivière de la Plume à 50 milles de son embouchure. Cette rivière roule de l'or et son lit en contient abondamment. Son cours est très rapide; elle coule sur un fond inégal et se brise en écumant contre les rochers qui garnissent ses bords.

En général, on a remarqué que là où les bords des rivières sont escarpés et à pic les dépôts aurifères sont toujours plus abondants que dans les parties où les rives sont peu élevées.

Beaucoup de rivières et de ruisseaux roulent tumultueusement leurs eaux sur un lit d'ardoises disposées en

---

(1) L'once d'or fin vaut en France 107 fr. 30 c.
L'once dont il est ici question est l'once anglaise ou américaine, de douze à la *livre troy*. — Une once troy égale 31 grammes, et n'est évaluée dans ces relevés qu'à 16 dollars ou 85 fr. 60 c.

couches verticales. C'est parmi leurs aspérités que l'on trouve les plus gros fragments de métal.

La contrée montagneuse dans laquelle serpente la rivière Yuba, avant d'atteindre la vallée de la Plume, n'offre d'autre végétation que des pins, des hêtres et des myrtes qui croissent dans un sol rouge; cette terre est aurifère à un haut degré. Le produit du simple lavage à la sébile est aujourd'hui, d'après les meilleures informations, de 1 once 1/2 à 2 onces par journée de travail.

Le *San-Joaquin* partage, avec le Sacramento, la population des chercheurs d'or.

La rivière des *Mockelemnes*, longtemps négligée à cause de la pauvreté de ses sables, est devenue depuis quelques mois, par suite d'importantes découvertes faites sur ses bords, l'un des principaux centres d'exploitation.

Les rivières *Calaveras* et *Stanislas* renferment de grandes richesses; la plus grosse pépite trouvée jusqu'à ce jour, pesant 33 livres, provenait de la seconde de ces rivières.

Les exploitations de la rivière Stanislas s'étendent à plusieurs lieues du nord au sud, les plus importantes pour leurs richesses sont celles *del Barro* ou *Silvain's diggings*; c'est un vallon profond, d'une étendue de 5 à 6 milles. Des milliers d'ouvriers y travaillent, et, de l'aveu de presque tous, la journée commune est de une once à une once et demie; mais ce vallon étant recouvert d'une couche très épaisse de terre et de pierres, il faut fouiller à de grandes profondeurs pour trouver l'or.

Les dernières dépêches consulaires mentionnent les rivières *Tawalumnes* et *Lamerced*, dans lesquelles la journée commune d'un mineur est de une once à quatre onces.

La rivière *Mariposa*, plus au sud, donne des produits

tout aussi importants. Déjà l'on comptait, au commencement de cette année, dans la seule vallée du San-Joaquin, environ 25,000 travailleurs.

On annonce la découverte de nouvelles mines sur la rivière *Truckee (Salmon-Trout river)*, tributaire du lac Pyramide, de l'autre côté de la Sierra-Nevada. Et des travaux récents, exécutés par M. Butler-King et M. Wright, représentants élus dans la dernière assemblée californienne, révèlent l'*existence* de filons aurifères plus importants que tous les dépôts précédemment décrits, dans les immenses carrières qui occupent la base occidentale de la même chaîne. Le roc quartzeux qui s'étend en larges veines au flanc des montagnes, sur une longueur de plus de 500 milles, bien que n'offrant à l'œil nu aucune trace de métal, donne à l'analyse une moyenne de 1 *dollar* 1/2 (environ un douzième d'once) d'or par *livre* de matière minérale. Une épreuve faite sur un bloc de quatre livres a produit jusqu'à onze dollars de métal. Enfin, partout où se rencontre dans le terrain des traces de soulèvement ou de déchirement produit par une action volcanique, on trouve de l'or. On en a trouvé à la fin de janvier 1850, à San-Francisco, dans les sables d'un puits creusé à huit pieds de profondeur.

Si le métal gît dans la terre, il est disséminé dans l'argile, mélangé de sable noir ; s'il est renfermé dans le roc, il est presque toujours mélangé de quartz blanc.

Il existe plusieurs procédés d'extraction de l'or ; nous mentionnerons le suivant, cité par M. Moerenhout, comme le plus répandu dans la population des mines. Sa simplicité primitive devait naturellement le faire adopter par le plus grand nombre des travailleurs. Il joue d'ailleurs un rôle assez important comme moyen de s'assurer immédiatement de la teneur en or des sables lavés.

LA RÉGION AURIFÈRE.

Extraction de l'or à la batea.

« Les *bateas* dont on se sert pour le lavage des terres sont des sébiles ou écuelles en bois, de 12 à 16 pouces de diamètre, de forme conique, mais peu profondes et parfaitement unies en dedans.

« Ces sébiles, d'une contenance de 8 à 12 litres, se remplissent aux deux tiers de terre, qu'on lave et frotte bien d'abord, en tenant le vase sous l'eau afin de séparer la terre de l'or et des pierres. On continue le lavage en puisant ou en versant continuellement de l'eau, et en imprimant à la sébile un mouvement oscillatoire propre à détacher et à rejeter les parties plus légères que l'or. Après cette opération, qui demande de la patience et de l'attention, l'or se trouve au fond et sur un côté du vase qu'on tient toujours un peu incliné; le métal est encore allié à une espèce de sable noir, qui est, en grande partie, du fer oxidulé mêlé au résidu des terres.

« Ce sable très lourd se sépare difficilement de l'or par le procédé qu'on emploie, et qui consiste à le faire sécher sur le feu et à le vanner ensuite dans un plat en soufflant dessus. Cette méthode a l'inconvénient de laisser perdre les paillettes les plus légères qui s'envolent avec le sable. On présume que près de la moitié de l'or s'échappe d'ailleurs par suite des grossiers lavages que l'on fait subir à la terre. »

D'autres travailleurs opèrent à l'aide d'une machine grossière ayant la forme d'une pirogue, et qui, servie par huit hommes, peut laver un tonneau de terre en trois ou quatre heures. Et l'on calcule, dit le consul, qu'un tonneau de terre (environ deux mètres cubes) donne en certains endroits de 25 à 30 onces d'or.

La nouvelle méthode qui consiste à détourner les rivières et à travailler dans le lit mis à sec, n'a pas toujours récompensé les travaux qu'elle exige, bien que, dans plusieurs cas, elle ait réussi de manière à devenir populaire.

Richesse moyenne des gisements aurifères de la Californie.

Les informations qui précèdent sont assez nombreuses pour permettre d'établir une évaluation de la richesse moyenne des terrains aurifères de la Californie.

Il suffit, en effet, de faire l'appréciation du travail possible du mineur, pour arriver à déterminer la quantité d'or contenue dans un volume donné de terre ou de sable.

Nous venons de voir que sur certains points ce produit est, d'après des renseignements puisés aux meilleures sources, de douze à quinze onces par mètre cube de terre. Mais ce sont là évidemment des gîtes exceptionnels, nous préférons nous rapprocher davantage des résultats ordinaires, et prendre pour base de notre calcul le produit de 1 à 2 onces par journée de travail.

Il s'agit donc d'établir ce qu'un homme peut remuer et laver de terre à la sébile, dans une journée.

En adoptant le terme le plus probable, en supposant qu'un travailleur réitère dix fois dans une journée le lavage d'une mesure de dix litres de terre, on atteint le volume de cent litres, c'est-à-dire le dixième d'un mètre cube. Et si au lieu d'accepter le produit de deux onces, pour raisonner dans le sens le moins favorable à la richesse des mines, nous adoptons le chiffre le plus modeste, celui de *une* once par jour, nous trouvons que cela fait encore dix onces d'or par mètre cube, ou, ce qui revient au même, dix onces d'or par 1,500 kilogrammes de terre (1). C'est une once d'or sur 150 kilogrammes de terre (2).

Cet exposé ne donne pas, sans doute, une connaissance complète de la richesse du sol désigné comme aurifère. Comme la quantité d'or n'est pas uniformément répartie dans les divers dépôts, il faudrait autant d'estimations partielles qu'il y a de dépôts. Mais au moins croyons-nous avoir établi, en ce qui concerne les gîtes signalés, une moyenne aussi modérée qu'il était possible de le faire.

Notre calcul est simple, en quelque sorte élémentaire,

(1) Nous avons adopté une moyenne de poids, d'après les pesanteurs spécifiques données par M. de Gasparin (*Cours d'Agriculture*), de deux terres qui paraissent le plus se rapprocher de la nature de celles de la Californie savoir :

Terre siliceuse des Arnes (Rhône).   1370 kilog. le mètre cube.
Terre siliceuse ocreuse de Bagnols (Gard), 1838 —   —

(2) M. *Le Play*, attaché à l'expédition de M. Demidoff, dans la Russie orientale, a constaté, par de nombreuses expériences, que les sables *les plus riches* des plaines de l'Oural donnent 0 k. 000,008 (*huit* kilogrammes d'or sur un million de kilogrammes de sable). C'est un kilogramme sur 125,000 kilogrammes, ou une once d'or sur 3,900 kilogrammes de sable, représentant un volume de plus de deux mètres et demi cubes.

C'est bien loin de la richesse des sables de la Californie, mais c'est un produit infiniment supérieur à celui des alluvions et des sables du Rhin, le fleuve le plus aurifère de l'Europe.

La production de l'or dans la vallée du Rhin, où l'industrie des *orpailleurs* subsiste encore, s'élève annuellement, entre Bâle et Manheim, à une valeur de 45,000 fr.

D'après un mémoire présenté il y a quatre ans à l'Académie des sciences, par M. *Daubrée*, ingénieur des mines, les sables du Rhin, considérés comme les mieux dotés, ont une richesse moyenne de treize à quinze *cent-millionièmes*; les bancs de cette teneur rendraient donc de treize à quinze parties d'or sur cent millions. C'est un kilogramme d'or sur sept millions de kilogrammes de sable, ou *une once* d'or sur 218,750 kilogrammes; c'est une masse de plus de cent quinze mètres cubes de sable qu'il faut remuer et laver, pour en extraire une valeur d'environ 100 fr. d'or!

pour qu'il soit erroné, il faudrait que les faits sur lesquels il s'appuie fussent inexacts, c'est ce qu'il n'y a aucune raison de supposer.

Nous ne prétendons pas annoncer que tout le monde réussit aux mines, nous croyons qu'on y peut réussir et qu'on y réussira longtemps encore, mais nous savons que le mineur imprévoyant y est exposé à de nombreux mécomptes.

Il en est des *placeres* comme de toute autre entreprise humaine, beaucoup de gens y font fortune pendant que d'autres perdent courage et s'en retournent très malheureux.

Il est d'absolue nécessité, lorsqu'on se rend aux mines, de se pourvoir de vivres pour tout le temps que l'on compte y passer, de se fixer invariablement dans un lieu, de s'y construire un bon abri, de ne pas s'y rendre isolément, afin de partager son temps entre le travail et le repos; d'emporter des vêtements chauds, des couvertures de laine, pour se garantir de la fraîcheur des nuits, et d'éviter surtout de travailler dans l'eau sous l'action d'un soleil ardent, d'être sobre de liqueurs fortes et de suivre en un mot un régime régulier.

C'est en s'écartant des principes que conseillent la raison et la prudence, que les succès sont compromis et que les travailleurs succombent à la peine.

Voici ce que nous lisons dans les documents sur le commerce extérieur, publiés par le département de l'agriculture et du commerce:

« Partout, dans les *placeres*, les travaux des lavages
« et des exploitations se poursuivent avec activité, mais,
« comme l'année dernière, sans ordre ni méthode.
« Chacun agissant pour son compte particulier, il est
« impossible d'entreprendre rien de régulier. C'est cette

« confusion, ce désordre du travail et cette division
« d'intérêt, qui font des exploitations une véritable lo-
« terie où, selon les chances, les uns font fortune en
« quelques mois, souvent même en quelques jours,
« tandis que d'autres gagnent à peine assez pour acheter
« leur nourriture.

« Cette manière irrégulière d'exploiter les terrains,
« et la grande différence dans le produit du travail qui
« en est la conséquence, explique ce mouvement extra-
« ordinaire d'allées et de venues de travailleurs, dont un
« quart ou un cinquième sont constamment en voyage
« d'un *placer* à l'autre, perdant par leur inconstance
« un temps précieux, augmentant leur dépense et finis-
« sant par tout abandonner et s'en retourner découragés
« et sans ressource. »

CONSÉQUENCES DÉDUITES D'UNE PLUS GRANDE QUANTITÉ DE NUMÉRAIRE DANS LA CIRCULATION.

Il est des esprits qui se préoccupent vivement de la question de savoir si l'accroissement considérable qui aura lieu dans la quantité des matières d'or, par suite de l'immense richesse de la Californie, sera un avantage ou un désavantage pour la société.

Au premier abord, cette double proposition ne paraît pas susceptible d'objection sérieuse. En effet, on peut naturellement admettre que plus l'or abondera dans la circulation, et plus les transactions commerciales seront faciles.

D'un autre côté, on conclut de la surabondance du signe métallique, qu'il y aura dépréciation sur sa valeur, et pour cela même augmentation de celle des denrées que ce signe sert à payer.

Cette dernière opinion nous paraît entièrement contraire aux vrais principes de l'économie politique, qui consiste à établir autant que possible une juste proportion entre le capital et la population. Un de nos écrivains politiques les plus distingués, M. Duvergier de Hauranne, s'exprimait ainsi :

« Il y a dans toute société humaine deux termes, le *capital* et la *population*.

« Quand le capital croît plus vite que la population, il y a *aisance;* quand la population croît plus vite que le capital, il y a *misère*. »

Pour se rendre compte de cette proposition absolue, il faut définir ce que l'on doit entendre par le capital.

Il se compose de deux éléments, le signe métallique, l'or, l'argent, le cuivre, tout ce qui entre dans le système monétaire, et le signe fictif qui appartient au crédit.

Aux époques où le crédit n'avait encore qu'une faible existence, le signe métallique était à peu près seul l'agent des transactions, il n'existait alors aucune valeur connue sous le nom de *traites*, ou sous celui d'*effets publics*, qui représente la dette des États, autrement dite nationale.

Cependant alors, le prix des substances alimentaires, des matières premières, n'était nullement en disproportion avec la valeur du signe monétaire, notamment de l'or.

Mais aujourd'hui, dans quelle énorme disproportion se trouve la masse métallique entière employée à la circulation, et les besoins du commerce, de l'industrie et de l'agriculture, sans parler des dettes publiques des diverses nations de l'Europe.

Il résulte de statistiques les plus dignes de confiance que, pour la France seule, l'un des pays les plus riches en valeurs monétaires, la totalité de son avoir s'élève à *trois milliards* environ (1), tandis que le roulement de son commerce est de *vingt milliards*.

(1) Depuis l'adoption du système décimal, c'est-à-dire depuis 1795 jusqu'au 31 décembre 1849, le total général des fabrications faites dans les ateliers monétaires de France a été, tant en pièces d'or qu'en pièces d'argent, de 5,546,621,667 fr. 65 c., qui se répartissent ainsi qu'il suit :

	Or.	Argent.	Total général.
	fr.	fr. c.	fr. c.
1re République..	»	106.237,255 »	106,237,255 »
Napoléon....	528,024,440	887,830,055 50	1,415,854,495 50
Louis XVIII...	389,333,060	614,830,109 75	1,004,163,169 75
Charles X....	52,918,920	632,511,320 50	685,430,240 50
Louis-Philippe.	215,912,800	1,756,938,333 »	1,972,851,133 »
2e République..	57,971,380	304,113,993 90	362,085,373 90
Totaux...	1,244,160,600	4,302,461,067 65	5,546,621,667 65

(*Note communiquée à la Monnaie, le 31 décembre* 1849.)

Quelques éclaircissements feront voir d'où vient la différence entre le total des monnaies fabriquées et le chiffre que nous avons énoncé plus haut, comme représentant la quantité de numéraire existant en France. Il faut retrancher du total de cinq milliards et demi :

1º Toutes les pièces qui ont été exportées, et la quantité en est considérable, car la monnaie française, grâce à l'exactitude bien connue de son poids et de son titre, a cours dans un grand nombre de pays étrangers.

2º Les pièces dont les changeurs et les affineurs ont disposé pour en opérer la refonte.

Autrefois, le titre de l'argent était déterminé par la coupellation ; ce procédé d'essai était défectueux, il avait l'inconvénient d'accuser le titre de la matière à quelques millièmes *au-dessous* du titre réel. En 1830, le gouvernement a substitué au mode d'essai à la coupelle, l'essai par la *voie humide* qui donne des résultats d'une très grande précision. Cette mesure a eu pour effet d'augmenter la valeur intrinsèque des monnaies d'argent qui avaient été fabriquées, jusqu'à une époque qu'il est inutile d'indiquer ici.

L'augmentation de la valeur intrinsèque de ces pièces, d'une part, et de l'autre, la diminution des frais d'affinage, ont permis de refondre avec profit les pièces fabriquées antérieurement à une certaine époque..., pour en extraire la quantité d'or qu'elles contenaient.

Beaucoup de changeurs se sont livrés à cette spéculation avec une grande activité. Il faq

Il lui a donc fallu demander *dix-sept milliards* au crédit, c'est-à-dire aux valeurs fictives, représentées sans doute par des immeubles et des matières premières ou fabriquées, mais qui ne peuvent être remises en paiement et remplacer le signe métallique.

Or, ces valeurs reposent essentiellement sur l'ordre, la stabilité, la confiance dans l'organisation et l'existence régulière des peuples.

Qu'un grave événement politique trouble cette heureuse harmonie, cette sécurité, cette foi dans l'avenir, et soudain le crédit s'évanouit et les sources vives de la richesse et du bien-être des nations, sont complétement taries.

Nous en avons de trop nombreux exemples, et le dernier surtout exerce encore sa désastreuse influence sur le mouvement de production et de consommation.

Le mouvement de 20 milliards de valeurs, tant réelles que fictives, existait avant février 1848, c'est sur cette époque antérieure que sont basées les appréciations qui précèdent.

Immédiatement après la révolution, les 17 milliards de crédit, qui tenaient lieu de valeurs réelles, ont dis-

---

Il faut retrancher encore :

3º Les pièces que les orfèvres et les bijoutiers ont employées à la fabrication des bijoux, en tout temps.

4º Celles qui ont été enfouies ou qui ont été détruites par suite de naufrages ou d'incendies.

On ne peut, il est vrai, établir que d'une manière approximative le chiffre des monnaies retirées de la circulation pour les causes qui précèdent, mais des autorités très compétentes en matière de finances s'accordent à la porter à plus des *deux cinquièmes*, ce qui réduirait la quantité de numéraire en circulation à *trois milliards* environ.

Il n'existe qu'une très petite quantité d'or monnayé en France, comme le témoigne la prime qu'il faut payer pour s'en procurer, et qui varie de 7 fr. 50 c. à 12 fr. 50 c. par 1,000 fr., dans les circonstances ordinaires.

paru de la circulation, et la population tout entière s'est trouvée réduite à ses 3 milliards de numéraire, c'est-à-dire *à sept fois moins d'aisance* qu'elle n'en possédait auparavant.

Eh bien, au lieu de ces trois milliards de numéraire et d eces 17 milliards demandés au crédit pour suffire aux besoins du commerce, admettez 20 milliards de signes métalliques (nous forçons la proportion pour la rendre plus sensible), évidemment cette surabondance monétaire rendrait toute crise commerciale impossible, par l'emploi qui en serait fait à toutes les transactions.

Et que si, à ce grand développement qu'a reçu le crédit purement commercial et industriel, nous ajoutons celui qui s'applique aux *fonds publics*, à ces dettes colossales des nations, reposant sur l'ensemble de leur fortune publique et privée, nous arrivons à cette conséquence, qu'alors même que tous les gisements aurifères de la Californie auraient une puissance triple, ajoutée à celle du Mexique, du Pérou et de l'Oural, et généralement à tous les gisements aurifères et argentifères connus, de manière à porter à deux, trois, quatre milliards, la part de valeurs monétaires qu'en recueillerait la France, cet accroissement considérable n'aurait aucun effet sur la valeur des denrées, car il ne représenterait encore qu'un quart, un tiers, etc., du capital qui forme le roulement du commerce de France, dont les dix-sept vingtièmes en l'état sont demandés au *crédit*.

Que conclure de ces observations? qu'il faut avant tout affermir l'ordre et la paix pour rendre à la société sa sécurité et sa foi, dans son travail productif.

Que l'abondance de l'or ou du capital monétaire en général, ne sera jamais trop grande en raison du développement de la population, comme de celui du crédit public.

Que cette abondance même sert parfaitement ce double développement des forces productives et financières de la France, qui, par sa richesse territoriale, donne la plus sûre des garanties à l'emploi du numéraire.

Laissons donc le champ le plus libre aux exploitations des terrains aurifères et particulièrement de ceux de la Californie.

Dirigeons de plus en plus l'activité des populations vers ces régions si fécondes et si brillantes d'avenir, tout l'or qui nous en reviendra aura un excellent emploi, et loin de nuire au bien-être des populations par l'élévation des denrées, il contribuera à la prospérité de l'agriculture, de l'industrie et du commerce, qui sont la fortune et le bonheur des peuples.

CHAPITRE VI.

Mines d'argent, de platine, de mercure, de cuivre, de fer, de plomb, de houille, eaux sulfureuses, sources de bitume. Instructions géologiques.

Indépendamment des gîtes argentifères dont l'existence était constatée depuis plusieurs années sur divers points de la côte, de nouvelles mines d'argent viennent d'être découvertes, et la qualité des minerais fait augurer favorablement des résultats futurs de leur exploitation.

On a découvert une mine de *houille*, d'une richesse inépuisable, près de la cité de los Angeles, ainsi qu'un banc d'*anthracite* d'une grande étendue, dans la vallée du Sacramento. Plusieurs rapports mentionnent l'existence de minerais de *platine* et de *cuivre* près de la Fourche-Américaine. D'autres découvertes de mines métalliques viennent d'être faites, et entre autres celle de trois mines de *plomb* très importantes, dans la vallée de Sonoma, au nord de la baie de San-Francisco.

Mais la préoccupation dominante est l'extraction de l'or, et tant que durera cette préoccupation, il est probable qu'on s'occupera peu des autres mines ; nous en voyons la preuve dans les rapports qui, tout en mentionnant l'existence de ces nouvelles richesses, omettent souvent d'en préciser la position.

On ne peut donc donner sur plusieurs de ces mines que des aperçus généraux.

Pour suppléer du moins à ce défaut d'indication, nous allons essayer de faciliter les recherches des explorateurs, en présentant quelques considérations sur les caractères physiques auxquels on peut reconnaître les divers minerais.

En sortant des limites d'une stérile nomenclature, en nous plaçant au point de vue d'un observateur attentif, nous aurons peut-être répandu les germes de découvertes nouvelles et ouvert à quelques-uns de nos lecteurs la voie du succès.

Comme il sera consacré un chapitre spécial à l'étude de l'or, nous n'en ferons mention ici que pour dire que la grande malléabilité de ce métal est un caractère qui le fait distinguer du *mica* ou des *pyrites* (1) de cuivre, dont le faux éclat a donné lieu à tant de méprises; le plus petit grain d'or s'étendra en lame sous le marteau, tandis que le mica et les pyrites voleront en poussière.

La pesanteur de l'or suffirait seule, d'ailleurs, pour le faire distinguer du mica.

---

(1) **Les pyrites** sont des substances minérales qui ont généralement l'apparence de véritables métaux par leur éclat et par leur pesanteur; elles sont composées d'éléments métalliques, minéralisés par le soufre ou par l'arsenic, et de matières terreuses formant un tout si compacte et si dur qu'elles font feu sous le briquet.

Ce qui les distingue de la plupart des métaux, c'est leur forme régulière et symétrique, c'est la manière dont elles se présentent dans la terre en petites masses isolées, mais, pardessus tout, cette propriété de jeter un grand nombre d'étincelles lorsqu'on les frappe avec un briquet. C'est même à cette propriété de faire feu avec l'acier, qu'elles doivent leur nom de *pyrite*, nom dérivé du grec qui signifie pierre à feu.

Les pyrites affectent les formes les plus diverses, il y en a de rondes, d'ovales, de cylindriques, de cubiques, de pyramidales, etc. Quant à leur couleur, elle varie du jaune au jaune clair et au blanc. Les premières contiennent du cuivre et du soufre, les secondes du soufre et du fer, quelquefois de l'arsenic; la pyrite blanche doit sa couleur à l'arsenic, mais on peut dire que le fer entre toujours pour une part dans toutes les pyrites.

Les pyrites ont une importance toujours moindre pour la métallurgie que les véritables minerais, parce qu'elles contiennent une quantité beaucoup plus faible de métal.

Mines d'argent (1). — L'argent est, après l'or et le platine, celui des métaux que l'on trouve le plus fréquemment sous la forme métallique ; il prend alors le nom d'*argent natif*.

Il se présente sous forme de filaments ou de végétation à la surface de la roche et de plusieurs sortes de pierres, et particulièrement du *quartz*, espèce de cristal très dur, laiteux, et paraissant tenir le milieu entre le cristal de roche et les cailloux opaques.

Mais l'état le plus ordinaire sous lequel se présente l'argent est l'état minéral, et les substances minéralisantes sont le soufre et l'arsenic. On le trouve très souvent aussi combiné avec le plomb.

On connaît trois ou quatre minerais principaux d'argent.

L'argent sulfuré ou minéralisé par le soufre (**mine d'argent vitrée**). Il est d'un gris noirâtre à l'extérieur, couleur de plomb à l'intérieur ; il est assez ductile et se laisse facilement couper en petites lames avec un couteau. Ce caractère sert à le faire distinguer du cuivre sulfuré, avec lequel il a beaucoup de ressemblance. Il suffit, pour lui rendre son éclat métallique, de l'ex-

---

(1) Les *signes* dont nous nous sommes servis pour désigner sur la carte les différentes mines, sont ceux qui, autrefois, étaient consacrés par la chimie pour représenter les métaux. On sait que les anciens chimistes avaient divisé les métaux en *solaires* et *lunaires*. Les solaires étaient les métaux colorés tels que l'or, le cuivre, le fer. Les lunaires comprenaient les métaux blancs, l'argent, l'étain, le plomb, etc.

Les alchimistes comptaient *sept* métaux, et croyaient que chacun d'eux était sous l'influence d'une planète correspondante à leur nom. C'est ce qui les a fait désigner emblématiquement ainsi qu'il suit : l'or *Soleil*) l'argent (*Lune*), le fer *Mars*), le vif-argent *Mercure*), le cuivre (*Vénus*) l'étain (*Jupiter*), le plomb (*Saturne*).

poser à une douce chaleur. Ce minerai est très pesant et contient les trois quarts de son poids d'argent.

L'argent rouge, très beau minerai d'un éclat vitreux, tantôt opaque, tantôt transparent et en cristaux ; l'argent rouge contient de l'arsenic, un peu d'antimoine, de soufre et de fer ; il détonne dans le feu avec le nitre, et produit par la fusion 60 pour cent de métal.

L'argent chloruré est d'une couleur jaune verdâtre, demi-transparent, et sa consistance est celle de la cire. Il contient en poids 75 parties d'argent et 25 de chlore.

L'argent chloruré est, avec l'argent rouge, le minéral qui se rencontre le plus communément dans les deux Amériques.

On a encore la mine d'*argent noire*, elle est couleur de suie et ressemble à des scories poreuses. Elle contient beaucoup de cuivre, peu de fer et de plomb.

Le traitement des minerais d'argent est toujours assez compliqué, il y a deux méthodes distinctes, *l'amalgamation et la fonte*.

Dans l'amalgamation, on emploie le mercure, mais cet agent n'agissant sur l'argent que quand celui-ci est à l'état métallique, il faut d'abord le réduire à cet état ou à celui de chlorure, et c'est ici que les manipulations deviennent longues et coûteuses.

Lorsqu'on opère par la fusion, on emploie ordinairement le plomb.

« Le plomb, dit *Herissant*, dans son savant dictionnaire de chimie, agit sur l'or et l'argent dans la fonte, exactement de la même manière que le mercure agit à froid sur ces métaux, c'est-à-dire qu'il s'unit à eux et les sépare des matières non métalliques qui se convertissent en scories et montent à la surface ; mais ce métal a en même temps, sur le mercure, un avantage très considérable, c'est de procurer, par sa vitrification, celle de toutes les substances métalliques qui ne sont point or ou argent. En effet, lorsqu'on a retiré l'or et l'argent par le mercure, ils restent encore altérés par le mélange des autres matières métalliques avec lesquelles ils étaient alliés, au lieu que lorsqu'on les a séparés par la fusion et la scorification avec le plomb, ils sont dans leur état de pureté et ne peuvent plus être alliés que l'un avec l'autre. »

Les mines d'argent aujourd'hui connues en Californie appartiennent toutes à la région de l'Océan, et l'on peut dire qu'il n'en est point dont l'exploitation ait été sérieusement entreprise. Nous trouvons, en remontant du sud au nord, une mine d'argent et une mine d'or, à 15 lieues, à l'est, du port de San-Diégo, une autre à 2 lieues au nord-ouest du pueblo de los Angeles, près du rancho de *Cahuenga;* la mine d'argent de Santa-Inès, située à environ 6 lieues au nord-est de cette mission, et enfin la mine d'argent sulfuré du district de Monterey, entre la rivière del *Pajaro* et celle de *Salinas*.

Mines de platine. — Le platine n'a été rencontré jusqu'à présent qu'à l'état métallique. On le trouve, au milieu des terrains anciens, sous forme de petits grains ou de paillettes arrondies, dont la couleur tient en même temps du blanc de l'argent et du gris de fer; on le prendrait, au premier aspect, pour de la limaille de fer mêlée à du sable noirâtre.

Ces grains sont pesants, lisses et doux au toucher; ils accompagnent assez souvent les minerais d'or, d'argent et de mercure.

On les sépare des grains d'or, avec lesquels ils sont

mélangés, par le moyen du mercure, qui dissout l'or et n'a aucune action sur le platine.

Mines de mercure. — Le mercure n'est minéralisé dans les entrailles de la terre que par le soufre, avec lequel il forme un composé connu sous le nom de *cinabre*.

Il suffit, pour le ramener à l'état métallique, de distiller le cinabre à un feu assez fort pour volatiliser le mercure, en observant seulement de mettre dans la cornue de la limaille de fer ou de la chaux, qui ayant beaucoup plus d'affinité pour le soufre que n'en a le mercure, se combine avec lui et laisse le mercure se volatiliser seul. Le cinabre est un minéral pesant et fragile, d'un rouge très foncé, composé d'aiguilles brillantes exactement appliquées les unes sur les autres ; il offre aussi parfois une figure cristalline transparente ou opaque.

Le mercure se présente, dans beaucoup de mines, à l'état métallique, sous forme de globules, mêlés aux terres calcaires ou dans les schistes. Pour l'obtenir, on distille simplement les terres qui le contiennent dans des cornues de fer ou de verre.

La fameuse mine de *New-Almaden*, en Californie, est située à 12 milles au S.-E. du pueblo de San-José. Elle est dans un contrefort de la petite chaîne de montagnes qui borde, à l'est, la baie de Monterey, à environ 300 mètres au-dessus du niveau de la mer. Le mercure s'y présente à l'état de cinabre, dans une large veine descendant presque verticalement dans la montagne.

A la sortie de la mine, on charge le minerai sur des tombereaux qui le descendent dans une vallée bien fournie d'eau et de bois, et dans laquelle s'élèvent les fourneaux. Ces derniers sont d'une construction extrêmement simple, et ressemblent, pour la forme, aux fours des boulangers. Un trou pratiqué au sommet reçoit une marmite de baleinier, à laquelle une autre marmite renversée sert de chapeau ou de couvercle.

Ce chapeau communique par une ouverture à un petit canal en briques qui débouche dans une chambre, au fond de laquelle est murée une chaudière en fonte. La chambre possède une cheminée.

Chaque matin, les grandes chaudières sont remplies de minerai concassé et mélangé avec de la chaux.

On allume le feu et on l'entretient jusqu'à la nuit.

La chaux s'empare du soufre, le mercure se volatilise, passe dans le conduit, se condense sur les parois de la chambre, et descend dans la chaudière disposée pour le recevoir. On n'emploie point d'eau dans cette opération.

Le colonel Mason, à qui l'on est redevable de ces détails, rapporte que, lors de sa visite à New-Almaden, au printemps de 1848, il y avait quatre fourneaux en activité, lesquels produisirent, durant les deux journées qu'il passa à la mine, 656 livres pesant de mercure. Ce métal se vendait alors à Mazatlan 1 dollar 80 cent. (9 fr. 60 c.) la livre.

La mine de *New-Almaden* a été découverte dans l'hiver de 1845-46, par deux cultivateurs californiens qui en furent déclarés propriétaires, à la condition de l'exploiter, en vertu de la loi mexicaine sur les mines.

C'est actuellement M. *Alexandre Forbes*, ancien consul anglais à Tepic, qui en possède la plus grande partie.

On estime que cette mine rend 50 p. 0/0 de métal. Ce produit est considérable, si l'on songe que la mine d'Almaden, en Espagne, réputée l'une des plus riches de notre continent, ne rend, en moyenne, que 10 p. 0[0.

Nous indiquerons au chapitre XIII l'emploi du mercure pour l'extraction de l'or du sable des rivières, et en général de toutes les matières avec lesquelles il se trouve mêlé.

Il est un moyen bien simple de s'assurer de l'existence du mercure dans une substance minérale rougeâtre. Il suffit de faire chauffer une brique, que l'on couvre de l'épaisseur d'une ligne de limaille d'acier ou de pierre à chaux calcinée, on pose la substance minérale à essayer sur cette limaille, et on la recouvre d'un verre à boire renversé. Aussitôt que la mine aura reçu une chaleur suffisante, le mercure, s'il y en a, produira des vapeurs qui se condenseront sous forme de petites gouttes métalliques et découlera le long des parois du verre.

Mines de cuivre. — On en cite plusieurs en Californie, mais il n'en existe qu'une sur la position de laquelle on soit à peu près renseigné, c'est celle de *los Angeles*, dans la vallée des Tulares, à environ 12 lieues au nord-est de ce pueblo.

Nous ne mentionnerons donc que pour mémoire les minerais de cuivre que l'on dit exister aux environs de San-Diégo, ainsi que près de la baie de San-Francisco.

Le cuivre se rencontre soit à l'état *natif*, soit à l'état de *sulfure* et de *carbonate*, mais principalement à l'état de sulfure; il est souvent allié à d'autres métaux, au fer, à l'arsenic, à l'antimoine et à l'argent.

Suivant la nature de leurs combinaisons, les minerais de cuivre prennent différentes couleurs, dont quelques-unes sont très brillantes, il y en a de gris, de jaunes, de verts, de bleus, de rouges, de violets ; nous nous contenterons de décrire les pricipales espèces.

La *mine de cuivre vitreuse grise* est minéralisée par le soufre seul, c'est le cuivre *sulfuré* proprement dit ; sa couleur est le gris de plomb, sa cassure est brillante ; elle est tendre et se laisse facilement entamer avec un couteau. C'est un des minerais les plus riches ; il contient 76 p. 0/0 de cuivre, mais il forme rarement de grands filons.

La *mine de cuivre jaune d'or* ou cuivre *pyriteux.* Sa couleur est d'un jaune d'or, vif et éclatant, souvent panaché de rouge ; elle est composée de cuivre, de soufre, d'un peu d'arsenic et de fer. Elle ne contient que 34 p. 0/0 de métal, mais c'est la mine la plus ordinairement exploitée, et celle dont les gisements sont les plus nombreux.

La *mine de cuivre grise*, proprement dite, diffère de la mine de cuivre vitreuse en ce qu'elle contient, outre le soufre, une certaine quantité de fer, d'arsenic, d'antimoine, et quelquefois d'argent. Elle est si intimement liée avec le fer et le soufre qu'on la confondrait facilement avec certaines pyrites de fer. Voici du reste un moyen de s'assurer de sa nature.

Lorsqu'on soupçonnera qu'un minéral contient du cuivre, il suffira d'en réduire en poudre un morceau et de jeter cette poudre sur une plaque de fer rouge ; lorsqu'elle ne répandra plus de fumée, on la versera encore tiède dans un verre rempli au quart de sa hauteur d'acide nitrique. Si c'est un minerai de cuivre, la liqueur ne tardera pas à se colorer en vert, et si l'on plonge dans cette dissolution une lame de fer ou d'acier, aussitôt sa surface se couvrira d'une couche légère de cuivre.

Le *cuivre carbonaté* présente des variétés remarquablés pour leurs belles nuances. Le carbonate vert (*vert de montagne*) constitue la belle pierre connue sous le nom de *malachite*; elle contient 44 p. 0/0 de cuivre métallique ; elle est formée d'oxide de cuivre, d'acide carbonique et d'eau.

Le carbonate bleu (*bleu de montagne*) est composé comme le précédent, de cuivre, de soufre et d'eau, mais dans des proportions différentes ; c'est une terre métallique, riche en cuivre, qui perd sa couleur dans le feu.

Le cuivre se rencontre aussi en dissolution dans certaines eaux de source. On s'assurera de sa présence, soit en y versant quelques gouttes d'ammoniaque (*alcali volatil*), qui produiront une coloration bleue plus ou moins intense, soit en déposant pendant quelques moments dans cette eau, une lame de fer ou d'acier bien poli. Le cuivre se précipitera avec la couleur rouge, qui lui est propre sur la lame de métal.

Lorsque l'eau contient beaucoup de cuivre en dissolution, elle est naturellement bleue ; cette eau cémentatoire est un poison corrosif.

Les minerais de cuivre sont ordinairement disposés par filons, c'est-à-dire en couches presque verticales descendant à de grandes profondeurs.

Le cuivre est, de tous les métaux, celui que l'on a le plus de peine à séparer de sa mine à cause de la grande affinité du soufre pour ce métal ; aussi le travail de la réduction des mines de cuivre est-il considéré comme le chef-d'œuvre de la métallurgie.

Il faut faire subir aux minerais pour en expulser complétement le soufre, depuis cinq jusqu'à onze fusions successives.

Mines de fer. — Le dépôt découvert dans l'île

de *San-Clemente*, à 25 lieues à l'ouest du port de San-Diégo, sous le 33e parallèle, présente, dit-on, le fer à l'état de *sulfate*. Nous présumons que l'on a voulu parler de *sulfure* (*pyrite martiale*); c'est à cet état que le fer se rencontre le plus communément, mais n'ayant point de renseignements plus précis à cet égard, il faut bien accueillir provisoirement cette indication.

Les *sulfures de fer* ou *pyrites*, bien que fort répandus dans la nature, sont rarement exploités dans le but d'en retirer le fer, leur traitement serait trop dispendieux et ne donnerait qu'un métal de médiocre qualité. On trouve les pyrites de fer sous forme de cristaux cubiques, brillants, d'un jaune de laiton; on les emploie à la fabrication du *sulfate de fer* (vitriol vert). Les pyrites accompagnent presque toujours les décompositions végétales.

Les minerais de fer les plus productifs sont les *oxides* et les *carbonates*.

L'oxide de fer ou *fer hydroxidé* (combinaison de fer, d'oxigène et d'eau), se distingue particulièrement par sa couleur *brune* lorsqu'il est en amas, et par sa couleur *jaune* lorsqu'il est en poussière. Il renferme environ quatre-vingt-cinq parties d'oxide de fer et quinze d'eau.

Ce minerai est le plus répandu dans la nature; il existe dans les terrains anciens sous la forme de grains plus ou moins gros, et dans les terrains nouveaux sous forme de terre propre à la végétation.

C'est l'oxide de fer qui colore les argiles, et qui, combiné avec elles, constitue toutes les terres jaunes ou rouges, connues sous le nom d'*ocres*. Il est rare que les ocres contiennent assez de fer pour être traitées avec profit.

L'*hématite*, ou mine de fer rouge, se présente en masses, ordinairement convexes à l'extérieur, fibreuses à l'intérieur ou formées d'aiguilles d'une figure pyramidale, dont les sommets se réunissent au centre.

Cette mine, à son état de plus grande pureté, est très dure, pesante, de couleur rouge ou tirant sur le rouge-brun ; elle se laisse diviser par morceaux comme les schistes. Le fer qu'on en retire est aigre et cassant.

L'hématite forme des couches souvent très minces dans les terrains anciens. Elle produit de 40 à 60 p. 0/0 de métal ; il en existe des variétés extrêmement tendres et trop peu métallifères pour pouvoir être considérées comme minerais.

La mine de fer *spathique* est une combinaison d'acide carbonique et de fer ; c'est sa ressemblance avec le *spath* qui la fait désigner sous ce nom.

Cette mine est blanche, grise ou brune ; sa texture est lamelleuse et très brillante. La mine blanche est principalement recherchée pour la production de l'acier ; elle renferme de 40 à 50 p. 0/0. de métal.

Parmi les minerais riches figurent les sables ferrugineux, ou *fer oxidulé (fer magnétique, aimant naturel)*. Les sables ferrugineux sont composés de petits grains de fer, très déliés, qu'on distingue des sables ordinaires tant par leur propriété d'être attirables au barreau aimanté ou d'attirer souvent eux-mêmes le fer, que par leur éclat métallique et leur couleur, ordinairement noire.

On les trouve principalement dans les terrains primitifs et volcaniques, tantôt en amas donnant à la fonte jusqu'à 71 p. 0/0 de fer, tantôt confondus avec des particules quartzeuses. Ce minerai est celui qui produit la meilleure qualité de fer.

C'est parmi ces sables noirâtres et brillants que l'on trouve en Californie l'or en paillettes ou *l'or de lavage*.

Les procédés d'extraction du fer sont tous très simples; le métal s'obtient par une seule opération de fusion par le charbon ou la houille. Le seul fondant qu'on ajoute à la mine est de la pierre calcaire pour les minerais argileux, et de la marne pour les minérais quartzeux.

On pourra déterminer la quantité de métal contenue dans un minérai de fer par le procédé suivant :

Réduisez en poudre grossière les pierres ou terres que vous voulez essayer; mêlez avec cette mine un flux ou fondant, composé de partie égale de chaux éteinte et de quartz, et d'un huitième de charbon de bois pulvérisé. La dose de ce fondant réductif doit être de deux fois le poids de la mine. Mettez ce mélange dans un bon creuset que vous exposerez à un feu très violent dans un fourneau de fusion (1). Entretenez ce degré de chaleur pendant trois quarts d'heure ou une heure, observant de remplir toujours le fourneau de charbon nouveau pendant tout ce temps. Retirez ensuite le creuset, laissez-le refroidir et cassez-le. Vous trouverez au fond un culot de fer, dont le poids, comparé à celui du minerai employé, donnera la richesse relative de la mine.

On rencontre le fer en dissolution dans certaines eaux; on s'assure de leur nature en versant dans un verre rempli de cette eau, de l'infusion de *noix de galle* : si l'eau noircit ou prend une couleur vineuse, violette ou pourpre, ce sera une eau ferrugineuse. L'eau prendra une teinte d'autant plus noire qu'elle contiendra davantage de fer en dissolution. A défaut de noix de galle, on

---

(1) Les fourneaux dont on se sert généralement pour les opérations d'essais sont désignés sous le nom de fourneaux *à vent* ou de fusion. Nous donnerons quelques renseignements sur ces fourneaux, dans le chap. XIII, à l'occasion du traitement des minerais d'or.

peut faire une infusion de feuilles ou d'écorce de chêne, de bois d'aune ou d'autres plantes astringentes. Les eaux ferrugineuses déposent toujours sur leurs bords une ocre jaunâtre, et les feuilles des végétaux qui croissent dans ces eaux sont couvertes d'un sédiment jaune, qui n'est autre chose que de l'oxide de fer.

Le fer est le seul métal dont les sels ne soient point nuisibles. Tout le monde connaît les grandes propriétés toniques et fortifiantes des eaux ferrugineuses.

Ces essais pour reconnaître la nature des eaux ne sont pas sans utilité. Nous avons déjà signalé les propriétés malfaisantes des eaux cuivreuses et indiqué le moyen de constater la présence des sels de cuivre.

La constitution géologique de la Californie donne lieu de penser que les eaux minérales doivent y être très nombreuses, et comme elles sont toutes douées de propriétés distinctes, il devient essentiel de savoir au moins en discerner les principes dominants.

C'est l'humanité tout entière que l'on sert lorsqu'on se livre à des expériences tendant à agrandir le champ des découvertes nouvelles.

Nous ne voulons pas seulement parler des précieuses ressources que nous offre la nature sous le rapport de la thérapeutique ; il est tant de choses encore ignorées dont l'industrie, les arts, sauront tirer parti, tant de productions naturelles destinées à fournir des moyens d'existence aux populations et à améliorer en général le sort de l'humanité, que tout voyageur dans des contrées inconnues doit s'efforcer de faire tourner à l'avantage de la société les fatigues qu'il endure et les dangers auxquels il s'expose.

Mines de plomb. — Lorsque vous apercevrez

sur la terre, dans le fond de quelque ravin, des cristaux cubiques, d'un gris bleuâtre, très brillants, appliqués exactement les uns sur les autres, sans cependant être adhérents, tendres, cassants et fort pesants, vous aurez découvert de la *galène*, le plus riche des minerais de plomb.

On trouve rarement ce métal à l'état natif ou malléable. Presque tout le plomb que la nature nous fournit est minéralisé par le soufre, et sous la forme que nous venons d'indiquer.

La *galène* (sulfure de plomb) étant en quelque sorte le seul minerai de plomb que l'on exploite, nous nous dispenserons de parler des autres.

On trouve la galène en filons ou en amas dans les terrains anciens et nouveaux, dans les granits, dans les schistes argileux et dans les grès anciens.

Ce minerai est composé de 85 parties de plomb et de 15 de soufre; il renferme toujours une certaine quantité d'argent, il en contient souvent assez pour qu'on le mette au nombre des mines d'argent.

En général, on a remarqué que plus les cubes ou grains de la galène sont petits, et plus elle est riche en argent.

Pour connaître la quantité de plomb contenue dans un minerai, on le grille, on le pulvérise, puis on mêle avec cette poudre le double de son poids de flux noir (1), le

---

(1) En chimie et en métallurgie, on comprend généralement sous le nom de *flux* les matières salines susceptibles d'opérer, à l'aide de la chaleur, la fusion de diverses substances. Les alcalis fixes, le nitre, le borax, le tartre et le sel commun, sont les matières salines qui entrent ordinairement dans la composition des flux.

Le *flux-noir* est le résultat du mélange de deux parties de *tartre* et d'une partie de *nitre* qu'on fait détonner ensemble. Il reste, avec le sous-carbonate

quart de son poids de limaille de fer non oxidée, on fond, et l'on obtient un culot de plomb qui donne la proportion du métal que renferme le minerai.

Le régime du feu est un article important dans cette opération ; il est essentiel de ne donner dans le commencement qu'un degré de chaleur modéré, on l'augmente ensuite subitement, et l'on soutient ce degré élevé pendant un quart d'heure.

La mine de plomb du district de Monterey, à l'est de la baie, paraît être la seule des mines connues en Californie dont l'exploitation ait été entreprise ; le métal s'y présente à l'état de galène.

Il existe, à 50 milles à l'est de la mission de *Santa-Inès*, dans la vallée des *Tulares*, un filon de plomb que l'on dit très étendu ; des morceaux de galène provenant de cette mine, apportés à la mission, où ils ont été examinés, donnent lieu de penser qu'elle sera d'un produit considérable. Il existe dans la même vallée une autre mine de plomb à environ 40 milles à l'est de San-Fernando.

Quant aux importants filons découverts dans la vallée de Sonoma, on sera fixé probablement avant peu sur leur véritable situation.

L'opération qu'on fait subir à la galène pour en extraire le plomb est assez simple ; on grille le minerai au contact de l'air, en l'agitant, pour qu'il présente successivement toutes les surfaces ; on le recouvre de charbon, on remue le mélange en augmentant le feu, le plomb descend au fond du fourneau, en entraînant avec lui l'ar-

---

de potasse, une certaine quantité de charbon non brûlé, qui donne au flux la couleur noire dont il tire son nom. C'est à cette quantité de matière charbonneuse qu'il doit, outre la faculté de faire fondre les terres, qui lui est commune avec tous les flux, celle de désoxider les particules métalliques.

gent, s'il y en a; on perce et on fait couler le métal dans des moules *brasqués* (1).

Les eaux qui tiennent en dissolution des sels de plomb sont rares ; il faut, pour qu'elles se produisent, supposer le cas où une source d'eau alcaline viendrait à traverser lentement des terrains plombifères.

La présence du plomb dans une eau se manifeste par la couleur noire qu'elle prend immédiatement quand on verse dans un verre rempli de cette eau quelques gouttes d'*acide sulfhydrique*.

Bien qu'il ne soit fait encore aucune mention de mines d'*étain* et de *zinc* en Californie, il convient néanmoins d'en dire quelque chose pour compléter la série des métaux usuels. La définition que nous allons en donner servira à ceux de nos lecteurs qui voudront profiter des simples enseignements que renferme ce chapitre.

Il n'y a en quelque sorte qu'un minerai d'*étain*, c'est l'*oxide;* sa couleur varie du blanc jaunâtre au brun noirâtre. La figure ordinaire de ce minerai est en cristaux polyèdres, à faces inégales; il est très dur et pesant, bien que l'étain soit le plus léger des métaux. Ce minerai fait partie des terrains anciens; on le trouve dans les granits. Il se présente aussi en grains noirâtres, disséminés dans les sables et dans les terrains d'alluvion; on l'appelle *mine de transport*, parce qu'elle est formée de fragments et de débris de la mine d'étain cristallisée.

Le traitement des minerais d'étain est fort simple; on fait un triage de la mine, on mêle l'oxide avec du charbon de bois, on le jette dans le fourneau de fonderie; le métal

(1) La *brasque* est un composé d'argile et de charbon, qu'on met ordinairement au fond des fourneaux ou de leurs bassins pour recevoir les métaux fondus; on la nomme *pesante* ou *légère* suivant qu'on y fait dominer l'argile ou le charbon.

entre bientôt en fusion et se ramasse au fond du fourneau ; on perce et on coule dans des moules de sable.

Le *zinc* se présente à l'état de *carbonate*, de *silicate* et de *sulfure*.

Le mélange de carbonate et de silicate constitue la *calamine*; ce minerai est terreux, couleur d'ocre, mêlé de particules de fer et de sable.

Les pierres calaminaires n'affectent point de figures déterminées, elles sont quelquefois cristallines et brillantes ; on les trouve enclavées dans des terres calcaires, avec lesquelles elles ont assez de ressemblance.

Le sulfure de zinc, plus généralement connu sous le nom de *blende*, est la mine du zinc cristallisée en écailles, on la trouve presque toujours associée à la galène, à laquelle elle ressemble par la forme et l'éclat, sa couleur est un peu plus foncée, communément noire ou grisâtre. On la reconnaît en ce que calcinée au feu, elle y acquiert une couleur rouge, et dans cet état, elle a la propriété de briller dans l'obscurité quand on lui fait subir un frottement.

Pour extraire le zinc de ses minerais, on calcine légèrement la calamine et l'on grille la blende, puis on opère la réduction en les mélangeant avec du charbon dans des tuyaux de terre que l'on fait chauffer à une chaleur rouge, le zinc se volatilise, passe dans des récipients où il se dépose sous forme de grenailles.

On connaissait depuis assez longtemps l'existence de plusieurs *sources sulfureuses*, en Californie, des explorations récentes en ont fait découvrir de nouvelles. On les reconnaît d'abord à leur odeur nidoreuse et au sédiment qu'elles déposent sur les parois du sol où elles coulent ; mais comme les eaux ferrugineuses déposent aussi un sédiment jaunâtre sur le sol, et que certaines eaux sulfureuses ne sont pas tellement chargées de soufre qu'on puisse les reconnaître par le seul sens de l'odorat, on se sert alors de l'argent pour s'assurer de la présence de ce minéral : un morceau d'argent pur deviendra noir étant déposé quelque temps dans une eau sulfureuse.

Les eaux bitumineuses et les *bitumes* ne sont pas un objet de médiocre intérêt pour qui connaît les nombreux avantages que l'on peut retirer aujourd'hui de cette substance minérale.

Les sentiments des naturalistes ont été longtemps partagés sur l'origine des bitumes ; le plus grand nombre l'attribuait à des décompositions de divers végétaux ensevelis dans la terre par des révolutions locales et rendues épaisses par des acides minéraux.

L'opinion la plus accréditée aujourd'hui est que les bitumes doivent être assimilés à des dépôts purement *minéraux*, comme le sont ceux de sel ou de soufre, que ce sont des produits volcaniques, ou une manifestation particulière de l'activité des courants souterrains.

Nous avons entretenu le lecteur des cours d'eau du grand désert, acquérant souvent les qualités et la consistance de véritables bitumes.

En fait de sources de bitume proprement dites, aujourd'hui connues en Californie, la plus remarquable est la grande source située à 2 lieues au S.-E. du pueblo de los Angeles. Elle présente quatre ouvertures formant en quelque sorte quatre sources distinctes.

« Ces sources, dit M. de Mofras, sont à fleur de terre et dans une vaste prairie, leurs orifices s'ouvrent au milieu de petites mares d'eau froide, tandis que le bitume possède une température supérieure. Cette eau a un goût minéral qui n'empêche pourtant pas les bestiaux de s'en abreuver. Au lever du soleil, les orifices des sources sont couverts par d'énormes cloches de bitume ayant souvent plus d'un mètre de haut, et semblables à des bulles de savon. A mesure que l'air s'échauffe, les gaz contenus dans la cloche se dilatent, et cette dernière éclate en produisant une détonnation assez violente. »

Instructions géologiques.

Comme il est à prévoir que beaucoup de voyageurs en Californie recueilleront des échantillons de minéraux propres à représenter et à caractériser la constitution physique des diverses parties de la contrée qu'ils auront parcourues, nous croyons utile, pour imprimer une bonne direction à leurs travaux, de présenter ici un extrait des instructions rédigées par l'administration du Muséum d'histoire naturelle pour les voyageurs et les officiers de marine, que des voyages de circumnavigation conduisent sur des plages inconnues.

« Sur toutes les côtes, dans toutes les îles où abordera un vaisseau, les voyageurs qui descendent à terre pourront, sans beaucoup de peine, recueillir des objets qui n'ayant aucun prix par eux-mêmes, deviendront intéressants pour la science et l'industrie.

« Quels que soient la nature et l'âge des terrains, ce qui importe le plus, c'est de recueillir les échantillons des roches les plus communes et les plus abondantes, celles qui constituent principalement la masse du sol; l'étude des variétés des couches subordonnées et des matières accidentelles doit passer après.

« C'est sur les masses en place que les échantillons devront être pris, excepté dans quelques cas très rares, leur fraîcheur est plus importante qu'on ne le pense communément, leur forme devra être autant que possible celle d'un parallélipipède, net sur chaque face.

« Il ne faut pas s'embarrasser de morceaux d'un volume considérable. Des échantillons de 8 à 10 centimètres sur 2 à 3 d'épaisseur sont suffisants.

« Sous la dénomination de *roche,* il faut comprendre aussi les matériaux des couches meubles, tels que les *cendres volcaniques*, les *sables*, les *argiles*, les *marnes*, les *pierres calcaires friables*, et toutes les substances analogues. Ces substances ont tout autant d'intérêt que les matériaux des couches les plus solides et les plus anciennes.

« Il faut que la collection géologique d'une contrée offre en petit la représentation fidèle de sa composition.

« Les mines métalliques doivent appeler l'attention des voyageurs, ils observeront si elles sont en couches parallèles à celles des roches environnantes ou situées dans des fentes appelées *filons* qui coupent ces couches.

« En détachant des échantillons de ces mines, on aura soin de laisser à l'entour du métal principal, des portions, soit des autres métaux qui lui sont associés, soit des substances pierreuses qui souvent l'accompagnent, surtout de celles qui sont cristallisées.

« Si l'on trouve des terrains qui renferment des restes d'êtres organisés, tels que des *ossements d'animaux*, des *coquilles*, des *impressions de poissons* ou de *végétaux*, on laissera ces différents corps enveloppés d'une portion de la terre ou de la pierre dans laquelle ils étaient.

« A chaque échantillon, doit être jointe une étiquette qui indiquera le nom du lieu dont il aura été retiré, son élévation au-dessus du niveau de la mer, sa distance et sa situation à l'égard, soit de la côte, soit d'un point géographique connu dans le pays, enfin la nature et l'aspect général du sol.

MODÈLE D'UNE ÉTIQUETTE.

Fragment de Jaspe, recueilli à 150 m. au-dessus du niveau de la mer, sur le versant occidental de la Sierra des Bolbones, à 10 kilom. N.-E. du pueblo de San-José.

NOUVELLE-CALIFORNIE.

Ce fragment laisse voir sur un de ses côtés des coulées de Diorite. Il a été détaché d'un bloc d'environ 12 mètres de diamètre. — Sol siliceux reposant sur un sous-sol calcaire.

« Partout où l'on trouvera des eaux *thermales* ou *minérales*, on aura soin d'en remplir un flacon qui sera bien bouché et bien luté.

CHAPITRE VI.

«Le mérite des collections géologiques tenant principalement à la connaissance des circonstances locales dans lesquelles chaque échantillon a été pris, il est indispensable de joindre aux collections un catalogue raisonné. On reprendra dans ces catalogues les numéros des échantillons, et les indications sommaires inscrites sur les étiquettes : on y insérera tous les détails qui paraîtront propres à donner une idée complète des terrains qui auront été observés. »

Il sera infiniment utile que les voyageurs adressent quelques échantillons des objets qu'ils auront recueillis au cabinet d'Histoire naturelle de Paris. Quels que soient les objets envoyés, ils seront toujours accueillis avec reconnaissance.

Ces communications en profitant aux progrès des sciences naturelles, tourneront souvent à l'avantage de l'industrie et des arts.

On a établi pour la propagation de la science géologique des collections de roches, comprenant les genres et les espèces les plus essentiels à connaître lorsqu'on entreprend un grand voyage.

Ces roches, réduites à un petit volume, renfermées dans des boîtes commodes, comprennent de 20 à 100 échantillons, et peuvent suffire à l'étude élémentaire de la géologie (1). Nous ne saurions trop recommander aux voyageurs désireux d'employer utilement les loisirs d'une longue traversée, de se livrer à l'étude de la géologie qui résume en quelque sorte à elle seule toutes les sciences naturelles, et offre une si grande variété d'utiles applications.

(1) On trouve des collections de roches, réunissant sous un petit volume toute espèce de terme de comparaison, étiquetées et exactement classées, chez M. Eloffe, naturaliste, rue de l'École-de-Médecine, 10, à Paris.

La collection la plus simple, qu'il suffit à la rigueur de connaître pour l'intelligence des auteurs, contient les espèces suivantes : *Granit, Micachiste, Phyllade, Calcaire saccharoïde, Grauwache, Brèche, Schiste houiller, Arkose, Oolithe, Dolomie, Craie, Poudingue, Silex, Argile plastique, Marne, Calcaire grossier, Gypse, Grès, Tephrine, Ponce.*

Le prix de cette collection est de 5, 7 ou 9 fr., suivant le format.

CHAPITRE VII.

Végétation. — Produits du sol. — Culture.
Flore de la cote.—Flore du désert.—Formation d'un herbier.

Le lecteur aura déjà compris qu'avec un climat comme celui que nous venons de décrire, les productions de la Californie ne peuvent manquer d'être riches et variées.

Nous allons compléter les détails qui n'ont été qu'ébauchés dans les précédents chapitres, en présentant des renseignements plus étendus sur la végétation de cette terre généreuse.

Le sol de la Californie, de la partie du moins qui s'étend du côté de l'ouest, depuis la chaîne des montagnes Neigeuses, jusqu'à la mer, est d'une fertilité sans égale. C'est une alluvion noire, poreuse et profonde, dans laquelle les pluies s'infiltrent sans l'effondrer.

Ce sol que l'herbe couvre toute l'année, a quelquefois, dans les vallées, deux mètres de profondeur, il présente une force de végétation surprenante :

« Dans les prairies, dit M. de Mofras, l'herbe s'élève
« souvent de 9 à 10 pieds. Les graminées atteignent une
« hauteur de 8 à 10 pieds et les arbres de la Californie
« sont les plus élevés de la terre. »

Parmi les arbres qui peuplent les forêts, on distingue l'*aune*, le *bouleau*, diverses espèces de *chênes* et entre autres le *chêne vert*, si convenable pour la construction des navires ; une variété de *châtaignier*, le *cotonnier*, l'*érable*, le *frêne*, le *hêtre*, le *laurier camphrier*, le *noyer*, l'*orme*, le *platane d'occident*, le *peuplier blanc*, le *saule*, le *sureau*, le *sycomore* dont le bois est réputé incorruptible.

La famille des *conifères* qui constitue un des groupes les plus intéressants du règne végétal s'y montre sous les formes les plus variées. Les *pins*, les *cèdres* de diverses couleurs, les *cyprès*, les *sapins* couvrent les pentes des montagnes. Le *bois rouge*, ou *cyprès californien*, fournit l'un des meilleurs bois de construction connus.

Les pins atteignent en Californie des dimensions prodigieuses. M. de Mofras mesura en 1842, au nord de la baie de San-Francisco, un pin qui avait 20 pieds de diamètre et 300 pieds d'élévation. C'est exactement le double de la plus grande croissance que puissent atteindre les arbres de nos forêts. Ces mesures s'accordent avec celles qu'avaient prises, en 1827, le capitaine Duhaut Cilly, et, en 1831, M. Douglas, voyageur anglais.

Divers autres arbres d'espèces particulières à la contrée présentent un développement tout à fait inconnu dans nos climats.

Il sera intéressant pour la science d'apprendre l'âge réel de quelques-uns de ces arbres, déterminé, comme on sait, par les couches concentriques dont chaque tronc est formé (1).

On constatera alors d'une manière irrécusable que le sol de la Californie, contrairement à l'opinion qu'on pourrait se former de son peu d'ancienneté, en se fondant sur quelques traits de sa constitution géologique, possède peut-être depuis des milliers d'années la physionomie que nous lui connaissons. L'énumération des cer-

(1) Chaque couche ou cercle concentrique est le résultat de l'accroissement *d'une année*. Le nombre de ces couches représente donc l'âge réel de l'arbre.

cles d'un seul de ces contemporains des premiers âges de la contrée, jettera une vive lumière sur l'antiquité de ce pays (1).

Le *pinus monophyllus (de Torrey)*, pin à noix vulgaire, se plaît sur les parties déclives des montagnes; on le trouve sur les deux versants de la Sierra-Nevada ; le colonel Frémont l'a même rencontré sur les flancs de quelques montagnes du désert.

Nous mentionnerons encore le *pinus Lembertiani* qui croît uniquement dans les sables, et acquiert un diamètre de 6 à 8 pieds. Les cônes de ce pin renferment des graines alimentaires et son tronc distille une résine ambrée.

Cette résine, que les Indiens recueillent en faisant à l'aide du feu une cavité dans le tronc pendant qu'il exsude, donne des produits abondants ; elle passe pour un excellent cathartique. Sa saveur douce et agréable la fait rechercher par les trappeurs et les chasseurs, qui l'emploient aux mêmes usages que le sucre. Comme la Californie jouit d'un climat identique à celui de nos départements méridionaux, cette circonstance autorise à penser que l'on pourrait faire réussir en France presque tous ces végétaux utiles et précieux. L'acquisition d'un tel arbre serait une grande richesse pour notre pays.

Nous indiquerons, dans le cours de cet ouvrage, le moyen de transporter avec certitude, et sans qu'il soit besoin d'aucun entretien pendant la traversée, les arbres

(1) On peut se faire une idée de la lumière que ces faits sont appelés à jeter sur certains points qui intéressent l'histoire naturelle et la physique du globe, si l'on se rappelle qu'*Adanson* a vu, au Sénégal, des arbres aujourd'hui nos contemporains et qui l'ont été peut-être de l'origine du monde. Il cite un *boabab* qui, d'après ses calculs, devait avoir près de six mille ans d'existence. Cet arbre avait 25 pieds de diamètre.

et plantes de toute espèce provenant des contrées les plus éloignées.

Les chênes verts que l'on rencontre dans les vallées abritées, ont une forme très pittoresque et très gracieuse leurs branches flexibles tombent jusqu'à terre et donnent à l'arbre une configuration demi-sphérique d'une symétrie et d'une régularité parfaites.

Un arbre qui fait l'admiration des voyageurs, le *magnolier*, se montre dans les lieux frais et ombragés de la vallée du Sacramento. C'est le plus beau des végétaux connus. Les feuilles du magnolier sont entières, luisantes, ovales-oblongues et très grandes ; il porte des fleurs solitaires, larges de 20 à 25 centimètres. Son tronc qui atteint quelquefois plus d'un mètre de diamètre est droit, uni, revêtu d'une écorce lisse, grisâtre ; il s'élève à 35 à 40 mètres et se termine par une belle cime parfaitement régulière.

Le bois du magnolier est aromatique et ses fleurs exhalent les parfums unis de la rose, de la jonquille et de l'oranger.

Des diverses espèces de magnoliers habitant ces régions, la plus remarquable est, sans contredit, le magnolier-parasol (*magnolia umbrella*) dont les feuilles longues de 50 à 60 centimètres sur 20 à 25 de large sont réunies à l'extrémité des branches de manière à former une sorte d'éventail ou d'ombrelle qui se balance avec grâce au moindre souffle de l'air.

Parmi une grande variété d'arbrisseaux et d'arbustes indigènes à la contrée, nous citerons l'*arbousier*, qui produit des fruits comestibles, d'une saveur aigrelette, de la grosseur et de la forme d'une framboise ; l'*aubépine*, le *chenopode*, arbrisseau appartenant à une famille de plantes intéressante sous le rapport économique et pharmaceutique ; le *ceanothus rigidus*, très bel arbrisseau couvert d'épines et portant des fleurs jaunes disposées en grappes ; le *dendromecon rigidum*, chargé de feuilles nombreuses et rapprochées, porte des fleurs jaunes, grandes, solitaires, ressemblant à celles du pavot ; l'*ephedra occidentalis*, arbuste très rameux, mais grêle, à feuilles arrondies et portant des baies rougeâtres, légèrement acides et agréables au goût ; l'*encelia farinosa*, sous-arbrisseau ramifié, couvert d'un duvet blanchâtre, à fleurs jaunes assemblées et très nombreuses ; le *garrya elliptica*, arbrisseau toujours vert, de 2 à 3 mètres de haut, à rameaux d'un vert pourpré, à feuilles opposées, à fleurs pendantes, ressemblant aux chatons des noisetiers ; une espèce de *myrte*, à bois dur, dont les Indiens de la vallée du Sacramento arment les pointes de leurs flèches ; le *pavia californica* ; le *purshia tridentata*, arbrisseau très rameux, à feuilles rapprochées, cunéiformes, à trois dents au sommet, à fleurs jaunes ; le *simsia*, arbuste à fleurs jaunes, agglomérées en assemblages globuleux ; le *taxodium pempervirens*, arbrisseau toujours vert, ressemblant à l'if ; l'*yedra*, arbrisseau vénéneux, ressemblant à notre sureau : son seul ombrage occasionne une enflure générale du corps ; le *zygophyllum californicum* ou *fabagelle*, arbrisseau à fleurs solitaires, pédonculées, de couleur jaune, blanche ou rougeâtre.

La note suivante, extraite de la correspondance de M. *W. R. Prince*, naturaliste américain, indique l'état de la végétation sur la pente de la Sierra-Nevada, entre la rivière Stanislas et la rivière Tawalumnes, affluents du San-Joaquin.

Dans une courte excursion que fit M. Prince, au mois de juin 1849, vers la source du Tawalumnes, il cite entre autres plantes observées :

« Deux espèces de *pins* et une de *cèdre*, qui atteignent chacune un diamètre de 8 à 12 pieds et forment les plus magnifiques forêts de l'univers ; cinq espèces de *chênes*, dont trois sont des futaies et deux sont des arbrisseaux infructueux ; le *thuya (arbre de vie)* croît dans les forêts de pins et se distingue par un port particulier : il forme une cime d'une régularité parfaite ; l'espèce observée ressemble beaucoup pour le feuillage au thuya siberica ; il atteint une hauteur de 80 à 100 pieds. Deux espèces de *frênes*, dont les feuilles peuvent fournir à la teinture une belle couleur bleue ; l'*aune*, le *myrica cerifera (arbre à cire)*, de 20 pieds de haut et de deux pieds de diamètre, qui laisse suinter de son écorce et de ses fruits une cire tout-à-fait analogue à celle des abeilles. Cet arbre pourra rendre les mêmes services en Californie que dans la Caroline, où il est très abondant ; ses produits sont utilisés pour l'éclairage, on en fait des bougies ayant une couleur verdâtre. Pour se procurer la cire, on met les fruits mûrs dans l'eau et on la soumet à l'ébullition, la cire surnage, et quand l'eau est froide on l'en sépare facilement. Cet arbre n'a aucun rapport avec l'arbre à cire de la Chine, sur lequel un insecte, appelé *la-tchong*, dont on ne connaît pas encore le genre, dépose une cire blanche et pure.

« On trouve dans cette région plusieurs espèces de pommiers sauvages dont les Indiens emploient les fruits à faire du cidre ; un *photinia* d'une grande beauté, de 15 à 20 pieds de haut sur 2 pieds de diamètre ; plusieurs espèces de *rhammus* ; un *cercis (arbre de Judée)*, dont les fleurs se développent sur le tronc et les branches avant les feuilles ; c'est un arbre de 25 à 30 pieds de haut, à écorce noirâtre ; il porte des fleurs roses très jolies ; les feuilles qui naissent après sont en forme de cœur, déli-

VÉGÉTATION.

cates, et d'un vert tendre; un *marronnier nain*, de 15 pieds de haut, produisant une profusion de magnifiques fleurs; un *calcycanthus*, de 10 à 12 pieds de haut, couvert de fleurs à larges corolles qu'il conserve pendant plusieurs mois; un *cephalantus*, arbrisseau à feuilles ternées, à fleurs jaunes sortant des aisselles foliaires; un *chèvrefeuille* (*honeysuckle* des Américains); un *clematis* ou *clématite*, arbrisseau sarmenteux à fleurs très jolies, grandes et exhalant une odeur suave; un *symphoria*, arbuste d'un port très élégant, à rameaux opposés et garnis de feuilles également opposées; plusieurs espèces de *vignes*, deux belles espèces de *framboisiers*, deux variétés de *mûriers* sauvages, plusieurs espèces de *gadelles*, un *groseiller*, deux belles variétés de *fraises*, d'espèce nouvelle, portant des fruits excellents, et une foule d'autres productions végétales d'un égal intérêt qui se distinguent entièrement de celles trouvées dans les autres parties du globe, et dont la plupart sont tout-à-fait nouvelles pour le monde botanique. »

Cette grande quantité d'arbres d'essences diverses, d'arbrisseaux, de plantes variées, sur la pente de la Sierra-Nevada, est une garantie de l'épaisseur de la couche végétale et assure le succès de la culture sur toute la rampe de ces montagnes.

Pour apprécier tout ce qu'il y a de puissance dans le sol vierge de cette contrée, il est nécessaire de faire connaître la nature des instruments aratoires employés par les colons mexicains sur le littoral de la Californie.

Charrue. — La charrue, dont la construction est soumise chez nous à des règles extrêmement compliquées, est demeurée en Californie telle qu'elle était à son berceau. On n'y trouve n'y versoir, ni sep, ni coutre, aucun de ces membres enfin qui composent ce que l'on appelle le corps de la charrue.

C'était une simple pièce de bois à laquelle restait jointe une des branches de l'arbre pour servir de manche. Cette pièce, longue d'un mètre environ, était taillée en biseau et portait à une de ses extrémités une petite plaque de fer (le seul fer de tout l'instrument). L'*âge* ou le timon consistait en une longue barre partant de l'arrière du *soc*, auquel il était fixé au moyen d'une cheville et de deux coins qui permettaient de le lever et de le baisser à volonté, suivant la profondeur que l'on voulait donner au sillon. Cette barre passait entre les deux bœufs formant ordinairement l'attelage et allait se reposer sur le joug où elle était retenue par une corde.

Le laboureur tenait d'une main le manche de la charrue, de l'autre dirigeait les bœufs. C'était un simple sillon que l'on traçait ainsi sans retourner en aucune façon la terre.

La *herse*, ce complément de la charrue, était totalement inconnue en Californie; le cultivateur avait coutume de faire promener un fagot sur les sillons pour couvrir les semences. Dans quelques fermes, au lieu de fagot, on se contentait de passer horizontalement sur le champ une gaule qui remplissait le même office, ou bien encore on attachait une perche par les deux bouts et on la faisait traîner comme un rouleau sur le terrain ensemencé.

Tous ces moyens, très imparfaits, ne manquaient jamais d'atteindre le but qu'on se proposait, grâce à l'extrême souplesse du sol et à l'admirable activité de la végétation.

Partout, en effet, où l'on s'est occupé un peu de culture, on a obtenu d'abondantes récoltes en grains et en légumineuses.

Près de la mission de San-José, un terrain où l'on avait semé 10 *fanègues* (1) de blé, en 1839, donna 1,100 *fanègues* en 1840 (110 p. 1.), et l'année suivante le sol laissé en jachère produisit, sans semailles nouvelles, encore 600 fanègues (2).

Ainsi cette seconde récolte fortuite et spontanée était bien supérieure à ce qu'auraient pu produire dans un champ de la *Beauce*, la charrue, la herse et le travail assidu du laboureur (3).

Les plus mauvaises terres donnent à ce que l'on assure 30 à 40 pour 1.

Ceci justifie les assertions de **M.** *de la Pérouse* : Nos cultivateurs d'Europe, disait-il, ne peuvent avoir aucune idée d'une pareille fertilité, le produit moyen du blé est de 70 à 80 pour 1, les extrêmes 30 et 100.

On sème le blé en décembre ou en janvier au plus tard, et on le coupe en juin ou en juillet.

Les légumineuses de nos contrées, les *pois*, les *fèves*, les *haricots*, les plantes potagères viennent parfaitement bien, et le sol meuble et un peu humide de la côte convient particulièrement aux racines tuberculeuses, la récolte des *pommes de terre* a toujours dépassé de beaucoup les besoins.

Le légume le plus cultivé par les colons mexicains

---

(1) La fanega espagnole contient 0 hectolitre 563 litres.

(2) M. Duflot de Mofras. *Exploration dans l'Orégon et les Californies.*

(3) Le rendement moyen du grain en France, d'après une statistique officielle, est de 5 3/4 pour 1.

Dans les terres médiocres, le blé rend en France 2 ou 3 pour 1 ; dans les bonnes terres 8 et 10, dans les meilleures 15 et par extraordinaire 25.

était une espèce de fève brune nommée *frijole*, dont il se faisait une très grande consommation.

Le poivre rouge (*chile colorado*) entrait dans l'assaisonnement de tous les mets, c'était le condiment indispensable des viandes de bœuf et de mouton, il n'y avait pas un particulier qui n'en possédât un plan ensemencé près de sa demeure. Les *oignons*, les *tomates*, les *potirons*, les *concombres* et les *navets* étaient les autres légumes que l'on pouvait distinguer dans les jardins des Missions.

En général, on fait peu de cas des légumes verts dans les colonies espagnoles ; ce qui explique la faible variété de plantes potagères cultivées dans le pays.

Le *chanvre*, le *lin*, le *tabac*, étaient connus très anciennement en Californie. Une culture bien entendue de ces végétaux, qui paraissent indigènes à la contrée, deviendra par la suite une source importante de revenu.

Dans toutes les vallées, le froment, l'orge, l'avoine, le chanvre, le lin et le tabac, croissent sans irrigation ; l'irrigation est nécessaire pour la pomme de terre, les légumineuses et le maïs.

L'*orge*, employée uniquement à la nourriture des bestiaux, n'entrait que pour une partie très minime dans les productions de l'agriculture californienne, son utilité dans la fabrication de la bière était absolument inconnue.

Le *maïs* a produit, en Californie, des résultats jusqu'alors inconnus. Cette plante, originaire du Mexique, où elle réussit jusqu'à 2,400 mètres au-dessus du niveau de la mer, rend généralement 150 pour 1.

En Californie, les terrains bas et humides paraissent surtout lui convenir. On cite dans la mission de Santa-Cruz, au nord de la baie de Monterey, des exemples de rendement aussi surprenants qu'authentiquement constatés. Un *almud* de maïs (ou 12ᵉ de fanega) a rendu jusqu'à 137 fanegas, c'est-à-dire *seize cent quarante-quatre pour un* (1).

On connaît les nombreux usages du maïs (blé de Turquie vulgaire) dans l'économie domestique. Des observations récentes ont prouvé que le *parenchyme* qui remplit le chaume de la plante, renferme une proportion de matières sucrées assez considérable pour que cette culture puisse remplacer sans désavantage la canne à sucre. Nous apprenons qu'à la Nouvelle-Orléans on s'occupe, depuis plusieurs années, de la fabrication en grand du sucre avec la tige du maïs.

Une espèce de maïs particulière à la Californie a fait l'objet d'un rapport spécial de *M. Bonafous* à la société d'horticulture. Cette espèce, à laquelle il donne le nom de *zea-hirta*, porte des feuilles et des glumes hérissées, et se trouve représentée dans la planche 4 de son important ouvrage sur la culture de cette graminée (2).

La farine de maïs formait une partie essentielle de la nourriture des colons mexicains; ils en composaient leurs *tortillas*, sorte de galette que l'on faisait cuire rapidement sur une plaque de fonte ; la saveur, légèrement sucrée, et la couleur dorée de cette pâtisserie, plaisaient au goût autant qu'à l'œil, elle constituait un mets savoureux et substantiel : c'était le pain du pays.

Comme il y avait très peu de moulins à blé, chaque famille possédait une meule à bras et fabriquait elle-même sa farine.

---

(1) M. Duflot de Mofras.
(2) Histoire naturelle, agricole et économique du maïs. 1 vol. in-folio. Paris, 1836.

L'*atole*, autre préparation du maïs, consiste à le moudre bien sec, à le verser dans un vase rempli d'eau en remuant le mélange. Les parties corticales se déposent au fond du vase, tandis que la farine reste en suspension. On recueille cette dernière, et on la fait bouillir jusqu'à consistance d'une sorte de colle ou d'empoi. L'atole était l'aliment favori des Indiens des Missions.

Le *pinole* est une préparation de maïs, qui consiste à le bien torréfier, à le moudre et à le réduire en poudre très fine ; on ajoute à cette poudre de la cannelle, dans la proportion d'une once pour six livres. Le mélange fait, on en met une cuillerée ou deux dans une tasse d'eau sucrée, et on boit froid ou bien l'on fait bouillir. Rien n'est plus sain que cet aliment.

La nourriture ordinaire de la population était la galette de maïs (*tortilla*), le bœuf bouilli, assaisonné de poivre rouge, les frijoles, les fruits, le thé, le pinole et le chocolat.

Les prairies naturelles dont la contrée est couverte, nourrissaient d'innombrables troupeaux.

L'entretien du bétail était peu coûteux, il restait au pâturage toute l'année, car c'est à peine si l'on doit compter l'intervalle de cinq à six semaines qui s'écoule entre l'époque où l'herbe se dessèche et celle où elle reverdit.

L'état pastoral était d'ailleurs celui qui convenait le mieux au tempérament et au caractère des colons mexicains qui aiment le repos par dessus toute chose, il n'exigeait qu'une simple surveillance, tandis que l'agriculture n'a de résultat qu'au prix d'une certaine somme de labeur.

L'élève des bestiaux était donc la plus grande richesse agicole de la Californie.

Il existe dans cette région plusieurs variétés remarquables de plantes fourragères, les *lupins*, les *trèfles* y abondent, l'*erodium cicutarium*, très répandu aussi, est encore un excellent fourrage, que recherchent particulièrement les bœufs et les chevaux; nous avons déjà parlé de l'avoine sauvage et de la moutarde qui envahit tous les terrains.

Comme herbe fourragère, la moutarde offre un grand intérêt, elle est généralement propre à augmenter la quantité et la qualité du lait des vaches, l'espèce blanche surtout a cette propriété qui lui a fait donner dans quelques-unes de nos provinces le nom de *plante à beurre*. Elle passe en même temps pour un si bon engrais qu'on la sème chez nous comme récolte-jachère préparatoire à l'amélioration du sol.

Les animaux domestiques de l'économie rurale sont les mêmes que ceux d'Europe, et le climat leur est particulièrement favorable.

La côte de Californie est avantageusement située pour la culture des arbres fruitiers d'Europe, ils y prennent un développement rapide et donnent des produits excellents. On trouve, dans les anciens jardins des Pères, tous les fruits d'Europe et la plupart de ceux des tropiques. *Vancouver* rapporte que lorsqu'il visita la contrée en 1792 il y avait déjà un grand nombre d'arbres fruitiers de nos climats; il cite le *pommier*, le *poirier*, le *pêcher*, le *prunier*, le *figuier*, croissant en compagnie du *grenadier*, de l'*oranger*, du *cocotier*, du *bananier* et de la *canne à sucre*.

Le bananier, cet utile végétal de la zône torride, mérite une mention toute spéciale. Il importe d'appeler l'attention sur sa culture, car il n'existe aucune plante dont les produits soient d'un rapport aussi avantageux.

J'ai été à même d'apprécier, lors d'un voyage que je fis en Amérique en 1830, tout le profit que l'on pourrait retirer de la culture en grand du bananier, et les renseignements qui m'ont été fournis depuis, par les hommes compétents qui ont étudié avec le plus de soin la végétation équinoxiale, n'ont fait qu'ajouter à l'opinion que j'en avais conçue.

Le bananier n'est point un arbre, comme son aspect le fait généralement supposer, mais une plante *herbacée*, dont la tige périt aussitôt qu'elle a donné ses fruits. Sa racine bulbeuse et vivace pousse alternativement de nouvelles tiges; 1 an à 18 mois suffisent dans les pays chauds pour son développement complet.

Un seul régime de bananes contient souvent de 160 à 180 fruits et pèse 30 à 40 kilogrammes.

La banane courte, ou *figue banane*, se mange toujours crue, c'est un fruit délicat et très nourrissant.

La banane longue, ou *plantane*, contient beaucoup de fécule, mûre, elle n'offre plus que du sucre.

Pour conserver la banane, on la coupe en tranches minces que l'on sèche, ou bien on en râpe la pâte, on la soumet à une pression assez forte pour en extraire le suc, puis on la fait sécher. Cette préparation la convertit en une fécule qui sert à faire une sorte de pain que l'on cuit légèrement, ou des bouillies d'un goût très agréable.

Les bananiers sont d'un prodigieux rapport; un terrain de 100 mètres carrés (1 are), planté de bananiers à 2 ou 3 mètres de distance dans un endroit bien abrité au fond d'une vallée, produit, terme moyen, d'après M. Boitard, 2,000 kilogrammes de fruits.

Le *froment*, dans une même étendue, ne donne guères chez nous que 10 kilogrammes de grains (1), et les *pommes de terre*, 46 kilogrammes de tubercules.

(1. En France, on *sème* en moyenne 2 hectolitres de grain par

Les avantages de la culture du bananier ne paraissent pas se borner exclusivement à l'abondance et à l'excellence de ses fruits; des expériences faites il y a quelques années déjà, avaient prouvé que sa tige et ses feuilles d'une nature textile pourraient être utilisées dans l'industrie linéaire et la fabrication du papier.

Les premiers essais en ce genre, faits en France par M. *May* et continués par MM. *Fremenditi*, *Gabalde* et *Baraton*, ont été renouvelés par M. *Roque*, aussi savant agronome qu'habile fabricant, qui s'est livré avec un zèle infatigable à l'étude de cette branche d'industrie nouvelle.

Ces tentatives réitérées ont enfin abouti aux résultats les plus satisfaisants, et tout le monde a pu voir à la dernière exposition des produits de l'industrie française, des papiers de bananier et d'aloës, fabriqués par M. Roque, offrant toutes les garanties de force et de blancheur que l'on pouvait désirer.

On recherchait depuis longtemps un papier qui pût réaliser les qualités qui rendent le *papier de chine*, fabriqué avec des *bambous* chinois, si favorable à l'impression de la gravure. Il y a de sérieuses raisons de croire que les papiers de bananier, composés de substances ligneuses analogues aux fibres du bambou, se recommanderont au même titre que les papiers de Chine.

Le *palmier* vient très bien en Californie, aux environs de San-Diégo.

L'*olivier* a été cultivé avec le plus grand succès. L'huile d'olive, étant un objet de grande consommation

---

hectare, qui produisent 12 hectolitres. — L'hectolitre de froment pèse 80 kilogrammes, ce qui donne pour le produit moyen d'un hectare 960 kilogrammes de froment, ou pour un are 9 kil. 60.

parmi les populations espagnoles échelonnées sur toute la côte du Pacifique, la culture de cet arbre promet des avantages considérables à tous ceux qui voudront s'y livrer (1).

Les principales plantations d'oliviers sont situées près de la mission de San-Luiz Obispo et aux environs du canal de Santa-Barbara.

Les huiles d'olives de Californie sont d'une qualité supérieure, M. de Homboldt les comparait à celles de l'Andalousie.

La culture de la *vigne* est dans un état prospère, les raisins atteignent des proportions considérables et sont d'une délicatesse exquise.

Le meilleur vin est celui qu'on récolte à Santa-Barbara, il est rouge, liquoreux, et approche de celui de qualité moyenne du cap.

De nombreux ceps de vignes sauvages sont répandus dans les plaines et les savanes; ces vignes courent dans les branches des arbres et y suspendent en larges festons leurs tiges flexibles; elles produisent des raisins dont la couleur, la grosseur et la qualité varient, mais qui ont généralement cette âpreté particulière à tous les fruits sauvages.

Le fait de cette végétation spontanée de la vigne annonce toutefois assez que le climat et le sol de la Californie lui sont particulièrement favorables.

(1) Les oliviers donnent en Corse, où ils trouvent un sol et un climat favorables à leur développement, un produit moyen de 60 kilogrammes d'huile par an. A 200 arbres par hectare, on a 12,000 kilogrammes d'huile qui, à 1 fr. le kilo, produisent une rente de 12,000 fr. — Il est bien positif que ces résultats abondants ne se succèdent pas d'année en année, à cause des gelées qui viennent souvent détruire toutes les espérances du cultivateur. La Californie, par sa position, n'est pas exposée à ces inconvénients.

Arrivons à cette partie de la végétation de la Californie qui offrira à la science pharmaceutique, à l'économie domestique, à l'embellissement de nos parcs et à la parure de nos jardins, tout ce que l'exploration des voyageurs peut ajouter encore aux conquêtes qui nous sont annuellement révélées dans le champ fécond et varié de la botanique.

La *flore* d'un pays aussi merveilleusement doté doit présenter un vif intérêt, même pour le lecteur ordinaire, à plus forte raison, elle mérite l'attention du monde savant.

Pour procéder avec ordre, nous avons partagé en deux groupes les différentes plantes observées jusqu'à ce jour dans les deux parties les plus distinctes de la contrée. Nous réunirons dans la première série, les plantes appartenant à la région comprise entre la Sierra-Nevada et la mer, la série suivante comprendra les plantes observées dans le désert.

Comme beaucoup de ces plantes sont tout à fait inconnues pour le lecteur, nous aurons soin de donner, comme nous l'avons fait pour la végétation arborescente, une courte description des caractères du genre du plus grand nombre d'entre elles, en mêlant dans notre exposé les particularités qui nous ont semblé offrir de l'intérêt.

Plantes observées dans la zône comprise entre la Sierra-Nevada et la mer.

L'*absinthe* (*artemisia*), cette plante cosmopolite, se rencontre dans toutes les régions du globe, elle recherche les lieux pierreux et incultes; les espèces observées en Californie sont la *grande absinthe* et l'*absinthe maritime*.

Il faut encore rapporter au genre artemisia l'*aurone mâle* ou *armoise*, observée sur plusieurs points de la contrée.

L'*ammolé* (plante à savon) très répandue dans les prés et sur les bords des ravins, est une plante indigène d'un grand intérêt dans l'économie domestique; sa racine bulbeuse nettoie le linge aussi bien que le savon le mieux préparé; on fait avec ses feuilles de très jolies nattes. Cette plante abonde près de la rivière Calaveras.

L'*aegochloa intertexta* dérive de *aix* (bouc) et de *chloa* (herbe verte). Cette plante a été nommée ainsi par Bentham, à cause de l'odeur forte et désagréable de quelques-unes de ses espèces; elle est annuelle de la famille des *polémoniacées*; ses fleurs sont bleues.

L'*asthenia glabrata* (de Lindley), genre non encore décrit.

L'*atriplex* est une plante connue dans nos climats sous le nom d'*arroche*, c'est une herbe dont les fleurs sont disposées en épis, ses graines sont purgatives et émétiques.

La *boeria chrysotoma* (de Fischer et Meyer), genre non encore décrit.

Le *cactus* qui s'accommode également des terrains riches et des sols les plus arides, croît dans toutes les parties de la contrée; on le rencontre sur les montagnes à une très grande élévation.

L'espèce *opuntia* porte des fruits comestibles sains et nourrissants. Les Mexicains fabriquaient avec ce fruit une liqueur agréable, appelée *calinche*. La plante servait à former des clôtures impénétrables qui atteignent quelquefois 15 pieds d'élévation.

C'est sur le cactus opuntia ou *nopal*, que vit la *coche-*

nille, insecte qui fournit un produit si utile à l'industrie et aux arts.

Le *canchalaguan* est une plante originaire de la Californie, à laquelle on attribue de grandes propriétés médicinales; elle croît dans tous les ravins, aux environs des rivières Stanislas et Tawalumnes ; les Indiens préconisent beaucoup ses vertus fébrifuges ; ils font sécher cette plante qu'ils conservent avec soin dans leurs huttes pour s'en servir au besoin ; on la considère dans la contrée comme un des meilleurs dépuratifs du sang.

La *chryseis, escholtzia* ou *poppy californica*, plante herbacée à racine charnue, pleine d'un suc jaune, à tiges tendres et aqueuses, à feuilles alternes ; elle porte des fleurs très jolies, d'un jaune vif et brillant, safranées au centre, qui se ferment quand le temps est à la pluie.

La *collinsia bicolor*, plante rameuse à feuilles ternées, à fleurs grandes et jolies.

La *collomia* est une plante de la famille des polémoniacées, dont les graines renferment une espèce de glu (en grec *kolla*), d'où l'on a fait dériver son nom ; ses fleurs sont cramoisies.

Le *diplacus puniceus*, genre de la famille des scrofulariées à fleurs écarlates, portées sur des pédoncules axillaires, opposées et uniflores.

Le *dodecatheon dentatum* croît dans les lieux ombragés et humides ; ses feuilles sont radicales, serrées et oblongues; il porte des fleurs roses ou blanches, nutantes, c'est-à-dire dont les sommets s'inclinent légèrement vers la terre. Cette plante est très abondante vers la source de la Fourche-Américaine.

L'*erodium cicutarium*, de la famille des géraniums, jolie plante dont le nom dérivé du grec (*heron*) fait allusion à la forme de la graine qui ressemble au bec d'un héron. Cette plante est répandue aux environs de la Fourche-Américaine, on la rencontre aussi au sud de la vallée des Tulares où elle couvre de grands espaces; c'est une excellente plante fourragère.

L'*erigeron* ou *vergerette du Canada*, plante herbacée, indigène à l'Amérique du nord; elle est également répandue sur toute la surface de notre continent. Cette plante qui croît dans tous les sols et qui infeste nos champs, doit cette remarquable disposition à se disséminer au loin à l'extrême légèreté de ses aigrettes. On prétend qu'elle a été transportée d'Amérique en Europe par les vents.

L'*eupatorium purpureum* (*eupatoire* ou *aigremoine*), plante herbacée, de la famille des corymbifères, dont les feuilles et les racines sont utilisées en médecine.

L'*euphorbia*, plante vénéneuse dont les propriétés délétères sont dues au suc laiteux qu'elle distille. Ce suc appliqué sur la peau détermine immédiatement l'inflammation.

Le genre euphorbe est très nombreux et très varié en espèces. Les plantes de cette famille se développent tantôt en arbres, le *mancelinier*, le *caoutchouc*; tantôt ce sont de simples herbes auxquelles la médecine emprunte différents médicaments.

L'*eutoca wrangeliana*, de la famille des hydrophyllacées à fleurs bleues très jolies, produit une grande quantité de graines.

La *gilia tricolor* (nommée ainsi en l'honneur de *P. S. Gil*, botaniste espagnol), magnifique plante de la famille des polémoniacées, à tige herbacée, feuilles alternes, port très gracieux.

L'*helenium undulatum*, plante bisannuelle de la famille des composées, fleurs jaunes.

L'*hugelia densiflora*, de la famille des polémoniacées, fleurs bleues.

Le *lepidostephanus madioïdes*, genre non décrit.

Le *leptosiphon grandiflorus* doit son nom à la délicatesse du tube de la corolle, fleurs bleues.

Le *meconopsis* dérive de *mekon* (pavot), plante de la famille des papavéracées, fleurs assez jolies.

La *melothria* ou *yerba buena* des Espagnols, plante de la famille des cucurbitacées à tiges grimpantes, à feuilles alternes, à nervures palmées ; elle est très estimée pour ses propriétés médicinales. C'est à l'abondance de cette plante, dans la petite île située en face du port de San-Francisco, que le mouillage de *yerba buena* doit son nom.

Le *mimulus cardinalis* (de Douglas), belle plante vivace à tige rameuse, velue, à feuilles ovales, dentées, marquées de membrures nerveuses, porte des fleurs d'un beau rouge minium dont le calice un peu renflé et terminé par des dents aiguës et très courtes, ressemble à un masque de théâtre.

Le *mirabilis jalapa* (ou faux jalap), plante herbacée à racine tubéreuse, très grosse, fusiforme, très rameuse, à feuilles simples, opposées ; il porte une grande quantité de fleurs groupées à l'extrémité des rameaux. Ces fleurs s'épanouissent la nuit et se ferment aux premières clartés de l'aurore ; c'est la plante connue dans nos climats sous le nom vulgaire de *belle-de-nuit*.

Cette plante est très abondante au sud de la vallée des Tulares.

Le véritable jalap avec lequel elle ne doit pas être confondue provient du *liseron jalap*, plante qui croît spontanément aux environs de Jalappa, ville du Mexique, d'où il a emprunté son nom.

La *nemophila aurita*, de la famille des hydrophyllacées. Cette plante recherche les situations ombragées, la lisière des bois ; elle porte des fleurs axillaires et pédonculées d'une belle couleur pourpre.

Le *palafoxia*, de la famille des composées, genre non décrit.

Le *pentstemon stacifolium*, de la famille des scrophulariées, porte des fleurs d'une grande beauté.

Le *phacelia tenacetifolia*, à fleurs bleues disposées en paquets.

Le *platystemon* et le *platystigma*, deux genres de la famille des renonculacées, non décrits.

Le *ptiloneris aristata*, plante médicinale, non décrite.

Le *solidago canadiensis*, genre très voisin de l'*aster*, c'est une plante herbacée à tige rougeâtre, cannelée, terminée supérieurement par de jolies fleurs jaunes disposées en grappes allongées.

Une plante intéressante sous le rapport médicinal est le *thé du Mexique* (ou *Chenopode ambrosioïdes*), très répandu dans la contrée ; on fait avec ses feuilles une infusion qui constitue une boisson salutaire. Ses fleurs sont petites, verdâtres et forment une sorte de grappe ou de panicule terminale.

Dans les lacs et les rivières abonde une espèce de jonc appelé *tula*, par les naturels ; c'est le *scirpus lacustris*, plusieurs fois mentionné ; sa tige est lisse, molle, d'un beau vert et pleine de moelle ; elle s'élève à près de 4 mètres et porte à son sommet une fleur rougeâtre.

Beaucoup d'autres plantes laissent épanouir à la surface des eaux des fleurs brillantes, appartenant à des espèces végétales encore inconnues.

Plantes observées dans la grande zône comprise entre la Sierra-Nevada et les Montagnes-Rocheuses, généralement désignée sous le nom de Désert de Californie.

Nous avons rassemblé ici tout ce qui a été rapporté sur la végétation de cette zône par le colonel *Frémont* et le major américain *Emory*. Dans le relevé qui va suivre figurent quelques arbres et arbrisseaux n'ayant pas été compris dans l'énumération que nous avons présentée au commencement de ce chapitre.

Cette région compte, parmi ses richesses végétales, l'*agave* (*agave americana*), grande plante vivace ayant le port des espèces aloës; ses feuilles sont allongées, aiguës, très épaisses et succulentes; elles poussent par touffes serrées, et ont quelquefois 2 à 3 mètres de longueur; du milieu des feuilles sort une hampe florifère qui atteint souvent plus de 20 pieds d'élévation.

Cette plante, essentiellement américaine, était autrefois le seul vignoble des *Aztèques* ou anciens Mexicains; elle servait également à la fabrication de leur papier. La plupart des manuscrits aztèques qui nous ont été conservés sont peints sur papier d'agave ou sur peau de cerf.

Les Mexicains modernes retirent encore de l'agave une liqueur sucrée qui, pour une grande partie de la population, remplace le vin; ils l'obtiennent en enlevant les feuilles intérieures, dont ils retirent par expression un liquide transparent; ce liquide, abandonné à lui-même, entre bientôt en fermentation. Les feuilles de l'agave fournissent des fibres très résistantes, avec lesquelles on fabrique des cordes et des étoffes; les fleurs contiennent un suc âcre auquel les naturels attribuent la propriété de déterger les plaies.

Dans le sud du Désert, l'agave prend un caractère sauvage par la dureté de ses feuilles, dont les pointes très aiguës incommodent jusqu'à les blesser les hommes et les animaux qui parcourent ces régions, couvertes dans des espaces immenses par cette plante agressive et si rudement vivace.

L'*aristida* est une espèce de blé sauvage portant un fruit cylindrique et glabre. Cette plante a été remarquée dans la partie sud-ouest du désert, couvrant de grands espaces.

Sur divers points de cette région se montrent l'*artemisia* et l'*atriplex* déjà citées, ainsi que le *cactus*, qui y trouve le sol qui lui convient essentiellement.

Le *cotonnier* se rencontre près de tous les cours d'eau; il forme avec l'*acacia* (*spirolobium odoratum* de Torrey), le *sureau*, le *saule* et le *chêne nain*, des forêts assez étendues.

Le *chenopode* est un arbrisseau très répandu dans la région du sud. Cette famille de plante est commune aux deux hémisphères; elle offre des espèces très intéressantes sous le rapport économique et pharmaceutique. Les tiges des chenopodes sont parsemées de glandules contenant une huile essentielle, dans les principes de laquelle résident les propriétés spéciales à chaque espèce.

Le *daleas* est une plante particulière à cette région; elle ne doit point être confondue avec le magnifique *dahlia*, originaire du Mexique et envoyé pour la première fois en Europe en 1789.

Le daleas de Californie est un arbrisseau de la famille des papillonacées, couvert de pointes glanduleuses; il porte des fleurs disposées en épis, de couleur bleu-violacé,

L'*encelia farinosa*, aperçu également dans le sud, est un sous-arbrisseau de la famille des euphorbiacées.

L'*ephedra occidentalis* abonde près du lac Pyramide.

L'*erigonum inflatum* (de Torrey et Frémont) apparaît à la hauteur de la rivière Mohave.

L'*euphorbia* habite le sud, ainsi que le *fouquiera spinosa*, rare et bel arbrisseau à épines éparses, très courtes, à feuilles solitaires dans l'axe des épines, efflorescence en épi.

Le *garrya elliptica* forme de nombreux bouquets près du Rio Virgin ; l'espèce signalée ressemble au saule et porte de petites fleurs en œillet.

L'*obione confertifolia* et l'*obione rigida* ont été observés, le premier dans le sud, le second dans le nord.

Sur différents points apparaissent le *palafoxia linearis*, le *plantain*, le *purshia tridentata*, de la famille des rosacées.

Un magnifique *psoralea* (psoralier), de la famille des légumineuses, arbrisseau de 3 à 4 pieds de haut, à écorce verruqueuse, à fleurs pourpres.

Le *poppy californica* (*escholtzia crocea*), à fleurs très brillantes, est une des plantes les plus répandues dans les deux zônes de la Californie. Elle couvre souvent des plaines entières.

Le *sarrasin* est commun dans le sud; ses blanches corolles s'aperçoivent de tous côtés. Cette graminée, originaire de l'Asie, a beaucoup d'aptitude à supporter la chaleur; elle prospère dans les sols les plus arides.

Aux environs du lac Salé croissent plusieurs espèces de *salicorne*, très riches en soude. Ces plantes sont recherchées avec avidité par les troupeaux et ajoutent à la qualité de leur chair.

Le *simsia* est un arbrisseau à fleurs jaunes, agglomérées en capitules globuleux, formant entre eux une grappe. Nous avons parlé déjà du *spyrolobium odoratum*, espèce particulière d'acacia, très répandu dans cette région.

La *stanleya integrifolia*, à fleurs jaunes très jolies, apparaît abondante aux environs de l'Archilette et au nord de las Vegas de Santa-Clara ; plusieurs autres plantes de la famille des crucifères s'y montrent également en grand nombre.

La famille des térébinthacées est représentée par de nombreux genres. Le *sumac* ou *rhus* habite les environs du lac Salé ; cet arbrisseau est très vénéneux, principalement l'espèce *radicans* : il suffit de toucher ses feuilles pour que la main se couvre en peu de temps d'empoules. Ses fleurs sont pleines d'un suc blanchâtre d'une extrême âcreté. Les gaz qui se dégagent de cet arbre, principalement pendant la nuit, sont eux-mêmes très pernicieux.

On trouve encore dans cette vallée une espèce de *valériane*, que les Indiens désignent sous le nom de *kooyah*. La partie utile de cette plante est sa racine, elle acquiert un très gros volume ; son odeur est forte et nauséabonde, ce qui n'empêche cependant pas les indigènes de s'en nourrir. A l'état frais, cette racine contient une grande abondance de suc laiteux vénéneux, qui disparaît à l'aide de certaines préparations dont les Indiens possèdent le secret.

L'*yucca* et le *zygophyllum* terminent la série des végétaux du Désert aujourd'hui connus.

L'yucca caractérise, avec l'agave et le cactus, la végétation d'une grande partie de la région parcourue par le colonel Frémont.

L'yucca est un arbre de la famille des liliacées, dont

les feuilles rameuses finissent en pointes piquantes; il porte des fleurs terminées en panicules terminales.

Cet arbre a un port raide et disgracieux; on en cite une espèce assez remarquable, l'yucca à feuilles d'aloës, atteignant la hauteur de 5 à 6 mètres; il croît à la manière des palmiers. On l'emploie dans quelques parties de l'Amérique pour faire des clôtures; il suffit de coucher un de ces troncs à fleur de terre pour qu'il en sorte un nombre infini de rejetons qui défendent parfaitement l'entrée d'un champ. La plupart des clôtures de la Caroline sont formées de cette manière.

Le *zygophyllum californicum* (de Torrey et Frémont) est un arbrisseau de 10 pieds de haut, dont les feuilles, longues et flexibles, exhalent quand on les froisse une odeur agréable, due à la résine dont elles sont recouvertes.

Nos observations sur la flore californienne ne seraient pas complètes si nous n'y ajoutions un aperçu de celles de ses espèces végétales qui ont été introduites en France, et que l'on trouve confondues avec nos plantes indigènes. Cette nomenclature nous a été obligeamment facilitée par les personnes les mieux placées pour nous aplanir les difficultés de notre tâche.

C'est lorsqu'on se livre à un travail ayant un but d'utilité publique, et pour lequel le concours de la science et d'une expérience éclairée est indispensable, que l'on apprécie une institution comme celle du Jardin des Plantes de Paris.

Nous avons trouvé dans l'un des chefs de cet utile établissement une extrême bienveillance qui nous a valu les plus précieuses informations; c'est à M. Neumann que nous devons de pouvoir mettre sous les yeux du lecteur le tableau suivant, offrant le relevé le plus complet des plantes de la Californie, introduites en Europe, et plus particulièrement en France par les naturalistes et les voyageurs qui l'ont successivement visitée.

Tableau des plantes originaires de la Californie, introduites en Europe.

L'*aegochloa* (de Bentham), de la famille des polémoniacées, introduite en 1833. Il y en a quatre espèces : l'*aegochloa intertexta*, *pungens*, *atractyloïdes* et *colutaefolia*, toutes à fleurs bleues.

Le *ceanothus* (de Linné), arbrisseau d'ornement de la famille des rhamnacées, trois espèces : le ceanothus *rigidus*, le *dentatus* et le *papillosus*.

La *collinsia* (Nuttall), nommée ainsi en l'honneur de *Zacharie Collins*, vice-président de l'Académie des sciences naturelles de Philadelphie. Plante annuelle de la famille des scrophularinées, introduite en 1833. Sa beauté en fait une des plantes d'ornement les plus précieuses. Deux espèces : la collinsia *bicolor* et la *sparciflora*.

La *collomia* (de Nuttall), de la famille des polémoniacées, introduite en 1833. Plante annuelle à fleurs cramoisies. Deux espèces : la collomia *gilioïdes*, fleurissant en août, et la *glutinosa*, fleurissant en septembre.

Le *dendromecon rigidum* (de Bentham), arbrisseau à fleurs de pavot, chargé de feuilles nombreuses, dentées, aiguës et rugueuses, fleurs jaunes, axillaires et solitaires.

Le *diplacus* (de Nuttall) dérive de *dis* (deux), plakos (*placenta*), par allusion à la division des capsules aux valves desquelles sont attachées de larges placenta. De la famille des scrophulariées. Très belle plante d'ornement, introduite en 1794. Trois espèces vivaces, le diplacus *puniceus* à fleur écarlate, l'*orantiacus* et le *glutinosus* ; ces deux espèces à fleur orange, introduites en 1837.

Le *dodecatheon dentatum*, de la famille des primulacées, à fleurs roses assez grandes et très entières.

L'*escholtzia*, ou *chryseis*, ou *poppy ealifornica* (de Lindley), plante annuelle de la famile des papavéracées, à fleurs jaunes safranées au centre et très brillantes. Trois espèces, l'escholtzia *californica*, la *crocea* et la *compacta*.

L'*eutoca* (de Brown) dérive de *eutokos* (fertile). Cette plante donne une infinité de graines. Famille des hydrophyllacées, introduite en 1835. Deux espèces, l'eutoca *wrangeliana*, fleurs bleues très jolies, fleurissant en août, et la *divaricata* fleurissant en mai, fleurs violet-clair, introduite en 1833.

Le *garrya elliptica* (de Douglas), arbrisseau toujours vert, d'une grande rusticité, de la famille des garryacées, introduit en 1826. Son port et son joli feuillage en font un des plus beaux arbrisseaux d'ornement.

La *gilia* (de Ruiz et Savon), de la famille des polémoniacées, plante annuelle introduite en 1833. Six espèces, fleurissant en août, la gilia *tricolor*, *liniflora*, *pharmaceoïdes*, *tenuiflora*, à fleurs roses violacées; l'*arenaria*, à fleurs bleues, et l'*archillæfolia*, à fleurs cramoisies. Toutes ces plantes sont d'une grande beauté.

L'*helenium undulatum* (de Linné), famille des composées, plante bisannuelle fleurissant en août, introduite en 1830, fleurs jaunes.

L'*hugelia* (de Bentham), de la famille des polémoniacées, plante annuelle fleurissant en août, introduite en

1833. Quatre espèces: l'*hugelia densiflora*, l'*elongata*, la *virgata* à fleurs bleues, et la *lutea* à fleurs jaunes.

Le *leptosiphon* (de Bentham), plante annuelle de la famille des polémonaciées introduite en 1833, fleurit en août et septembre; six espèces : le *leptosiphon grandiflorus*, fleurs bleues, l'*androsaceus*, fleurs bleues et blanches, le *luteus*, fleurs jaune-foncé, le *parviflorus*, fleurs jaunes, le *densiflorus*, fleurs pourpres, et le *pallidus*, fleurs jaune-pâle.

Le *meconopsis* (de Decandolle), famille des papavéracées, deux espèces : le meconopsis *heterophylla*, et le *crassifolia*, plante herbacée, suc laiteux coloré.

Le *mimulus* (de Linné), famille des scrophulariées. Plante ne cessant de vivre qu'après 3 années d'existence. Deux espèces : le mimulus *roseus*, introduit en 1831, et le *cardinalis*, introduit en 1835. Ces deux espèces sont précieuses pour l'ornement.

La *nemophila* (Barton) dérive de *nemos* (petit bois), et *phileo* (aimer). Cette plante recherche les situations ombragées. Famille des hydrophyllacées. Plante annuelle, quatre espèces toutes très jolies : la nemophila *aurita* fleurit en juin, ses fleures auxiliaires et pédonculées, d'une belle couleur pourpre, diffèrent de toutes celles du genre; introduite en 1831. L'*insignis*, fleurs d'un beau bleu, fleurit en août, introduite en 1833, la *liniflora* et l'*atomaria* à fleurs blanches, fleurissent en août ; introduites en 1836.

L'*oncorynchus tenellus* (de Fischer et Meyer), famille des scrophulariées.

Le *pavia californica* (de Boerhave), famille des aesculacées, arbrisseau d'ornement d'un très beau port.

La *phacelia tenacetifolia* (de Jussieu), famille des hydrophyllacées, plante annuelle à fleurs bleues, introduite en 1832. Fleurit en juin. Jolie plante d'ornement.

Le *platystigma lineare* et le *platystemon californicum* (de Bentham), de la famille des renonculacées.

La *valeriana*, plante herbacée de la famille des valérianacées, à fleurs en corymbes ; sa racine répand une odeur forte et très désagréable, mais qui plaît tellement aux chats, que ces animaux viennent souvent de fort loin pour se rouler dessus. Cette circonstance en rend la culture extrêmement difficile dans un grand nombre de localités.

Après ces documents, nous devons faire connaître la manière de dessécher les plantes pour en composer un *herbier*. Ce que nous allons dire s'adresse aux personnes qui désireraient ajouter à l'intérêt de leur voyage en recueillant le plus de choses propres à leur rappeler les contrées qu'elles ont visitées.

Entre autres objets, il n'en est point qui offre plus d'attrait qu'une collection de plantes locales.

Cette collection d'agrément est encore un objet utile qui acquiert une grande valeur dans l'emploi que la science indique pour un grand nombre de plantes. Et l'on n'a pas de meilleur moyen de mettre à profit ces indications que de se livrer à leur étude d'après nature.

Linné a dit, dans sa philosophie botanique : « Que « pour reconnaître les plantes, les figures valaient mieux « que les descriptions, mais que les herbiers valaient « mieux que les figures. » C'est en effet par leur secours que l'on peut connaître, comparer et décrire les plantes et en distinguer les espèces.

Ce n'est pas dans la formation d'un herbier que se trouve la difficulté, il suffit d'une exploration active et intelligente, mais la notice dont chaque sujet doit être accompagné, et la classification des sujets demande une méthode régulière et scientifique dont on ne peut s'écarter sans tomber dans une confusion nuisible.

L'administration du Jardin des Plantes, dans sa sollicitude pour les voyageurs, a rédigé, ainsi qu'elle l'a fait pour la minéralogie, des instructions concernant cet objet essentiel (1), ce sont ces règles que nous allons exposer en y ajoutant les autres indications que l'on a bien voulu nous fournir de vive voix.

Formation d'un herbier.

Nous indiquerons d'abord les quelques règles à suivre pour herboriser.

Les objets que le voyageur botaniste doit emporter avec lui, sont :

1º Une boîte en ferblanc pour renfermer les plantes fraîches; on lui donne la forme d'un cylindre, un peu comprimé par les côtés. Cette boîte doit être peinte en blanc, afin que les rayons du soleil soient réfléchis, et que la température intérieure s'élève le moins possible, elle doit s'ouvrir par les côtés;

2º Une serpette pour couper les branches des arbrisseaux;

3º Une boussole;

4º Pour les plantes à pétales fugaces, on emporte avec soi une sorte de livre d'un format in-folio moyen, formé de pages de papier gris écartées au dos par de forts onglets, relié très fortement et se serrant au moyen de courroies. On y dépose les plantes encore fraîches de manière à leur faire subir une première pression;

6º Une fiole d'ammoniaque afin de neutraliser, au besoin, la morsure des animaux venimeux.

L'heure de l'herborisation doit toujours être celle où la rosée a déjà disparu en grande partie, on évite par là de recueillir

---

(1) Instructions pour les voyageurs sur la manière de recueillir, de conserver et d'envoyer les objets d'histoire naturelle, rédigées par l'administration du Muséum d'histoire naturelle. Brochure in-8. — A la bibliothèque du Jardin des Plantes.

des plantes humides qui sont sujettes à noircir pendant la dessiccation.

Les plantes pour les herbiers doivent être autant que possible, cueillies, savoir : un échantillon en boutons et en fleur, et un autre en fruit.

Lorsque la plante est petite on la prend entière et même avec la racine.

Lorsqu'elle est grande, on en coupe des rameaux de 15 pouces au plus.

Les plantes *ligneuses* (arbres ou arbrisseaux), nécessitent un choix, ce sont les branches chargées de feuilles, de fleurs et de fruits qu'il faut surtout conserver.

Les fruits, quand ils sont gros, se conservent desséchés dans des boîtes, on peut encore, au besoin, les représenter peints sur le papier.

Dessiccation. Aussitôt que la course est terminée, on procède à la dessiccation.

A cet effet, on place alternativement un lit composé de plusieurs feuilles de gros papier gris non collé, puis un échantillon de plantes ou plusieurs s'ils sont très petits ; on les étale sur le papier en ayant soin de leur donner le port qu'ils avaient sur pied, puis un nouveau lit de papier, puis un nouvel échantillon, et ainsi de suite.

Lorsque le paquet a une certaine épaisseur (qui ne doit guère excéder 1 pied), on pose dessus une planche et un poids. La pression doit être modérée en commençant, pour empêcher les plantes de se crisper, on l'augmente graduellement.

Il est bon de changer plusieurs fois de papier gris, la première fois peu de temps après qu'on a commencé la dessiccation. A chaque fois on enlève celles des plantes qui seront déjà sèches.

Il est des plantes très aqueuses comme sont les plantes bulbeuses, les *orchis*, etc., qui continuent de végéter dans les herbiers plusieurs mois après qu'on les y a placées.

Lorsque ces plantes seront recueillies dans l'état où on veut les conserver, il est à propos de les plonger pendant une minute dans l'eau bouillante ; on retire la plante, on l'essuie et on la fait sécher avec facilité.

Classement dans un livre. Les échantillons étant convenablement desséchés et comprimés, on les applique sur les feuillets d'un livre in-folio formé de gros papier blanc, et on les y fixe en collant sur la tige de petites bandes de papier qui la maintiennent attachée.

On adopte pour le classement un auteur estimé et l'on met les échantillons à côté du même genre et tout genre à côté d'une même famille.

Chaque échantillon doit porter une note indiquant :

1. *Le nom que la plante porte dans le pays, qu'on aura eu soin de faire répéter et bien articuler plusieurs fois, et auquel on joindra, toutes les fois qu'on pourra l'apprendre, sa signification et les usages auxquels elle est employée.*

2. *La couleur de ses diverses parties et notamment celle de la fleur, leur odeur, la consistance des fruits, enfin le petit nombre de détails qui tombent sous le sens.*

3. *La grandeur, le port et la consistance de la plante, l'époque de sa floraison et de sa fructification.*

4. *Son exposition à l'ombre, au soleil, au vent.*

5. *Sa station, c'est-à-dire la position du lieu où on l'a recueillie et sa hauteur approximative au-dessus du niveau de la mer.*

6. *La nature du sol, calcaire, siliceux, pierreux, etc.*

7. *Son habitation* (1).

Composé ainsi, un herbier a une valeur inappréciable; il devient un recueil de précieuses informations, à l'aide duquel on peut tracer l'histoire botanique d'un lieu.

Si le voyageur a du temps, il pourra soumettre ses échantillons aux moyens de conservation employés par la plupart des botanistes, et qui consistent à frotter la plante sèche avec un pinceau imbibé d'une solution alcoolique de sublimé corrosif. Avec cette préparation qui n'affecte en rien les couleurs, on assure la conservation complète des collections.

Pour compléter ce qui vient d'être dit des produc-

---

(1) L'observation a démontré qu'il existe une foule de centres originaires de végétation, ayant chacun sa flore propre, quoique plusieurs espèces semblent avoir été communes à plusieurs centres à la fois : le fait de l'existence des plantes dans tel ou tel milieu, résultant de la nature physique de l'endroit où se trouvent les végétaux, constitue ce qu'on nomme la *station,* le fait de l'existence dans tel ou tel pays constitue leur *habitation*

(A. Maury).

tions naturelles de la Californie, il n'est pas sans intérêt de rapporter ici qu'il tombe, pendant les mois d'avril, de mai et de juin, dans la région du sud, une espèce de *manne* qui se condense sur les feuilles de roseaux, sur lesquelles on la recueille; elle est un peu moins blanche que le sucre, mais elle en a toute la douceur.

Lorsqu'on examine l'état actuel des ressources que la nature a départies à la Californie, on reconnaît que l'agriculture est appelée à devenir sa première et sa plus féconde industrie.

Ce que nous savons de la fertilité de son territoire suffira sans doute pour engager nombre d'émigrants à tourner leurs vues vers l'agriculture. — Si l'activité et les efforts des nouveaux colons savent mettre en œuvre tant d'admirables éléments de succès, il n'est aucune partie du globe qui puisse atteindre le même degré de prospérité.

La découverte et l'exploitation des métaux précieux ne suffisent pas à elles seules pour fonder une colonie florissante, l'état languissant du Mexique et du Pérou, le prouve suffisamment après une existence de trois cents ans. Mais lorsque le colon aura demandé à la terre de riches moissons et tout ce que le travail peut obtenir d'une végétation si prodigieusement active, l'accessoire de parcelles ou de pepites d'or trouvées dans le sillon du laboureur ou dans les localités circonvoisines, ne peut qu'ajouter aux avantages de ce premier succès.

La première condition de réussite en Californie, c'est de s'y faire cultivateur et d'y apporter la patience laborieuse qui fonde la richesse.

CHAPITRE VIII.

Règne animal.

QUADRUPÈDES. — OISEAUX. — POISSONS. — REPTILES.

On conçoit que dans un pays où les habitants sont restés aussi clairsemés, la multiplication des animaux soit prodigieuse. La richesse et la variété zoologique des plaines et des montagnes californiennes sont donc infinies.

Les forêts servent d'asile à un grand nombre de *loups*, et les *ours* sont surtout remarquables par l'énormité de leur taille.

L'ours gris (*ursus terribilis*), que l'on rencontre sur tous les points de la contrée, mais en plus grand nombre dans le nord, est doué d'une force surprenante. Le commandant Wilkes cite plusieurs exemples de la force de ces animaux. On a vu, dit-il, un ours auquel on avait lancé le *lazo* (1) traîner dans sa retraite précipitée trois chevaux vigoureux, et dans les combats de taureau, en usage en Californie, il n'est pas rare, dit le même narrateur, de voir l'ours arrêter la charge du taureau en lui abattant une jambe d'un seul coup de dent.

Selon M. Warden, voyageur des États-Unis, l'ours gris est beaucoup plus grand, plus fort et plus léger que

---

(1) Le *lazo*, employé par les peuples Espagnols dans les chasses à l'ours, aux buffles et aux chevaux sauvages, est une longue courroie de cuir tressé, fixée par une extrémité à la selle du cheval du chasseur, et terminée à l'autre extrémité par un nœud coulant.

les plus grands ours bruns ; il pèse 8 à 900 livres, c'est le double environ du poids d'un bœuf ordinaire. Ses pattes ont plus d'un pied de long, et ses griffes ont à elles seules 7 pouces de longueur.

Il fut un temps où ces animaux étaient si nombreux dans la vallée des Tulares, que les Indiens furent obligés de leur abandonner plusieurs positions.

L'ours gris attaque rarement l'homme, à moins que celui-ci n'arrive subitement sur lui ou qu'il ne le blesse. C'est alors un animal terrible ; il devient furieux et poursuit à outrance son agresseur.

Dans la plupart des cas, il est frugivore et herbivore, et se nourrit en quelque sorte des mêmes substances que les Indiens de la vallée du Sacramento, c'est-à-dire de glands, de jeunes roseaux et d'herbe. Il ne tue pas toujours son ennemi quand il est en son pouvoir ; on cite des anecdotes de chasseurs tombés au pouvoir d'ours gris, qui, après les avoir couverts d'herbe et de branches, ne les inquiétèrent pas autrement, aussi longtemps qu'ils se tenaient tranquilles, mais s'ils tentaient de s'esquiver, l'ours les retenait et les ensevelissait sous un nouvel amas de feuilles, et, en définitive, les laissait aller sains et saufs.

Les ours voyagent rarement seuls ; on les voit ordinairement par trois ou quatre réunis.

A l'exception de l'ours, du loup et de quelques autres animaux que l'on retrouve dans toutes les parties du monde, la plupart des animaux des deux Amériques semblent appartenir à des genres particuliers ; ils forment du moins des espèces entièrement distinctes.

Le *couguar* (felis puma) ou *lion américain*, habitant les bois de Californie, manque complétement de crinière ;

il atteint 4 à 5 pieds de longueur. Son pelage est fauve et uni ; il a les oreilles et l'extrémité de la queue noires. Sa taille est plus allongée, ses jambes plus courtes, sa tête plus ronde et moins grosse que celles du lion ordinaire ; il monte, dit-on, sur les arbres, mais d'un seul bond, et non en grimpant. Il n'attaque jamais l'homme et ne fait la guerre qu'aux petits animaux.

Le *jaguar* (felis onça) ou *tigre américain* que l'on trouve également en Californie, dans les parties les plus reculées des forêts traversées par des rivières près desquelles il habite toujours, est un animal beaucoup plus redoutable que le précédent ; il ne quitte sa retraite que la nuit, et grimpe sur les arbres avec autant d'agilité qu'un chat ; il se place quelquefois en embuscade sur une des basses branches, au plus épais du feuillage, pour s'élancer de là sur sa proie, mais le plus ordinairement, il se tient caché dans les joncs, et les longues herbes qui garnissent les bords des rivières.

Sa force est prodigieuse, on l'a vu emporter un cheval et traverser avec cette proie une rivière large et profonde ; son pelage, d'un fauve vif, est semé de taches annulaires noires avec un point noir au milieu.

On rencontre dans les forêts le *lynx* ou *loup-cervier*, le *chat sauvage*, le *renard argenté*, la *marte*, le *putois*, le *glouton*, le *porc-épic*, le *zorillo* ou *mouffette*, le *rat musqué*, un grand nombre d'*écureuils*, d'espèces très variées, et entre autres l'écureuil volant (*sciuropterus*), qui habite les grandes forêts de sapins.

Le renard argenté, très commun dans la contrée, a le pelage d'un noir de suie, légèrement glacé de blanc, ce qui tient à ce que les poils sont blancs seulement à leur extrémité ; il a les mêmes habitudes que notre renard ordinaire, mais il est plus grand et plus fort. Une particularité remarquable de la nature de ce quadrupède, c'est qu'il grimpe sur les arbres quand il est poursuivi et près d'être saisi.

La fourrure du renard argenté est très recherchée en Chine où elle se paie plus de 20 dollars.

Le zorillo est un petit quadrupède de l'ordre des carnassiers, il appartient à un genre voisin de la marte; il a le poil rude, long et noir, quelquefois rayé de blanc, le ventre blanchâtre; sa queue ressemble à celle du renard, mais elle est beaucoup plus courte. Cet animal lance, lorsqu'il est poursuivi, une liqueur si âcre et si pénétrante, qu'il est impossible d'en purifier les vêtements qui en sont imprégnés.

Des troupeaux immenses de *bisons*, de *bœufs musqués*, de *cerfs*, d'*antilopes*, de *daims*, d'*élans* et de *chevreuils*, errent dans les vallées et les vastes savanes ou prairies naturelles qu'encadrent les forêts.

Le bison (*bos americanus*) appartient aux animaux les plus caractéristiques du continent américain; il paraît constituer une espèce distincte de bœuf sauvage. Il a la tête et les épaules couvertes d'une sorte de crinière formée d'une laine crépue, épaisse et de couleur sombre qui lui donne un air féroce. C'est cependant un animal fort doux et susceptible d'éducation.

On le chassait en Californie, exclusivement pour sa peau que l'on préparait de façon à conserver adhérents les poils de la crinière, elle était employée, dans cet état, en guise de matelas ou comme divan.

La manière de chasser le bison mérite d'être rapportée, parce qu'elle présente des particularités remarquables, passées en usage chez la plupart des tribus aborigènes des vastes territoires situés des deux côtés des Montagnes-Rocheuses.

Voici le récit que fait de cette chasse M. Ed. de Fontanes :

« La méthode favorite des Indiens pour chasser le
« bison est de galoper à cheval, jusqu'au plus gros du
« troupeau et de le tuer à coups de flèches. Lorsque les
« cavaliers sont nombreux, cette chasse offre le spectacle
« le plus imposant. Les chevaux semblent y prendre
« autant de plaisir que les chasseurs ; les uns et les autres
« ont besoin de toute leur adresse et de toute leur agi-
« lité pour éviter le bison furieux dans le moment où
« il se retourne sur son agresseur.

« Les bisons qui fréquentent les parties boisées du
« pays vont par troupes moins nombreuses que ceux qui
« habitent la plaine, mais ils sont d'une plus grande
« taille. Le mâle le plus fort marche ordinairement en
« tête du troupeau.

« Ces animaux, lorsqu'ils paissent, couvrent une
« grande étendue de terrain, mais dans leur marche, ils
« forment une colonne épaisse et impénétrable qui, une
« fois en mouvement, ne connaît plus d'obstacle capa-
« ble de l'arrêter.

« Les rivières même qu'ils rencontrent les forcent
« rarement à rompre leurs lignes ; ils les traversent sans
« crainte et sans hésitation presque dans le même ordre
« que dans la plaine.

« Quand ils fuient devant les chasseurs, leur course
« est si rapide que les bisons qui forment la tête du trou-
« peau, précipités par ceux qui les suivent, ne sont plus
« maîtres de s'arrêter.

« Les Indiens qui ont remarqué cette particularité,
« en ont tiré parti pour se procurer à la fois une énorme
« quantité de ce gibier. Et certes, il n'est pas de chasse
« plus destructive que celle qui consiste à forcer un

« troupeau de bisons à se précipiter tout entier dans les
« profondeurs d'un abîme.

« Voici comment s'y prennent les Indiens pour ce
« dernier genre de chasse. L'un des plus jeunes et des
« plus agiles s'enveloppe d'une peau de bison, en ayant
« soin d'ajuster les cornes et les oreilles sur sa propre
« tête, de manière à rendre l'illusion presque complète.
« Il se glisse alors entre un troupeau de bisons et les
« précipices qui s'étendent souvent à quelques milles le
« long des rivières. Les autres chasseurs cernent alors
« le troupeau et s'en approchent sans en être aperçus et
« dans le plus profond silence. Puis à un signal donné,
« ils se montrent et se précipitent en avant avec des hur-
« lements épouvantables.

« Les bisons effrayés, et ne voyant de route ouverte que
« dans la direction de l'Indien déguisé, s'élancent tous
« à la fois de son côté. Au même instant, cet Indien
« s'enfuit rapidement en se dirigeant vers le précipice
« où il se met en sûreté dans quelque creux de rocher
« dont il s'est assuré à l'avance.

« Quand le premier du troupeau arrive au bord, il n'y
« a plus pour lui ni possibilité de retraite, ni chance
« d'échapper. En vain il tressaille et se raidit avec ter-
« reur, épouvanté par les cris des chasseurs, le gros de
« la troupe qui s'élance sur ses traces se rue en avant
« avec une impétuosité toujours croissante, et se pous-
« sant les uns sur les autres, toute la troupe se préci-
« pite successivement dans le gouffre où l'attend une
« mort certaine. »

L'espèce de *cerf* particulière à la Californie est de la
taille d'un grand cheval. Ses bois ont souvent 2 mètres
de hauteur et autant d'écartement, sa chair est très
bonne, mais les Espagnols ne la mangeaient pas, ils la

laissaient perdre pour ne recueillir que le suif et la peau; on évalue à environ 200 livres la quantité de suif que peut fournir un de ces animaux; la peau de cerf préparée servait à faire des selles, des objets de harnachement, des bottes, etc. Le suif, une fois fondu, était versé comme celui de bœuf, dans de grands sacs de cuir bien cousus, et expédié à l'étranger. Les Américains établis à San-Francisco et à Santa-Cruz s'occupaient, avant la découverte des mines, à préparer la viande de cerf en la salant et en la fumant; ils en faisaient l'objet d'un commerce assez étendu.

L'*antilope* se distingue par son extrême légèreté et par la forme de ses cornes qui sont rondes comme celles de la chèvre et marquées d'anneaux saillants ou d'arêtes en spirale ; il est doux et sociable, il a les yeux grands et vifs et l'ouïe extrêmement fine.

L'*élan* de Californie (*moose-deer* des Américains) rivalise pour la taille avec le cerf, ses bois, pèsent 40 à 50 livres, et forment deux grandes lames qui s'écartent horizontalement de la tête, et sont profondément dentelées au bord antérieur ; il est bien moins agile que le cerf.

Parmi les animaux de l'économie rurale, les *bœufs* et les *chevaux* étaient les plus nombreux.

Beaucoup de bœufs importés en Amérique par les Espagnols sont même retournés à la vie sauvage et forment de grands troupeaux dans l'intérieur.

On peut en dire autant des chevaux, car lors de la découverte du Nouveau-Monde, il n'y existait aucun animal du genre cheval.

On en trouve aujourd'hui des bandes de plusieurs mille parcourant les plaines et les vallées.

Il n'y a peut-être pas de contrée au monde plus propre

que la Californie à l'élève du bétail; il y multiplie d'une manière étonnante.

Les bœufs constituaient la plus grande richesse et fournissaient le principal article d'exportation du pays. Il se vendait annuellement sur le marché de San-Francisco une très grande quantité de peaux de bœufs au prix moyen de 2 dollars (10 fr. 70 c.) pièce. A ce produit s'ajoutaient le suif, les peaux de cerfs, de daims, de loutres et de veaux marins.

Les bœufs de Californie sont grands, forts, et leur chair est excellente ; le prix moyen d'un de ces animaux variait, avant 1848, de 5 à 8 dollars. On élevait les bœufs, les chevaux et les mules, dans les vallées en pleine liberté. Les chevaux de Californie appartiennent à une très belle race ; ils sont bien formés, pleins de feu et d'une excellente constitution.

La caravane de *Santa-Fe* achetait annuellement 2,000 chevaux pour le Nouveau-Mexique ; au prix moyen de 8 à 10 piastres (1) et les revendait 40 à 50 piastres.

On ne connaît encore qu'imparfaitement la grande espèce de *moutons sauvages*, ainsi que les *chèvres de rochers*, de la Californie.

Il résulterait des témoignages de plusieurs voyageurs dignes de foi, que l'*argali*, qui paraît être la souche de nos moutons domestiques, habite la Californie. Le colonel Frémont en vit plusieurs troupeaux gravissant avec agilité les rochers aux environs du lac Pyramide. L'argali est, dit-on, de la taille d'un daim et porte des cornes beaucoup plus grosses et plus longues que celles de nos béliers communs.

(1) La *piastre forte* du Mexique vaut 5 fr. 35 c. comme le dollar des États-Unis, elle se subdivise en 8 réaux.

Quant aux moutons domestiques, ils n'offrent rien de remarquable ; leur chair, quoique très savoureuse, n'était pas celle que préféraient les colons mexicains. Leur laine est grossière, mais il serait facile de l'améliorer par l'application du procédé d'*ocrage*, qu'on emploie généralement en Espagne, lequel a pour effet de purifier et d'adoucir la laine. Ce procédé, qui consiste à couvrir le mouton d'ocre rouge, dissoute dans l'eau, est fondé sur l'opinion que la terre absorbe la transpiration surabondante, qui, laissée libre, rendrait la laine rude et grossière.

Sous un climat comparable à celui de l'Andalousie et avec le sel répandu dans la contrée, et qui est en tout temps si utile à ces animaux pour les maintenir en bonne santé, on arrivera sans aucun doute, en usant des moyens d'amélioration consacrés par l'expérience, à leur faire rendre des produits qui ne le cèderont point à ceux que donnent les moutons d'Espagne.

Presque tous les cours d'eau de la Californie, et en particulier le Sacramento, laissent apercevoir des dépôts de sel ; en nombre d'endroits le sol des prairies en est imprégné, et tout le monde connaît la supériorité des prés salés sur les herbages ordinaires.

On trouve près des cours d'eau les *loutres*, les *blaireaux* et les *castors*.

Le pays abonde en petit gibier, les *lièvres*, les *lapins* pullulent dans les bois et les prairies.

Les oiseaux de Californie sont d'espèces moins variées qu'en beaucoup de contrées, mais chaque ordre comprend des familles extrêmement nombreuses.

La quantité d'oiseaux de proie est considérable ; on remarque l'*aigle à tête blanche*, le *vautour noir*, le *grand* et le *petit faucon*, l'*autour*, l'*épervier*, le *grand duc* et le *corbeau*.

Les aigles ne volent que par paire, mâle et femelle. On assure qu'ils chassent presque toujours de concert, l'un bat les buissons, tandis que l'autre se tient sur un lieu élevé pour saisir le gibier au passage.

Les vautours voyagent habituellement en grande troupe; ils n'attaquent pas les animaux vivants, à moins qu'ils ne soient blessés et incapables de se mouvoir. Pour chercher leur proie, ils s'élèvent dans la nue à une hauteur considérable, et lorsqu'ils aperçoivent un cerf, un daim ou quelqu'autre animal blessé, ils l'épient, le suivent, et, lorsqu'il s'abat, ils fondent sur lui en grand nombre et le dévorent en quelques instants.

Les collines boisées sont peuplées de *faisans*, de *perdrix huppées*, d'une espèce très jolie, particulière à la Californie, de *tourterelles* et de *grives*.

Celles qui avoisinent la mer sont fréquentées par des *cailles*, des *ramiers*, des *pies*, des *bécassines* et des *alouettes*.

Les bosquets sont habités par des *geais bleus*, des *pics tachetés*, des *merles*, des *pivers*, des *mésanges* et des *oiseaux-mouches* de la plus jolie et de la plus petite espèce.

Les *pluviers*, les *courlis*, les *loriots*, les *troupiales*, les *guêpiers*, et plusieurs autres espèces de passereaux, viennent à certaines époques de l'année s'abattre en troupes innombrables sur la contrée.

On trouve, sur les lacs et les étangs, des *oies*, des *canards*, des *cygnes*, des *grues*, des *hérons*, des *cigognes*, et sur les bords de la mer des *albatros*, des *petrels*, des *goelands*, des *pingouins*, des *cormorans*, des *mouettes* et des *pélicans*.

Les pélicans sont très nombreux sur toute la côte de Californie, et comme ils paraissent ne jamais s'éloigner de plus de cinq lieues du rivage, ils servent de signal aux navigateurs égarés dans les brumes en les avertissant de la proximité des terres. Ils peuvent s'élever très haut, mais généralement ils rasent la surface de l'eau et se balancent à une hauteur médiocre.

Ces oiseaux atteignent une très grande taille ; ils ont environ 2 mètres de long et jusqu'à 4 mètres d'envergure.

Un trait caractéristique du pélican est son instinct pour la pêche : on assure qu'ils se réunissent en troupe pour pêcher de concert; ils forment à cet effet un grand cercle sur l'eau, qu'ils resserrent peu à peu pour emprisonner les poissons, jusqu'à ce que sur un signal donné ils frappent l'eau tous ensemble, et, à la faveur du désordre ainsi produit, plongent et se saisissent de leur proie.

Les rivières et les lacs offrent des ressources inépuisables aux habitants par le nombre considérable de poissons qu'ils renferment ; nous avons mentionné dans un autre chapitre les *saumons* et les *truites* comme les espèces les plus abondantes.

Dans les baies, les golfes et le long des côtes, on trouve des bancs de *sardines*, des *maquereaux*, des *turbots*, une espèce particulière de *morue*, des *dauphins*, des *bonites*. des *torpilles*, des *requins*, des *marsouins* et des *cachalots*. Les *loutres de mer* et les *veaux marins* s'y montrent en grand nombre.

Tous les navigateurs qui ont visité les côtes de Californie déposent de la grande quantité de *baleines* qui les fréquentent. La baie de Monterey, entre autres, paraît être un lieu de prédilection pour ce cétacé. Elle présente, à certaines époques de l'année, un spectacle fort curieux. Des myriades de sardines, fuyant la poursuite des baleines et d'autres gros poissons, viennent chercher un refuge dans les eaux moins profondes aux approches de la côte ; mais arrivées là, elles trouvent d'autres ennemis dans les oiseaux aquatiques, qui, attirés par leur présence, viennent s'abattre par milliers sur ce rivage. Ils leurs font une guerre terrible, tandis que les baleines, que l'on voit s'agiter dans les flots, attendent leur retour à l'entrée de la baie.

L'espèce la plus commune de baleine est la *baleine à bosse* (*hump-back* des Américains). Elle porte sur le dos une énorme protubérance à la place de l'aileron.

On rencontre aussi la grosse espèce de baleine dite *baleine franche*, qui fournit jusqu'à 200 barils d'huile.

Les Américains chassent de préférence le *cachalot white-whale*), *baleine blanche*. Ce cétacé se tient toujours au large ; il rend jusqu'à 100 barils d'huile et 15 à 20 de *blanc de baleine*, dont il se fait une grande consommation pour l'éclairage aux États-Unis.

Les bords de la mer offrent plusieurs belles variétés de coquillages. M. Dupetit-Thouars cite comme un des plus remarquables pour la grandeur, et des plus utiles pour la subsistance, l'*haliotis géant*, dont la coquille nacrée à l'intérieur brille des plus belles couleurs. L'haliotis contient quelquefois de jolies petites perles. Ce coquillage, l'un des plus grands que l'on connaisse, a souvent 30 centimètres de longueur sur 22 centimètres de largeur.

En fait de reptiles, on trouve en Californie le *serpent à sonnettes*, d'une petite espèce, et qui n'attaque point l'homme, la *vipère*, la *couleuvre* et le *boa*. On y rencontre aussi des *scorpions* et des *tarentules*, mais en petit nombre.

CHAPITRE IX.

Naturels du pays.

PORTRAIT DES NATURELS. — LEUR ORIGINE PRÉSUMÉE. — LEUR MANIÈRE DE SE VÊTIR. — LEUR INDUSTRIE, LEURS ALIMENTS, LEURS JEUX. — LEURS HABITATIONS. — LEUR CULTE. — LEUR GOUVERNEMENT. — LEURS MARIAGES. — LANGUE ET DIVERSITÉ DES IDIOMES. — LEURS CONNAISSANCES MÉDICALES ET HYGIÉNIQUES. — ARMES. — CHASSE. — CÉRÉMONIES FUNÈBRES.

Nous n'avons pas à nous occuper, dans ce chapitre, des Californiens établis chez les blancs, leurs mœurs et leurs habitudes se rapprochent de celles des colons mexicains, dans la société desquels ils vivaient. On les dit très hospitaliers, passionnés pour le jeu et enclins à l'ivrognerie. Ils sont intrépides cavaliers, manient le cheval avec une adresse remarquable, et négligent, pour cet exercice, tous les autres travaux ; ce sont les femmes qui s'occupent des soins du jardinage, elles bêchent la terre, sèment le maïs, font la récolte, et sont, en outre, chargées de tous les travaux du ménage. Les voyageurs s'accordent à les représenter comme modestes, décentes et douées d'une certaine dignité dans les manières.

Les Indiens indépendants habitent l'intérieur du pays, à la distance de 15 à 20 lieues. Ils se divisent en un grand nombre de petites tribus formant ensemble une population d'environ 40,000 âmes.

Les aborigènes de cette contrée ont, en général, le teint brun tirant sur le bistre, les cheveux noirs et plats, la barbe rare, les yeux petits et allongés, la tête carrée, la face large sans être plate, le nez épaté, la bouche grande et les pommettes des joues proéminentes, la poitrine haute, les jambes grêles.

On trouve parmi ces indigènes quelques hommes d'une haute stature, mais la majeure partie est d'une taille au-dessous de la moyenne.

Ils pratiquent le tatouage, mais cet usage semble plus répandu parmi les femmes que chez les hommes.

Les Indiens de quelques tribus ont coutume de se couper les cheveux à 3 ou 4 pouces de leurs racines; ils font, à défaut d'instruments tranchants, cette opération avec des charbons allumés.

Dans un grand nombre de tribus, au contraire, les hommes et les femmes prennent beaucoup de soin de leur chevelure, qu'ils laissent croître et flotter sur leurs épaules, d'autres enfin portent leurs cheveux relevés en panache derrière la tête.

On rencontre, en remontant le cours du Sacramento, des tribus indiennes qui diffèrent essentiellement sous le rapport physique et moral des autres habitants de la contrée.

Nous citerons comme une des plus remarquables, celle des *kinklas*, habitant la vallée au N.-O. des Trois-Buttes. Ces Indiens, dit le commandant Wilkes, ont une physionomie qui se distingue par une expression de douceur et de bonne humeur; c'est une race joyeuse, toujours disposée à rire et à gesticuler. Les hommes se peignent ordinairement la partie supérieure des joues au moyen de lignes qu'ils mènent jusqu'aux oreilles; ces traits sont de couleur bleue ou rouge mêlée de particules brillantes ressemblant à du mica pulvérisé.

Quelques-uns portent les cheveux longs, séparés à

partir du sommet de la tête, et tombant de chaque côté sur les épaules ; mais le plus grand nombre les ont ramassés en touffe par derrière, et liés avec une courroie de peau de daim.

Les hommes sont grands, forts et bien faits, les femmes sont petites et paraissent mener une existence pénible, leurs traits sont amaigris et leur regard abattu, elles se tatouent de la bouche au menton.

Ces indigènes portent le vêtement ordinaire des Polynésiens, le *maro* ; il consiste en un épais tablier formé de fibres de lin ou de feuilles de roseaux, ouvert sur les côtés et descendant très bas, devant et derrière.

Les traits de ces Indiens en font une race à part, qui se rapproche beaucoup des *esquimaux*.

Les esquimaux, suivant l'historien Robertson, sont les seuls peuples de l'Amérique qui, par la figure et le caractère, aient quelque ressemblance avec les Européens. C'est une race d'hommes particulière se distinguant de toutes les nations du nouveau continent par le langage, les mœurs et les habitudes.

Les Indiens qui habitent aux environs de la Fourche-Américaine ont le visage large, le teint brun et les traits caractéristiques des tribus occupant le pays situé au sud de San-Francisco, savoir : le nez épaté, la bouche grande et le regard peu intelligent.

Quant au *caractère moral* des indigènes, il a été diversement apprécié. Plusieurs jugements, présentant évidemment de l'exagération, ont été portés sur eux. Si on peut leur reprocher, dans ces derniers temps, quelques actes criminels envers les colons, de nombreux exemples témoignent, au contraire, de leur caractère pacifique.

Ces observations sont le résultat de l'opinion de divers navigateurs ayant exploré et fréquenté les côtes de la Californie, ils s'accordent à dépeindre les naturels comme essentiellement doux, affables et hospitaliers.

Nous avons fait connaître le sentiment de *Sébastien Viscaino*, le premier Espagnol qui, à notre connaissance, fasse mention des indigènes de cette contrée. Les anciens voyageurs espagnols racontent que les Indiens de la côte de Californie venaient leur offrir des fruits, des plumes et d'autres présents :

« Leurs procédés, contrairement à ceux des autres peu-
« plades de l'Océanie, est-il dit dans leurs relations, an-
« nonçaient de la générosité, car ils ne paraissaient
« s'attendre à aucun retour pour les présents qu'ils of-
« fraient. »

Francis Drake, dans son second voyage autour du Monde en 1579, dépeint ainsi les naturels qu'il trouva sur la côte : « Etant par le 38° de latitude, dit-il, nous
« aperçûmes un grand nombre de huttes qui bordaient
« le rivage. Les habitants vinrent au-devant des Anglais
« qui descendirent à terre, et, loin de les traiter en enne-
« mis, ils leur firent des caresses et des présents. Pen-
« dant tout le temps de notre séjour sur la côte, nous
« reçûmes la visite de ces honnêtes sauvages, qui nous
« apportaient journellement du gibier et des fruits. »

Vancouver parle dans le même sens de leur caractère :
« Ils se montrent, dit-il, d'une douceur parfaite dans
« leurs manières et leur conduite. »

Les Indiens convertis au christianisme ont une telle probité, assure-t-on, qu'on n'a jamais rencontré un voleur parmi eux.

« L'homicide est un crime très rare parmi les indé-
« pendants, dit *La Perouse* ; lorsque ce cas se présente,
« il n'est vengé que par le mépris général ; mais si un

« homme succombe sous les coups de plusieurs, on sup-
« pose qu'il a mérité son sort puisqu'il s'est attiré tant
« d'ennemis. »

En rapprochant ces faits de quelques actes de dévastation commis par les naturels sur les établissements de la côte, on reconnaît qu'il a fallu des griefs bien sérieux pour modifier ainsi, sous le régime du gouvernement mexicain, leurs dispositions primitives.

Sous l'administration des missionnaires espagnols, les Indiens, accourus de tous les points du territoire pour jouir des bienfaits de l'éducation chrétienne qui leur était offerte, furent initiés en même temps aux divers travaux capables d'améliorer leur condition matérielle. Ils s'occupèrent d'agriculture, apprirent l'art de tisser le chanvre et le lin, à préparer les peaux d'animaux, à fabriquer de l'huile, du savon, à distiller les fruits, les graines. L'ordre parfait qui présidait à ces travaux assurait partout le succès de la colonisation. Une protection éclairée s'étendait sur toutes ces populations, que la charité avait réunies, et que le bien-être moral et matériel fixait définitivement en ces lieux.

C'est ainsi qu'on vit s'élever ces vastes établissements dont les restes imposants frappent d'étonnement le voyageur.

Mais ces paisibles contrées devaient payer aussi leur tribut à l'esprit révolutionnaire ; c'est de la proclamation de l'indépendance du Mexique que datent les persécutions, les malheurs de la Californie, et la retraite progressive de la population indienne.

« En 1822, c'était une loi fondamentale de l'établis-
« sement des missions, dit M. de Mofras, que le produit
« des travaux et le sol lui-même appartenaient aux In-
« diens ; les religieux en étaient seulement les adminis-

« trateurs et les directeurs. Le principe sacré : *Pater
« est tutor ad bona Indiorum*, recevait une exécution
« sévère.

« Les missionnaires avaient résolu le grand problème
« de rendre le travail attrayant; ils avaient fait com-
« prendre aussi aux Indiens qu'étant groupés autour des
« missions, ils étaient à l'abri des attaques des tribus
« hostiles, et qu'ils trouveraient plus aisément et plus
« abondamment leurs moyens de subsistance en se li-
« vrant aux travaux faciles et variés des missions, qu'en
« les cherchant dans les produits incertains et périlleux
« de la chasse. »

« Bien que l'intelligence inférieure des Indiens ne leur
« permît pas toujours de comprendre les mystères de la
« religion, les moines, à l'aide de notions claires, par-
« venaient à leur en faire entrevoir les principales vé-
« rités; ils s'appliquaient surtout à développer en eux
« l'instinct moral et des goûts laborieux. Leurs rapports
« avec les indigènes étaient tout paternels; ils se tu-
« toyaient et se traitaient mutuellement de père et de
« fils. C'est depuis qu'ils ont vu les missions élevées par
« leurs propres mains, et les bestiaux réunis par leurs
« soins pillés et détruits par les agents mexicains, et
« qu'ils ont eu à subir eux-mêmes leurs mauvais traite-
« ments, qu'ils regrettent amèrement l'administration
« de ces hommes charitables qui savaient allier la bien-
« veillance à la plus stricte équité, et auprès desquels ils
« trouvaient toujours des secours dans leurs besoins et
« des consolations dans leurs peines. »

On voit que les représailles des indigènes n'ont été
que la conséquence funeste de la conduite des autorités
mexicaines à leur égard.

On conçoit qu'arrachées violemment à cette existence

paisible et heureuse, ces pauvres victimes d'un maladroit libéralisme se soient elles-mêmes livrées à de coupables représailles.

C'est un enseignement dont les nouveaux colons devront profiter. Aux autres avantages que présente la Californie, il faut ajouter celui d'être occupée par des aborigènes d'un caractère doux et pacifique. Mais les mauvais traitements et les injustices peuvent exaspérer les races les moins belliqueuses, et la guerre complique toujours d'une manière fâcheuse tout nouvel établissement sur une terre étrangère.

Les Mexicains ne sont malheureusement pas les seuls à qui l'on puisse reprocher d'exercer sur les Indiens de mauvais traitements, qui les excitent à des représailles; les gens de l'Orégon renchérissent encore en barbarie contre eux; c'est ce qui résulte d'une relation de M. Dillon, consul de France. Les nouveaux colons doivent donc, tout en travaillant à ramener les populations indigènes à leurs mœurs natives, ne pas s'abandonner à une sécurité qui pourrait leur devenir funeste.

ORIGINE PRÉSUMÉE DES INDIENS DE LA CALIFORNIE.

L'histoire des peuplades indiennes de la Californie est enveloppée d'une obscurité profonde; on ne peut aborder le sujet de leur origine qu'en entrant dans le domaine des conjectures.

La diversité des langues et d'autres particularités ne permettent pas de les considérer comme appartenant à une même race, mais on peut naturellement admettre que les nombreuses petites tribus occupant aujourd'hui la contrée, sont des fractions détachées de ces grandes tribus qui, à diverses époques, peuplèrent le Mexique en passant par la Californie, et qui, suivant le

P. Torquemada, dans sa « Monarquia indiana, » formèrent quatre grandes migrations : celles des *Tulticas*, des *Chichimecas*, des *Acolhuas* et des *Aztèques*.

Ces peuples seraient-ils venus par le nord, en suivant les bords de la mer Glaciale et en passant le détroit de *Behring*, ou bien à une époque antérieure à la formation de ce détroit, alors que les climats n'étaient pas les mêmes, ou bien encore quelque jonque chinoise ou tartare, égarée par la tempête, serait-elle venue, chassée par les vents du nord-ouest, qui soufflent avec une régularité presque constante sur la côte occidentale, échouer sur cette côte, dans des temps reculés? C'est ce que les investigations des savants n'ont pu encore éclaircir.

Un fait qui semblerait appuyer cette dernière hypothèse, c'est qu'on lit dans les Annales chinoises, qu'à une époque très ancienne plusieurs expéditions parties dans la direction du Levant ne sont pas revenues. M. de Guignes, célèbre orientaliste, a compulsé ces Annales, et a rapporté ces faits, il assure en outre que les Chinois commerçaient, vers l'an 458 de notre ère, avec l'Amérique; et les Japonais, dit-il, qui naviguaient d'une île à une autre, ont pu arriver ainsi jusqu'aux Indes occidentales.

Discuter l'origine des Indiens de la Californie, c'est, comme on le voit, toucher à l'histoire des peuples de l'Amérique entière. Nous n'avons pas l'intention de traiter à fond cette question, elle est hors de notre compétence; ce que nous nous sommes proposé en commençant ce paragraphe, c'est de présenter un court résumé des savantes recherches qui ont été faites à ce sujet, lesquelles semblent établir que l'Amérique doit sa population à l'Asie septentrionale. Dans le nord de l'Asie et dans le nord de l'Amérique, la même langue se parle en effet, et l'on s'y comprend malgré la différence des dialectes.

« Que les populations primitives qui peuplèrent l'A-
« mérique soient venues de l'Asie, berçeau du genre
« humain, dit M. *Dupaix* (1), cela n'est pas plus dou-
« teux qu'un article de foi ; mais quand et comment
« abordèrent-elles, c'est un problème qu'on ne peut
« résoudre.

« Quant à l'époque de la première population de
« cet hémisphère, je la considère comme ayant eu lieu
« par diverses nations et de plusieurs côtés en différents
« temps. Je suis fondé dans cette opinion par la dissem-
« blance qui existe entre les races d'indigènes répandus
« à différentes latitudes de la partie septentrionale, sous
« le rapport de la stature, du visage, de la couleur, des
« langues, des costumes et de la civilisation plus ou
« moins avancée. »

Brerewood, savant antiquaire anglais, prétend que l'Amérique a été originairement peuplée par les *Tarta-res*, il fonde son opinion sur les considérations suivantes : 1° que la côte occidentale de l'Amérique qui regarde l'Asie, était beaucoup plus peuplée à l'époque de sa découverte, que la côte qui regarde l'Europe ; 2° que la conformation physique et la couleur des deux peuples sont à peu près les mêmes ; 3° le rapport apparent existant entre les Américains et les Tartares qui en général ne se sont jamais appliqués à aucun art ; 4° les animaux féroces peuplant l'Amérique n'ont pu y passer que par la Tartarie (1).

---

(1) *Antiquités mexicaines*, 2 vol. in-folio, 1834.

(1) C'est aussi l'opinion du docteur Mitchill, qui a cru reconnaître dans la brebis sauvage, dans le taye-taye de la côte nord-ouest de l'Amérique, l'*argali* de la Tartarie ; dans le loup des prairies, le *chacal* de l'autre hémisphère, et dans l'antilope du nouveau continent la *gazelle* de l'Asie.

Toutes les contrées de l'Asie, dit cet auteur, depuis le grand fleuve du Wolga et de l'Oby, du côté de l'Orient, et depuis la mer Caspienne, l'Oxus et les contrées des Indes et de la Chine, vers le septentrion, sont comprises sous le nom de *Tartarie*.

M. de *Humboldt*, dont les témoignages ont tant d'autorité, dit que les analogies dans la conformation de la tête et dans le langage semblent prouver que les individus de la race tartare ont passé sur la côte nord-ouest de l'Amérique et de là au sud et à l'est vers la rivière Gila et vers le Missouri. Selon cette version, les émigrants d'Asie se seraient jetés sur la côte de l'Amérique du nord et auraient refoulé vers le sud les peuples tels que les Toltèques, les Chichimèques, les Acolhuas, etc., arrivés avant eux depuis le vi[e] siècle de notre ère.

C'est à la comparaison des langues, à défaut de documents historiques, qu'on devra les aperçus les plus vrais sur l'origine des populations américaines.

En faisant le rapprochement des principales langues de ce continent, avec celles de l'Asie, on trouve en effet des analogies très frappantes et très nombreuses.

C'est ainsi, pour ne citer qu'un petit nombre d'exemples de la parenté des langues américaines et asiatiques, que les mots :

Amérique.   Asie.

Dieu, en langue mexicaine, s'exprime par *Teut*; en Chinois : *Teu*.
Seigneur, ou *Prince*, en Araucan « *Toqui*; en Sumatra : *Tokko*.
Terre en Péruvien « *Lacta*; en Birman : *Lai*.
Fleuve en Natchez « *Mis, Missi*; en Japonais : *Mys*.
(Ex. *Mis-Souri, Missi-Sipi*..)

Ces analogies, et beaucoup d'autres, ne sauraient être considérées comme l'effet du hasard.

Le Père *Venegas*, historien de la Californie, fait les

observations suivantes sur l'origine de ses habitants :
« Si les Californiens eussent connu l'écriture, on saurait
« si les fondateurs des nations américaines ont passé
« d'Asie dans ce continent qui en est plus voisin que de
« tout autre. Si les Californiens ont possédé jadis quel-
« ques moyens pour perpétuer le souvenir des événe-
« ments, ils l'ont entièrement perdu. Selon leur tradi-
« tion, leurs *ancêtres venaient du nord*, mais ils igno-
« rent à quel temps, et il paraît qu'ils ne possèdent
« pas même le moyen de marquer les années, comme
« le faisaient les Mexicains (1). »

La tradition des peuples mérite certainement d'être prise en sérieuse considération, quand il s'agit de leur origine, et à défaut de tout autre document historique, cette tradition, d'une origine évidemment asiatique, paraît s'être spécialement conservée chez les Indiens de la Californie, comme chez la plupart des autres peuples de l'Amérique.

Ils ne manquent jamais de répondre, si l'on s'enquiert de l'origine de leurs ancêtres : *qu'ils sont venus par le nord*. La seule obscurité qui règne encore, c'est de savoir de quelle race de l'Asie descendent ces populations.

VÊTEMENTS DES INDIGÈNES.

Le vêtement des hommes consiste généralement en une ceinture en peau de loutre, quelques-uns ont des manteaux en peaux de daim, de lièvre ou de renard, jetés sur les épaules, et des chapeaux de paille très bien nattés. Ils portent, comme ornement, des colliers de coquilles, de noyaux de fruits ou de graines de diverses couleurs.

Le costume des chefs consiste en une ceinture de

---

(1) Noticia de la California, 2 vol. Madrid, 1757.

plumes descendant jusqu'aux genoux. Ils portent aussi un manteau fait en tissu de plumes, ingénieusement travaillé. Leur coiffure se compose du bonnet appelé en langue indienne *tobet*; c'est un bandeau tourné autour de la tête dans lequel sont fixées plusieurs sortes de plumes arrangées avec symétrie en forme de couronne.

L'habillement des femmes se compose d'une jupe en forme de sac ou d'une ceinture de roseaux descendant à mi-jambe. Elles se couvrent les épaules de peaux de bêtes, et ont pour coiffure des réseaux fort déliés. Leur chaussure consiste en morceaux de peau de bœuf attachés sur le pied avec une courroie. Elles portent leurs enfants sur le dos, retenus avec une ceinture en cuir, ou bien encore emmaillotés dans des paniers en forme d'étui, faits en écorce d'arbre.

Les femmes recherchent la parure avec passion ; elles portent comme les hommes des colliers de nacre, mêlés de noyaux de fruits et de coquillages qui leur descendent jusqu'à la ceinture; elles se font aussi des bracelets de même matière ; beaucoup d'entre elles portent en guise de boucles d'oreilles des morceaux d'os ou de bois, cylindriques et creux, qui leur servent d'étui pour mettre leurs poinçons.

LEUR INDUSTRIE, LEURS ALIMENTS, LEURS JEUX.

L'occupation la plus ordinaire des hommes et des femmes est de filer. Le fil se fait soit avec le lin ou le chanvre indigène, soit de matières cotonneuses qui se trouvent dans le péricarpe de certains fruits. Du fil le plus fin on fait des réseaux, et du plus grossier, des sacs pour différents usages, des rets pour la chasse et pour la pêche.

Leur principale industrie consiste dans la fabrication des paniers, genre dans lequel ils excellent; ils les font avec des tiges et des pétioles de diverses plantes rampantes; ils sont d'un tissu si serré qu'ils tiennent l'eau.

Les Indiens se servent de ces paniers pour cuire les aliments. A cet effet, ils les remplissent d'eau, qu'ils font chauffer au moyen de pierres rougies au feu, qu'ils plongent à chaque instant dans cette eau pour y entretenir la chaleur nécessaire. Ils donnent à ces paniers la forme de plats et de coupes gracieuses, et les ornent au dehors de coquilles et de plumes de différentes couleurs. Ils tissent aussi avec des plumes des étoffes dont ils se servent pour se couvrir; ces vêtements ont un aspect très pittoresque et ne manquent pas d'élégance.

Nous mentionnerons encore leurs pirogues, qui sont les plus singulières embarcations que l'on puisse imaginer. Elles sont formées de bottes de roseaux d'environ 10 pieds de long sur 3 ou 4 de large, et terminées en pointe aux deux bouts, de manière à marcher également de l'avant et de l'arrière sans revirer. Ces pirogues, appelées *balza*, ne peuvent contenir que deux personnes. Les Indiens ont l'habitude de les construire à l'instant où ils veulent entreprendre un voyage par eau.

Ces Indiens, toujours nomades, se nourrissent principalement de glands qu'ils ramassent sous les chênes, très nombreux dans la contrée, et des produits de leur chasse et de leur pêche.

Ils ne cultivent guère qu'un peu de maïs; ils se contentent pour cela de lever le gazon, de faire un trou dans la terre avec un bâton, et de jeter dans chaque trou un grain de maïs, qui en produit de cinq cents à mille.

Toute la science économique consiste ensuite à faire rôtir le maïs dont ils veulent se nourrir. Comme ils n'ont point de vases de terre ni de métal pour cette opération, les femmes la font dans des corbeilles d'écorce sur de petits charbons allumés; elles tournent cette singulière espèce de vase avec tant d'adresse et de rapidité, qu'elles parviennent à faire crever et enfler le grain sans brûler la corbeille (1).

Elles préparent les glands en les écrasant entre deux pierres, et les débarrassent de leur principe amer par le lavage et la macération. Elles laissent ensuite fermenter la pâte et en forment des pains, qu'elles font cuire pour les conserver comme provision d'hiver.

La racine d'une espèce de roseau qui croît dans la vallée des Tulares, fournit aux indigènes de cette vallée une substance farineuse avec laquelle ils font des bouillies d'une saveur légèrement aromatique et sucrée.

Les Indiens retirés des missions élèvent, à l'exemple des colons, un peu de bétail. La culture de la pomme de terre commence à se répandre dans les tribus les plus rapprochées de la côte.

Les raisins sauvages, les baies de plusieurs arbrisseaux, les graines de diverses espèces de pins, fournissent encore un abondant aliment aux peuples de ces régio.

Le *jeu* occupe en grande partie les loisirs des naturels; ils s'y adonnent avec passion. Le plus remarquable de leurs divertissements, auquel ils donnent le nom de *takersia*, consiste à jeter et à faire rouler un petit cercle de 3 pouces de diamètre, dans un espace d'environ 40 mètres carrés, nettoyé d'herbes et entouré de fascines. Les deux joueurs tiennent chacun une baguette de la grosseur d'une canne ordinaire et de 2 mètres de long; ils cherchent à faire passer la baguette dans le

---

(1) M. Dupetit-Thouars. *Voyage autour du monde.*

cercle pendant qu'il roule sur le terrain. Ce jeu leur fait faire un violent exercice, parce que le cercle et les baguettes sont toujours en mouvement.

LEURS HABITATIONS.

Les tribus sans cesse errantes établissent leur résidence, tantôt dans un endroit, tantôt dans un autre, presque toujours en plaine, de peur de surprise, et dans les localités les plus favorables à la chasse et à la pêche.

Les *huttes* servant d'habitation aux Indiens sont construites très légèrement. Leur forme est circulaire, elles ont un diamètre de 6 à 8 pieds, sur 4 à 6 pieds de hauteur.

Quelques piquets de la grosseur du bras, fixés en terre et qui se réunissent par le haut, en composent la charpente. Huit à dix bottes de paille, irrégulièrement assujetties sur ces piquets, garantissent bien ou mal les habitants de la pluie et du vent.

Le feu s'allume au centre de la hutte pour la cuisson des aliments; une ouverture pratiquée au sommet donne passage à la fumée, et la plus grande partie de la lumière dont on jouit à l'intérieur vient également de cette ouverture.

On entre par un trou près de terre, dans lequel on a peine à se glisser.

« Cette architecture générale des deux Californies,
« dit *La Perouse*, n'a jamais pu être changée par les
« exhortations des missionnaires ; les Indiens objectent
« qu'ils aiment le grand air, qu'il est commode de met-
« tre le feu à sa maison quand on y est dévoré par un
« trop grand nombre d'insectes, et d'en pouvoir con-
« struire une autre en moins de deux heures. »

A l'exception de quelques tribus, dont il sera question

tout à l'heure, qui se construisent des habitations tant soit peu plus solides, tel est encore aujourd'hui, comme au temps de *La Perouse*, l'état de l'architecture chez les Indiens indépendants.

Lorsque les Indiens changent de résidence, ils emportent toutes leurs fournitures sur leurs épaules, elles consistent en une écuelle de bois, un panier renfermant les provisions, un os aiguisé servant d'alène, deux morceaux de bois tendre, dont l'un taillé en forme de fuseau, et l'autre en forme de parallélipipède servent à faire du feu en roulant avec force le fuseau entre leurs mains, et le faisant tourner dans un trou percé dans le parallélipipède. Un panier en forme de sac, qu'ils portent sur le dos et dans lequel ils placent leurs enfants, une écaille ou une calebasse pour puiser de l'eau, et enfin leurs arcs et leurs flèches.

Quelques tribus du nord de la vallée du Sacramento, et entre autres celle des *Kinklas*, se construisent des habitations en creusant des trous en terre, de 2 à 3 pieds de profondeur, et en élevant au-dessus un assemblage de charpente conique, qu'ils recouvrent d'herbes, de racines et ensuite de terre. C'est toujours à peu près le même système d'architecture, seulement ces huttes sont plus grandes, elles ont de 10 à 20 pieds de diamètre et sont divisées en plusieurs compartiments formant autant de petites chambres. On y entre, comme dans les précédentes, en se glissant par un trou près de terre.

La charpente de ces constructions est assez forte pour supporter le poids de plusieurs personnes. Cette solidité est nécessaire à cause de l'habitude qu'ont ces Indiens de percher le jour sur leurs huttes comme des pigeons, ils restent ainsi des journées entières en observation, sans autre distraction que de voir défiler au loin les ours, les daims et le petit gibier ; très nombreux dans ces parages. Quand un animal s'approche à leur portée, ils lui décochent une flèche, qui manque rarement de frapper la victime à laquelle elle est adressée.

Le commandant Wilkes visita, en 1842, un de ces villages indiens, au nord-ouest de la rivière des Trois-Buttes. Il remarqua près des huttes de grandes quantités de glands servant à leur nourriture.

Ce jour-là, dit le commandant Wilkes, les naturels se livraient à la préparation des graines et des farines; les hommes et les femmes étaient occupés à éplucher les graines, à écaler les glands, à les faire sécher au soleil, à les réduire en farine et à tamiser cette dernière. Le broyage s'exécute à l'aide d'un pilon en pierre, qu'ils agitent dans un mortier de bois dur.

La réduction des glands en farine, par ces grossiers moyens, exige beaucoup de labeur lorsqu'il s'agit de la réduire en poudre très fine; aussi toute cette population à l'œuvre présentait-elle le tableau le plus animé.

On voyait, à côté de chaque hutte, de grandes branches d'arbres servant à les ombrager.

Le commandant Wilkes n'aperçut d'autre trace de culture qu'une espèce de courge plantée à l'entrée du village.

Ces Indiens vivent encore de différents fruits, de raisins, de groseilles, de fraises, etc. On trouve dans cette région une espèce de *tabac* indigène, qui croît dans les sables le long de la rivière, et que les naturels préparent à leur façon et fument dans des pipes en bois.

D'après les renseignements fournis par le commandant Wilkes, ces Indiens ne se nourrissent de la chair d'aucun des animaux qui mangent l'homme.

Leur industrie paraît se borner à la fabrication des

NATURELS DU PAYS.

arcs, des flèches, de paniers et de nattes de jonc; quelques hommes avaient de petits filets en forme de cabas pour mettre le poisson.

LEUR CULTE ET LEUR ÉDUCATION.

On attribue aux indigènes de plusieurs tribus certains dogmes qui indiqueraient qu'ils ont une idée assez nette d'un être suprême. Ils admettent le **Grand-Esprit**, créateur de toutes choses, et une vie future, où l'homme est récompensé ou puni selon ses actes.

Pour la célébration de leur culte, ils érigent un autel en branchages de forme ovale; ils placent au milieu une figure de leur divinité, à laquelle ils offrent des présents, consistant en peaux d'animaux, en plumes, en cornes de daims, en griffes de jaguar, et particulièrement en becs et serres d'une espèce d'épervier, appelé *pame*, qu'ils ont en grande estime.

Le chant est le principal ornement de leurs cérémonies; c'est une sorte de mélopée tremblottante et d'une uniformité qui lui donne un caractère mystérieux. Ils l'accompagnent avec des battements de mains ou d'un instrument fort étrange, si l'on peut appeler de ce nom une carapace de tortue dans laquelle ils agitent des cailloux. Cette musique, très discordante, paraît avoir cependant des charmes pour leurs oreilles.

Nous reproduisons, d'après Choris, voyageur russe, pour donner une idée de leur chant et de leur mesure, l'air suivant chanté par les naturels des environs de San-Francisco :

Air californien.

La danse fait aussi partie de leurs fêtes; ils y exécutent des pas de caractère, et, pour en augmenter l'effet, ils se peignent le corps de la manière la plus bizarre et se coiffent de bonnets de plumes de diverses couleurs.

On cite quelques tribus qui adorent le soleil, dont ils célèbrent le lever par des cris de joie; il en est d'autres qui adorent l'eau, les forêts et les fruits de la terre.

Les Indiens élèvent encore à la dignité de dieu des vieillards auxquels ils offrent des sacrifices.

Les naturels de la vallée du Sacramento ont l'idée d'un bon et d'un mauvais génie: le premier s'appelle *Puis*, ils croient que l'aigle est son ministre; ils prétendent que le renard est le ministre de l'esprit malin. Ils n'adressent pas de prières au bon esprit, parce qu'ils n'en attendent, disent-ils, point de mal, et réservent toutes leurs supplications pour le mauvais.

Malgré le peu de connaissance de ces Indiens, et les habitudes de leur vie sauvage, les parents enseignent à leurs enfants les principes les plus respectables: on leur apprend à haïr le mensonge, à ne point faire de mal aux autres, et surtout à vénérer les vieillards. Les pères exigent de leurs enfants une grande soumission; quoique l'habitude de fumer soit très forte chez eux, un fils n'oserait jamais fumer en présence de son père.

Les vieillards qui sont hors d'état de se livrer à la chasse sont nourris aux dépens du village et traités avec le plus grand respect.

Quant à l'éducation des filles, indépendamment de l'instruction morale qui leur est donnée comme aux garçons, il leur est recommandé de garder le logis, de ne jamais rester oisives; on les associe dès leur enfance aux travaux domestiques. On leur enseigne à préparer l'*atole*; toutes jeunes, elles ont de petits paniers appelés *tuckmel*, avec lesquels elles apprennent à recueillir et à trier les graines.

Ces naturels sont malheureusement dominés par une foule de préjugés, croient aux sortiléges, aux maléfices, et ont des devins (*puplems*) qui se font craindre comme des oracles.

LEUR GOUVERNEMENT.

Chaque tribu est soumise à l'autorité d'un chef absolu, qui n'entreprend rien cependant sans avoir préalablement pris l'avis du *puplem* ou conseiller privé. Le puplem est une espèce de devin qui préside aux cérémonies du culte, à l'éducation des jeunes gens, il est en même temps médecin.

Les Indiens sont élevés dans les sentiments du plus grand respect pour la personne de leur chef et du puplem, jamais ils ne se permettraient une allusion ou une parole vive capable de trahir la déférence qu'ils professent pour l'un et pour l'autre.

Le chef prononce sur tous les différends survenus entre gens de la tribu; il déclare la guerre, traite de la paix; il annonce les jours réservés aux fêtes, désigne les époques où l'on doit se réunir pour la chasse et la récolte des fruits. Son autorité s'exerce par la persuasion; elle est néanmoins très grande, son désir est accompli aussitôt que connu, son opinion est généralement suivie.

La dignité de chef est héréditaire, à sa mort on invite toutes les tribus environnantes à assister à l'élection du fils du défunt. Au jour fixé, les tribus se réunissent; le nouveau chef, conduit par quelques viellards et le puplem, est amené devant l'autel, puis coiffé du bonnet de plume, insigne de l'autorité, et salué par les acclamations de la multitude; il exécute ensuite une danse devant l'autel. Cela fait, les autres chefs le prennent au milieu d'eux, dansent autour de lui et le proclament leur collègue.

Cette fête, qui dure ordinairement trois ou quatre jours, se passe en festins, en chants et en danses.

A défaut de descendant mâle, la fille aînée succède à son père et jouit absolument des mêmes priviléges ; elle choisit elle-même son mari, mais ce dernier ne participe point à l'autorité ; c'est le premier enfant mâle qui hérite du pouvoir.

LEURS MARIAGES.

Le Père Boscana, missionnaire de San-Juan-Capistrano, donne les détails suivants sur la manière dont se négocient les mariages dans les tribus voisines de cette mission. Il est d'usage, dit-il, d'offrir à la fille qu'on recherche, des présents, consistant en fourrures et en colliers de graines ou de coquilles, en les accompagnant de cette déclaration : « Je désire me marier avec vous ? » La réponse est ordinairement celle-ci : « C'est bien, je vais en instruire mes parents. » Si la proposition est agréée par le père et la mère, la fille est autorisée à accepter les présents, et le prétendu est admis à visiter la famille. Pendant tout le temps qui précède les noces, il est tenu de l'entretenir de vivres ; durant le même intervalle, la fille est spécialement chargée, à la place de la mère, de vaquer à tous les soins du ménage, afin que le jeune homme puisse se former d'elle une idée avantageuse.

Au bout de quinze jours, les loges se réunissent pour célébrer les noces, chacun offre quelque présent aux époux et apporte aussi des vivres pour les trois ou quatre jours que dure la fête. Le puplem remet la jeune fille entre les mains de son époux après lui avoir posé sur la tête une couronne de plumes.

Avant de se séparer, les parents ont soin de recommander à la fille la fidélité conjugale, et terminent en disant que, si elle avait à se plaindre de son mari, elle pourrait revenir sous le toit paternel.

Dans quelques tribus du sud, le jeune homme offre à la fille une corbeille ou une cruche appelée *alo*, faite d'un osier très serré ; si elle l'accepte, c'est une preuve qu'elle consent à l'épouser. Elle lui fait à son tour présent d'une coiffe en filet, et ces gages réciproques confirment le mariage.

La polygamie n'est en usage que parmi les chefs de quelques tribus du sud.

LEUR LANGUE.

« La diversité des langues est si grande en Californie, dit le Père Boscana, qu'à chaque quinze lieues, et souvent à de moindres distances, on trouve un dialecte entièrement distinct, de telle sorte que les naturels d'une tribu ne peuvent comprendre ceux de la tribu voisine. »

Cette variété de dialectes atteste la différence d'origine de ces Indiens, car s'ils descendaient d'une même souche il y aurait évidemment quelque affinité, quelque analogie de langage, de manière à ce qu'ils pussent au moins se comprendre, tandis que, même rapprochées, les tribus n'ont aucun rapport entre elles, par cela seul qu'elles diffèrent entièrement de langage.

Nous en avons sous les yeux des exemples frappants. Ainsi, chez les Indiens *Rumsen*, qui habitent aux environs de la baie de Monterey :

Les mots *jour,   eau,   feu,   père,*
S'expriment par : *ishmen, zig, hello, appan.*

Et chez les Eslenes qui résident à quelques milles plus à l'est, les mêmes mots s'expriment par : *azotza, azanas, mamamones, ahay;*

Selon M. de Lamanon, de l'expédition de La Perouse, les Indiens de Monterey ne distinguent point par des noms différents les objets souvent très dissemblables ; comme ils ont peu d'idées abstraites, ils ont peu de mots pour les exprimer, leurs épithètes pour qualifier les objets moraux sont presque toutes empruntées des sensations du goût, qui est le sens qu'ils aiment le plus à satisfaire. C'est ainsi qu'ils se servent du mot *missich* pour désigner un homme bon et un aliment savoureux, et qu'ils donnent le nom de *keches* à un homme méchant et à des aliments gâtés. Ils conjuguent quelques temps des verbes, mais ils n'ont aucune déclinaison ; les substantifs sont beaucoup plus nombreux que les adjectifs, et ils n'emploient jamais les labiales *f*, *b*. La diphthongue *ou*, se trouve dans la moitié des mots ; les consonnes initiales les plus communes sont le *t* et le *k*.

La langue des naturels de Santa-Barbara est remarquable par son harmonie, par la fréquence des sons correspondants aux lettres *l* et *f* si fréquents dans la langue mexicaine.

La langue des *Kinklas*, au nord-ouest de la vallée du Sacramento, est aussi très douce, comparée à celle des tribus de l'Orégon ; le commandant Wilkes observa dans très peu de cas le son guttural *tch*. Le trait le plus saillant du langage de ces naturels est la fréquente répétition des syllabes comme *wai-wai*, *hau-hau-hau*.

Nous ne pouvons donner que quelques indications sur ces idiomes si différents entre eux et si bizarres ; elles suffiront pour exciter la curiosité.

Les philologues pourront la satisfaire de la manière la plus intéressante pour eux, en ce qui touche principalement la langue californienne, en recourant au savant ouvrage de M. de Mofras, auquel nous empruntons encore ce specimen ; ils y trouveront des notions très variées sur les idiomes des diverses peuplades de la Californie.

La pièce suivante est l'*Oraison dominicale* en langue indienne de la *vallée des Tulares*.

« *Appa macquen erinigmo tasunimac emracat jinnin
« eccey macquen unisinmac macquen quitti éné soteyma
« erinigmo : sumimac macquen hamjamu jinnan guara
« eyei : sunun macquen quit ti en esunumac ayacma : ac-
« quectsem unisimtac nininti equet mini : jurina macquen
« equetmini, emmen.* »

CONNAISSANCES MÉDICALES ET HYGIÉNIQUES.

Les Indiens indépendants font usage, dans leurs maladies, d'aloës, de sauge, de romarin, d'orties et d'autres plantes médicinales dont ils ont appris à connaître les vertus.

Ils en emploient quelques-unes comme vomitifs et d'autres comme remèdes externes ; dans les affections externes, ils ont recours aussi aux bains froids.

Ils guérissent les maux de tête en aspirant pendant quelques minutes la vapeur de l'infusion de feuilles de sauge. Pour les tumeurs, les ulcères, ils font usage d'une poix noire très onctueuse qu'ils retirent de certaines graines. Lorsqu'ils éprouvent des maux d'estomac, ils font sécher des plantes aromatiques et les fument comme du tabac. Quand ils sont affligés de quelque douleur locale, ils se flagellent avec des poignées d'orties ; si le mal est rebelle à ce premier traitement, ils le complètent par une application de fourmis de la grosse espèce.

Le *canchalaguan* est un excellent fébrifuge dont presque tous les Indiens connaissent l'efficacité. Cette plante est répandue dans toute la contrée ; on la rencontre surtout près des sources et au fond des ravins.

On cite une plante des environs de Monterey qui a la propriété de neutraliser complétement l'action du venin des serpents à sonnettes, étant mâchée et appliquée sur la morsure ; une autre qui a la vertu de guérir les blessures les plus dangereuses sans occasionner de suppuration.

On assure encore que les naturels connaissent et pratiquent la saignée ; mais de tous les remèdes, celui qu'ils considèrent comme le meilleur, et qui paraît en effet le mieux convenir à leur organisation, c'est l'usage des bains d'air chaud, appelés en langue du pays *temascal*.

Le *temascal* est une espèce de four circulaire, creusé en partie dans le sol, en partie construit de pierres et de fascines, ayant 10 à 15 pieds de diamètre et 7 à 8 d'élévation, dans lequel on ne pénètre que par une ouverture fort étroite ; il y a une autre ouverture plus petite dans le fond pour donner passage à la fumée. Un grand feu allumé à l'intérieur, près de l'entrée, y produit bientôt une température extrêmement élevée qui provoque des transpirations abondantes.

Cinq ou six personnes peuvent se loger à la fois dans cette enceinte ; elles attendent qu'elles soient ruisselantes de sueur pour aller se plonger dans une rivière près de laquelle est ordinairement construit le temascal.

Ces douches paraissent produire chez ces naturels d'excellents résultats ; elles entretiennent leur agilité et augmentent leur force.

Il semblera étrange de retrouver également ces mêmes douches pratiquées chez les Russes de temps immémorial. Cette similitude entre certains usages qui sortent de l'ordre des faits ordinaires, prouve évidemment les rapports qui ont dû exister entre des peuples placés sur des hémisphères différents, à une époque éloignée, dont la tradition n'a pas conservé le souvenir.

LEURS ARMES.

Les armes des naturels sont l'arc et les flèches ; quelques tribus ont des massues et des lances.

Les arcs ont environ 1 mètre de long ; ils sont faits avec beaucoup d'art et doublés de tendons de daim, qui, en renforçant le bois, augmentent son élasticité.

Les flèches sont moins longues que l'arc ; elles ont ordinairement 80 à 90 centimètres ; elles sont faites d'un bois très léger et égales en grosseur à chaque extrémité ; elles sont terminées par un morceau de silex, ou plus généralement d'obsidienne, taillée en fer de lance et dentelée de chaque côté. L'autre extrémité est garnie sur quatre faces de barbes de plume.

Ces peuples se servent de l'arc avec une adresse remarquable, et décochent leurs flèches avec tant de vigueur qu'à quarante pas ils percent un cheval.

LEUR CHASSE.

Les Indiens de la Californie excellent surtout à la chasse ; ils ont recours dans cet exercice à mille stratagèmes. Un des plus curieux, cité par M. le capitaine Dupetit-Thouars, est celui dont ils usent pour chasser les cerfs : ils s'affublent à cet effet le mieux qu'ils peuvent d'une peau de cerf à laquelle la tête et le bois tiennent encore ; ainsi déguisés, ils se rendent plusieurs ensemble dans les clairières ou ordinairement l'herbe de moutarde croît en grande abondance et très haute, et ou précédemment ils ont aperçu des troupeaux de cerfs.

Arrivés là, ils se cachent le corps autant que possible, et, par le mouvement qu'ils donnent à leur tête, ils ont l'air de brouter. Ils imitent si bien la pantomime de ces animaux, et ils rendent leur bramement avec une telle perfection que les cerfs eux-mêmes s'y trompent et les approchent sans méfiance. Lorsqu'un d'eux accourt, le chasseur attend que plusieurs se soient réunis et approchés à bonne portée pour lancer ses flèches. Elles sont ordinairement ajustées avec une si grande précision que l'animal frappé tombe mort sans qu'aucun bruit puisse avertir le reste du troupeau, et la chasse continue.

LEURS CÉRÉMONIES FUNÈBRES.

L'usage de brûler les morts est presque général en Californie, et lorsqu'on demande aux Indiens pourquoi ils le pratiquent, ils répondent que quand la fumée s'élève en tourbillons, l'esprit du défunt monte avec elle vers les cieux.

Aussitôt qu'un Indien a rendu le dernier soupir, on porte son corps devant l'autel, quelques personnes le veillent toute la nuit. Le lendemain, on prépare le bûcher, on pose dessus le cadavre, et on place à côté de lui tous les objets ayant appartenu au défunt, tels que l'arc, les flèches, les plumes, les peaux, etc., pour être brûlés avec lui. Chaque membre de la famille y ajoute quelque autre article, on met alors le feu au bûcher, et le *puplem* entonne un chant funèbre qui est répété en refrain par tous les assistants sur un ton triste et monotone.

Ce chant est ordinairement répété à divers intervalles pendant trois jours et trois nuits.

Quelques tribus, mais c'est le plus petit nombre, ensevelissent leurs morts dans des lieux réservés à cet effet.

Le culte des morts est de tous les temps et de tous les lieux, et diffère seulement dans la manière dont on l'exerce.

Les attributs du deuil, chez les Indiens de Californie, consistent à se couper les cheveux plus ou moins courts, suivant le degré de parenté.

Pour la perte d'un parent rapproché, ils se rasent complétement la tête; pour un parent éloigné, ils se coupent les cheveux à moitié de leur longueur, et pour un ami ils n'en coupent que les extrémités, mais dans tous les cas, ils règlent la taille de leurs cheveux sur le plus ou moins d'attachement qu'ils avaient pour le défunt.

Cet usage n'est pas seulement pratiqué comme signe de deuil, mais encore comme démonstration solennelle d'affliction publique à l'occasion de grande calamité.

Dans quelques tribus, les parents se couvrent la figure et le corps de cendres.

Chez les Indiens de la vallée du Sacramento, l'usage est, pour la femme qui a perdu son mari, de témoigner sa douleur en se coupant d'abord les cheveux et en s'enduisant la tête, la nuque et la poitrine avec un mélange de poix et de charbon. Cette peinture ne doit tomber que par l'effet du temps.

Une des grandes vertus parmi les Indiens, c'est le culte de la famille et des souvenirs. Leur tendresse pour leurs parents et leurs amis s'accroît en quelque sorte par la perte qu'ils en font, et ils n'en parlent jamais sans verser des larmes. C'est de ces populations réputées sauvages qu'on peut dire : qu'elles ont la mémoire du cœur.

CHAPITRE X.

Division et population de la Nouvelle-Californie.
Monterey. — San-Francisco.
Tarif des douanes.

La Californie est divisée en quatre districts : *Monterey, San-Francisco, Santa-Barbara* et *San-Diego* (1).

D'après les renseignements recueillis en 1802 par M. de Humboldt, la population de la Californie se répartissait ainsi :

Colons blancs	1,300
Indiens convertis	15,562
Total	16,862

En 1842, M. de Mofras établissait de la manière suivante le dénombrement de la population blanche de cette contrée :

District de Monterey comprenant plusieurs missions, pueblos ou villages,		1,000 hab.
Idem de *San-Francisco*,	id.	800 »
Idem de *Santa-Barbara*,	id.	800 »
Idem de *San-Diego*,	id.	1,300 »
Le reste de la population blanche dispersée dans les fermes isolées s'élevait à		1,100 »
Total de la population blanche		5,000

(1) Un acte récent du gouvernement californien subdivise le nouvel État en vingt-cinq comtés, savoir : *Monterey, San-Francisco, Santa-Barbara, San-Diego, los Angeles, San-Luiz-Obispo, Branciforte, Santa-Clara, Monte-Diabolo, Marin, Sonoma, San-Solano, Yolo, Mendocino, Sacramento, Coloma, Sutter, Bute, Yuba, Colusi, Shaste, Trinity, Calaveras, Tawalumnes* et *Mariposa.*

Le nombre des Indiens répandus dans l'intérieur du pays est évalué à 40,000.

Les restes de nombreux villages épars dans les vallées de la Sierra-Nevada sont une preuve que ces régions devaient être fort peuplées à des époques plus ou moins antérieures à la découverte des mines. La population indienne n'a point quitté entièrement la contrée; elle se tient près des sources des affluents du Sacramento et du San-Joaquin, et se montre, dit-on, hostile envers les nouveaux occupants. Nous avons fait connaître que ces derniers n'ont pas toujours observé à l'égard des indigènes les dispositions pacifiques qui eussent pu seules assurer leur sécurité.

La population blanche atteignait le chiffre de 14,000 âmes au commencement de 1848; elle avait donc à peu près triplé pendant les 6 années (de 1842 à 1848) qui ont précédé la découverte des mines.

A défaut de statistique régulière, relativement au chiffre actuel, de la population, nous devons nous en rapporter aux renseignements fournis par une feuille locale, l'*Alta-California*, journal qui se publie à San-Francisco.

L'*Alta-California* fait ainsi qu'il suit le recensement de la population blanche.

Le 1er janvier 1849, le territoire comptait 26,000 habitants; au 11 avril, cette population se trouvait augmentée de 7,000 âmes; du 11 avril au 1er décembre, 25,500 personnes ont débarqué à San-Francisco, et 500 à peu près dans les autres ports de la Californie; 3,000 Mexicains sont arrivés par terre de la province de Sonora; 2,000 autres personnes sont arrivées de Santa-Fé; enfin l'on peut porter à 30,000 le nombre des émigrants arrivés par les plaines du nord.

Tous ces contingents réunis formaient, au 1er décembre 1849, un total de 94,000 habitants, répartis de la manière suivante : Californiens, 13,000; Américains, 62,000; étrangers, 19,000.

On calcule que, du 1er au 31 décembre 1849, 12,000 personnes de toutes nations sont arrivées par diverses voies, ce qui portait à 106,000 âmes, le chiffre de la population de la Californie au 1er janvier 1850.

Nous avons consacré ce chapitre à la description des deux ports les plus importants de la contrée, Monterey et San-Francisco; le chapitre suivant réunira les anciens établissements religieux et agricoles désignés sous le nom de *Missions*, ainsi que tous les autres lieux habités de la côte.

Monterey.

La baie de Monterey a 8 lieues d'ouverture sur 4 de profondeur; elle est comprise entre la pointe du *Nouvel-An*, au nord, et la pointe *des Pins*, au sud.

Le point le plus remarquable pour l'entrée de la baie est la pointe des Pins (*Puenta de Pinos* des Espagnols).

Ce cap paraît de loin comme une colline d'une élévation moyenne qui, s'abaissant presque autant vers l'intérieur que vers la mer, prend à la première vue l'aspect d'une île; il est entièrement couvert de grands sapins descendant jusqu'au bord de la mer.

La *Sierra-Santa-Lucia*, dont l'étendue est d'environ 40 lieues, vient se terminer à la pointe des Pins. Le mouillage est à environ une lieue au sud-est de cette pointe.

La baie de Monterey est très spacieuse, comme on peut en juger par la carte jointe à ce chapitre; mais elle est ouverte aux vents du nord et du nord-ouest qui soufflent pendant une grande partie de l'année ; on n'a pas connaissance cependant que ces vents aient été assez violents pour compromettre la sûreté d'un navire bien établi sur ses amarres.

Dans l'est de la baie, les terres sont basses et sablonneuses sur une étendue de quelques lieues ; au nord et au sud elles sont élevées et couvertes d'arbres magnifiques.

Les rivières de *Salinas* et *del Pajaro* se jettent dans l'est de la baie.

La rivière de Salinas, désignée aussi sous le nom de rio de San-Buenaventura, vient du sud-est ; elle a un cours d'environ 45 lieues, et se jette dans la baie à 5 lieues au nord de Monterey.

Le Rio del Pajaro prend sa source à l'ouest de la vallée de San-Juan, il n'a qu'un faible cours ; et reste à sec une partie de l'année.

Ce n'est qu'à partir des années 1769 et 1770 que les Espagnols s'occupèrent de former des établissements dans la Nouvelle-Californie. Eveillé par les découvertes des Russes, que l'attrait d'un climat plus doux attirait sur ces côtes, et décidé par la crainte que quelqu'autre nation ne voulût prendre pied dans ce pays, le gouvernement espagnol résolut d'y établir quelques postes militaires ; il y envoya en même temps des religieux, pour répandre chez les peuplades sauvages les lumières de la foi. On se rappelle ce que nous avons dit du voyage de Rodriguez Cabrillo et de l'expédition de l'amiral Viscaino, qui, en l'an 1602, jeta l'ancre dans une vaste baie située vers le 36ᵉ degré de latitude, qu'il nomma baie de Monte-Rey.

L'expédition du siècle dernier eut pour objet d'explorer

de nouveau ces parages et d'y réaliser d'anciennes prises de possession en y élevant des *presidios* (1).

Le premier établissement fut fondé à San-Diego en 1769, et le second à Monterey en 1770.

Monterey, capitale de la Nouvelle-Californie, est situé sur le côté sud de la baie, par le 36° 36' de latitude nord et le 124° 12' de longitude occidentale.

Cette ville est en voie de progrès rapide ; on y compte plus de 600 maisons d'une assez jolie apparence : ce sont en majeure partie des maisons de bois envoyées de toute pièce des Etats-Unis ; il y a aussi un assez grand nombre de maisons en *adobes* (briques séchées au soleil) blanchies à la chaux et couvertes en tuiles.

Monterey possède une église catholique desservie par un prêtre mexicain, un *wharf* (quai), construit en 1845, quelques bâtiments en pierre, une belle maison d'école,

---

(1) Les espagnols donnent généralement le nom de *présidio* à tous les forts, tant en Afrique qu'en Amérique, qui sont au milieu des pays infidèles. Ces forts sont construits sur un plan uniforme, ce sont des enceintes carrées fermées par des murs en briques ayant environ 200 mètres sur chaque face. Un fossé de 3 à 4 mètres de profondeur en défend les abords.

Les murailles ont 4 à 5 mètres d'élévation et 1 mètre d'épaisseur, les angles sont flanqués de petits bastions.

L'armement du présidio se composait ordinairement de huit à dix pièces de canon de divers calibres. L'enceinte renfermait l'église, le logement du commandant, une caserne, quelques habitations de colons, des écuries et des magasins.

On élevait à une faible distance du fort une batterie découverte, munie de quelques canons de petit calibre, ce simple cavalier placé de manière à commander l'entrée d'un port ou d'une rivière prenait le nom de *castillo* (château).

La garnison de chaque présidio devait se composer de 250 hommes, mais cet effectif ne fut jamais complet.

Ces militaires étaient appelés *cueros* (compagnie des cuirs), parce qu'ils portaient des cuirasses faites en peau de bœuf, pour se garantir des flèches des Indiens.

construite pendant la magistrature de M. Walter Colton, alcade, et un fort érigé par le colonel Mason en 1847-48.

A quelques milles au-delà des habitations s'élève un cordon de collines arrondies et boisées de l'effet le plus pittoresque.

La plus belle portion de la plage est celle qui se développe depuis le mouillage jusqu'à la pointe des Pins, sur une longueur de près de 2 lieues. Cette langue de terre a environ 5 milles dans sa plus grande largeur; elle est unie, du côté de l'est, sur un espace assez large pour suffire à l'établissement d'une grande ville. En avançant vers l'ouest, le sol s'élève par degré, et présente assez d'escarpement pour garantir des vents de la mer; ce second plan est boisé et entrecoupé de jolies prairies.

Lorsque *Vancouver* relâcha dans la baie de Monterey en 1792, il n'y trouva absolument que le présidio.

Ce n'est guère qu'à partir de 1827 que la ville commença à se former.

En 1837, époque du voyage de M. le capitaine Dupetit-Thouars, la population entière de Monterey ne s'élevait qu'à environ 200 âmes; elle était composée de créoles, d'un petit nombre de naturels employés aux travaux de la domesticité, de cinq ou six familles mexicaines, et enfin de quelques Irlandais, Ecossais et Américains des Etats-Unis.

Cette classe de la société, dit M. Dupetit-Thouars, était, avec la garnison, celle qui modestement prenait le nom de *gente da razon* (gens raisonnables).

Monterey comptait, en 1842, environ 500 habitants; sa population, en 1847, était de 1,200 âmes; elle s'est élevée à plusieurs mille dans le courant de l'année dernière, mais il faut renoncer, vu son accroissement continuel, à en donner le chiffre exact.

Le commerce d'exportation de Monterey consistait en peaux de bœuf, de loutre, de castor, d'ours, de renard, de phoque; en cuirs de daim, de cerf, et en suif.

Depuis l'abandon des missions, qui alimentaient Monterey de denrées de toute espèce, les bâtiments en rade ont beaucoup de peine à s'y approvisionner de vivres frais. On voit sur le marché des pois, des fèves, des haricots, des choux, des tomates, mais en quantité trop faible pour suffire aux besoins des équipages. Les légumes secs et la viande de bœuf y sont seuls à assez bas prix.

Le tableau ci-après, dressé par les soins de M. Th. Larkin, ancien consul des Etats-Unis à Monterey, fait connaître les prix de quelques objets avant et après la découverte des mines.

	Juillet 1846. dollars	Juillet 1849. dollars
Chevaux	10 à 20	70 à 300
Mules	10 à 15	50 à 200
Bouvillon (âgé de 4 ans)	5 à 8	10 à 20
Bœuf	7 à 15	25 à 75
Vache	5 à 10	12 à 30
Mouton	$1\frac{1}{2}$ à 2	2 à 4
Froment (le double boisseau ou 70 lit, 42)	2 à 4	3 à 5
Orge id.	$1\frac{1}{2}$ à 2	5 à 10
Haricots id.	3 à 4	5 à 7
Farine (les 100 livres)	6 à 8	variable
Peaux de bœuf, la pièce.	2	1 dol.
Suif (les 100 livres)	6	4 à 5
Journaliers, par mois	15 à 30	60 à 100
Mécaniciens	25 à 60	100 à 260
Matelots	12 à 20	75 à 125

Tous ces prix sont beaucoup plus élevés aux mines.

Le climat de Monterey est très sain, et la température y est assez égale; l'air est cependant moins agréable sur les bords de la mer que dans l'intérieur.

Les vents y sont le matin du sud-ouest et de l'est-sudouest ; vers dix heures ils tournent à l'ouest et à l'ouest-nord-ouest, et continuent à fraîchir jusqu'à trois ou quatre heures de l'après-midi ; ils tombent alors, et le calme se soutient jusqu'à minuit, heure à laquelle une brise légère s'élève de terre et continue à souffler jusqu'au jour (1).

Des brumes fréquentes environnent la côte, principalement le matin, et en rendent l'approche dangereuse ; mais ces brouillards ne s'étendent pas sur la baie, et dès que le vent du nord-ouest souffle, ils ne tardent pas à se dissiper.

Nous avons présenté des renseignements sur le climat de la Californie, sur sa géographie, sur ses productions végétales et ses richesses minérales ; nous nous sommes efforcé de faire connaître en général le pays sous tous les points de vue qui peuvent intéresser le savant, le voyageur et le colon ; il nous reste à traiter un sujet d'une utilité non moins grande, savoir : la partie nautique et hydrographique. Les informations suivantes sont forcément abrégées, mais suffiront au but d'observations générales que nous nous sommes proposé. Les marins, les hommes spéciaux, ceux qui désirent s'éclairer complétement sous ce rapport, devront recourir aux sources où nous avons puisé nous-même.

L'extrait suivant des importants travaux hydrographiques de M. le capitaine, aujourd'hui amiral, Dupetit-Thouars (2), complétera ce qu'il nous restait à dire sur la baie de Monterey.

---

(1) Ch. Wilkes, *United states exploring expedition.*

(2) *Atlas hydrographique du voyage autour du monde, sur la frégate la Vénus, pendant les années* 1836—39, par Abel Du Petit-Thouars.

Observations nautiques. — A l'attérissage, la baie de *Monterey* se reconnaît par la dépression considérable que les terres y éprouvent, tandis qu'elles s'élèvent à des hauteurs de plus de mille mètres à ses deux extrémités nord et sud. Lorsqu'on est arrivé plus près de terre, en latitude de la pointe des *Pins* (36° 39' N.), on aperçoit de loin dans l'ouest de cette pointe de grandes taches blanches qui la signalent suffisamment à l'attention.

Pour aller prendre le mouillage par de bons vents, on passe à deux ou trois encablures des roches découvertes de cette pointe basse, et l'on suit à la même distance la côte occidentale de l'anse de Monterey, jusqu'à ce que la pointe des *Pins* soit cachée par la pointe *Vénus*. On se trouve alors par 15 à 16 brasses (24 à 26 mètres) d'eau sur un fond de sable un peu vaseux et de bonne tenue. C'est là le mouillage des grands bâtiments.

Les petits bâtiments se rapprochent un peu plus du fond de l'anse et mouillent à peu près par le travers de la batterie par 9 à 10 brasses (15 à 16 mètres) d'eau, sur un fond vaseux, ayant la pointe du *Nouvel-An* (extrémité nord de la baie) cachée par la pointe *Vénus*.

A cause des calmes qui peuvent souvent obliger de mouiller, il ne faut suivre la côte occidentale de l'anse de Monterey, ni de trop près ni de trop loin.

Quand les vents sont contraires, on peut louvoyer en toute sécurité dans l'anse de Monterey, car les deux côtes en sont saines et le seul danger qu'on y connaisse est situé au fond de l'anse dans le S.-E. du mouillage. C'est un banc de roche sur lequel il reste 4 à 10 brasses (7 à 16 mètres) d'eau, et dont la présence est parfaitement signalée par les feuilles de *fucus* qui viennent s'étaler à la surface de l'eau au-dessus de ce banc.

Les brumes sont très fréquentes sur cette côte et rendent quelquefois l'attérissage difficile. Il arrive toutefois très souvent que la brume n'existe qu'au large et que le temps est très clair à la côte.

Pendant la *mauvaise saison*, c'est-à-dire de *novembre* en *mars*, les vents soufflent le plus habituellement du S.-E. au S.-O.

Le vent du S.-E. est généralement le vent du mauvais temps. Pendant la *belle saison*, c'est-à dire de *mars* en *novembre*, les vents soufflent ordinairement du N-O au nord. Par le vent du N.-O., le temps est généralement très clair. Les vents du nord occasionnent une assez forte houle dans l'anse de Monterey, mais ils y sont souvent moins forts qu'au large.

Il n'y a pas de courants sensibles dans la barre. Au dehors, les courants sont assez faibles et paraissent porter au nord, tout près de la côte, et au sud, plus au large.

Mouillage de Monterey { Latitude Nord 36°, 36', 24".
Longit. Ouest du mérid. de Paris 124°, 12', 49".

San-Francisco.

La baie de San-Francisco est sans comparaison la plus vaste de l'univers, la plus variée dans ses aspects, la plus importante à bien connaître à cause de l'étendue de ses bassins.

De la mer, on entre dans la baie par un détroit ou *goulet*, qui a exactement 1 mille (1,609 mètres) de large dans sa partie la plus étroite, et 4 milles de long, après ce défilé la baie s'ouvre sur la droite et sur la gauche, et se partage en plusieurs branches ou grands bassins; l'une de ces branches s'étend au sud-est, et forme la baie de *Santa-Clara*, qui a 25 milles (10 lieues) de long. L'autre bras se dirige au nord et forme la baie de *San-Pablo*; elle a environ 13 milles (5 lieues) de long. Cette baie communique à l'est, et par le détroit des *Carquines*, avec la baie de *Suison*, qui présente à peu près la même étendue que celle de San-Pablo, et au fond de laquelle débouchent le *Sacramento*, venant du nord, et le *San-Joaquin*, venant du sud.

Ces divers bassins sont découpés de mille manières et offrent des largeurs variables de 1 à 4 lieues.

Mesurée d'une extrémité à l'autre de ses branches, en suivant simplement la ligne du milieu des bassins, la baie de San-Francisco a 62 milles (25 lieues) de long. Elle présente, d'après une étude récente, une étendue de côtes intérieures d'environ 250 milles (100 lieues) de développement.

Ces différents bassins renferment plusieurs îles. La première qui s'offre à la vue, directement en face de l'entrée de la baie, est l'île de *los Alcatraces* (des Pélicans); elle a environ un demi-mille de long et 15 à 20 mètres de hauteur; elle est dépourvue de végétation et fréquentée par des nuées d'oiseaux aquatiques.

L'île de *los Angeles* se voit un peu plus au nord; elle a environ 2 milles de diamètre et offre une réunion de petites collines, dont la plus élevée a 247 mètres au-dessus du niveau de la mer; sa base est environnée d'une ceinture de bois, toute la partie haute de l'île est revêtue de gazon.

L'île de *Yerba-Buena* se présente au sud, en face de l'ancien mouillage de ce nom, aujourd'hui San-Francisco; elle a environ 1 mille 1/2 de long sur un demi-mille de large. Sa hauteur est de 112 mètres; elle contient quelques petites sources et est couverte pendant une grande partie de l'année d'herbes fraîches et abondantes.

L'île *Molate*, au sud de l'entrée de la baie de *San-Pablo*, n'est qu'un gros rocher arrondi, d'un mille environ de circonférence.

La baie de San-Francisco, bien fermée par des terres élevées couvertes de bois et de pâturages, offre une infinité de points favorables à la fondation de villes et d'établissements industriels de toute espèce.

Les côtes de l'Océan, à l'entrée du détroit, ne laissen pas prévoir les riants aspects qui se succèdent à l'intérieur.

Le côté nord présente des falaises escarpées de couleur violâtre, et le côté sud, moins élevé, est formé de dunes de sable, mêlées de gros rochers épars, dont quelques-uns s'avancent à plusieurs centaines de mètres dans la mer, à l'entrée du goulet.

De la *pointe du Nouvel-An* (extrémité nord de la baie de Monterey) à l'entrée de la baie de San-Francisco il y a 55 milles (22 lieues).

San-Francisco est situé au sud de l'entrée de la

baie, à environ 5 milles de l'Océan. Il y a quelques années à peine on eût trouvé, à la place qu'occupe aujourd'hui cette ville populeuse, une douzaine de petites maisons en adobes, éparpillées sur la pente des collines qui bordent la baie. Là vivaient ignorées du reste du monde quelques familles californiennes et mexicaines. L'arrivée d'un navire venant d'Europe était un événement pour les habitants de ce lointain rivage. Il faut dire en l'honneur de ces familles, véritablement hospitalières, que les étrangers en recevaient toujours un accueil bienveillant et empressé.

Des milliers de maisons occupent aujourd'hui l'espace où s'élevaient les modestes habitations que dérobaient à la vue des fourrés de verdure, et le rigide alignement est venu tout-à-coup remplacer les dispositions capricieuses de cet établissement primitif.

Les travaux exécutés depuis deux ans à San-Francisco tiennent du prodige. Les débarcadères, les quais, les chaussées, les magasins s'élèvent avec cette merveilleuse rapidité qui distingue le génie américain. Il y a un hôtel des Monnaies, une Bourse, plusieurs *wharfs* ou grandes chaussées de débarquement, un hôpital, un théâtre, un cirque ; mais aussi un grand nombre de maisons de jeu où des milliers de malheureux, qu'une funeste passion aveugle, vont perdre en quelques heures le fruit de leurs efforts de plusieurs mois.

Rien de plus extraordinaire que l'accroissement de la population de cette cité. En 1846, San-Francisco ne comptait que 50 à 60 habitants ; en 1847, il y avait 80 maisons et 400 habitants. Au commencement de 1848 la ville comptait environ 600 habitants.

Le 1er octobre 1849, San-Francisco comprenait 3,000 maisons ; le 1er janvier 1850 le nombre s'en élevait à

5,000, et sa population était évaluée à près de 40,000 âmes.

La plupart des maisons sont en bois, diversement peintes ; elles n'ont généralement que le rez-de-chaussée ou un étage. On remarque cependant déjà un certain nombre de constructions en briques et quelques maisons en pierre à deux et trois étages. Des deux côtés de la ville, en suivant la plage, se prolongent des rangées de tentes, de baraques en planches à perte de vue. Ces maisons, ces tentes, ces baraques, éclairées le soir de mille feux, donnent à ce singulier ensemble l'aspect d'un vaste champ de foire dans lequel toutes les nations de la terre se seraient donné rendez-vous.

Il arrive journellement des maisons, toutes construites, de diverses contrées, et entre autres de Canton. Beaucoup d'habitants du céleste Empire sont venus s'établir à San-Francisco, et l'on remarque avec intérêt les goûts laborieux, la bonne tenue et l'humeur joyeuse des artisans et des ouvriers chinois.

San-Francisco est assis sur la pente des collines basses et sablonneuses qui entourent l'ancien mouillage de Yerba-Buena ; on y jouit d'une vue magnifique. Au loin ce sont les sommets neigeux de la Sierra-Nevada, nuancés de toutes les teintes que leur communique la chaude atmosphère de ce climat. Une ceinture de collines boisées, de jolies vallées, et les eaux majestueuses de la baie remplissent l'intervalle.

Deux pointes de terre s'avançant dans la mer donnent à ce mouillage la figure d'un croissant et forment une petite baie dans l'autre baie. Ce croissant, qui a un peu moins d'un mille d'étendue, est garni d'une rangée de belles maisons et d'un grand nombre de magasins.

Les navires se tiennent au large entre la ville et l'île de Yerba-Buena, distante d'environ 2 milles.

A 100 mètres du rivage, il y a 2 mètres d'eau ; à 200 mètres, les bâtiments trouvent 7 mètres d'eau ; au-delà 25 mètres.

La baie de San-Francisco offre cet avantage aux bâtiments mouillés dans ses eaux, que le flux et le reflux des marées suffisent pour porter les navires à un point d'ancrage en face de la ville, sans le secours du vent, et à les ramener en mer à marée basse malgré les vents contraires.

Nous n'essaierons pas de peindre le mouvement qui règne dans les rues et sur le port de San-Francisco, où des centaines de voitures, des charrettes, des mulets chargés de bagages, se heurtent, se croisent dans tous les sens. Des marchandises de toute espèce sont exposées et comme abandonnées sur les quais, dans les rues, sur les places, avec une complète sécurité.

Dans une organisation nouvelle, composée des éléments les plus divers, cette quiétude à laquelle on s'abandonne pour la conservation des marchandises et des denrées, semble une étrange contradiction ; et cependant, rien n'est plus certain que la rareté des délits. Il est vrai de dire que le Code américain, fait exprès pour la Californie, est fort simple ; il n'a qu'un article : la peine de mort pour le vol. Grâce à cette justice expéditive, le vol y est une exception. La seule police de San-Francisco se compose d'une quinzaine d'hommes dont l'activité et l'énergie suffisent à tout.

Mais une observation non moins frappante, c'est que malgré cet amalgame d'émigrants de tous les pays et le mobile qui les domine, le sentiment religieux s'y maintient avec toute sa puissance : toutes les classes observent strictement le dimanche, les magasins sont fermés et les jeux de hasard défendus. En attendant l'achèvement de plusieurs églises et de temples, dont la construction se poursuit avec une grande activité, on continue à faire les offices dans des chapelles et des maisons particulières.

Les chapelles suivantes ont été établies à San-Francisco :

Une chapelle catholique romaine	Vallejo Street.
presbytériens	Dupont Street.
protestants	Maison J. H. Mérill.
méthodistes	Washington Street.
congrégationnalistes	Maison J. D. Hunt.

Nonobstant l'accroissement considérable que prend la ville, il en coûte prodigieusement pour se loger d'une manière convenable. On a vu des cabanes en planches de quelques mètres de côté se louer 1,500 francs par mois. Il existe plusieurs grands hôtels, dont l'un, l'hôtel Graham, contient 200 chambres, constamment occupées ; on peut se faire une idée de ce qu'il devra rapporter lorsqu'on saura qu'un appartement ordinaire, dans un beau quartier, se loue 1,800 francs par mois. Aussi la valeur des terrains s'est-elle accrue dans une proportion inimaginable ; il est tel lot de terrain, dans un rayon de 2 à 3 milles du mouillage, acheté, en 1848, 100 dollars, qui s'est revendu 5,000 dollars à la fin de 1849.

Les prix de la main-d'œuvre continuent à être extrêmement élevés. Un ouvrier ordinaire gagne de 5 à 10 dollars par jour ; les charpentiers, menuisiers, forgerons, de 10 à 16 dollars. Mais il ne faut pas perdre de vue que la saison des pluies ramenant un très grand nombre de mineurs dans la ville, les salaires retombent alors à un taux plus normal, tandis que les prix des denrées haussent considérablement. La saison des pluies place donc le travailleur et le commerçant dans des conditions diamétralement opposées. Les premiers doivent arriver de mars à octobre pour avoir la certitude de trouver immédiatement une occupation lucrative ; les seconds, au contraire, doivent faire parvenir leurs expéditions de novembre à février pour en opérer le placement à des cours avantageux.

La valeur vénale des objets, en Californie, confond toutes les idées spéculatives ; il serait difficile de vouloir donner un aperçu exact de la situation commerciale de San-Francisco ; tout est loterie sur ce marché. Les marchandises destinées à l'intérieur s'achètent dans le port pour les besoins des *Placeres* à des prix très variables, et le marché intérieur est lui-même livré aux fluctuations les plus extraordinaires.

Les prix des denrées varient souvent de 100 p. 0[0 dans la même semaine. Les articles abondants se vendent quelquefois moins cher qu'en Europe ; ceux qui sont rares, au contraire, se paient littéralement ce qu'on en veut exiger.

Les paiements se font au comptant et à peu près tous en poudre d'or ; la douane seulement exige *des espèces* (1), qui sont très rares. Le prix courant de l'once d'or est de 16 dollars.

Ce qui absorbe en grande partie les bénéfices des expéditions, ce sont les commissions que prélèvent les négociants et courtiers de San-Francisco ; ils en prennent de tant de manières que le produit des opérations se fond souvent entre leurs mains. Toutefois, le commerce conti-

(1) Comme la douane exige que les droits soient payés comptant et en numéraire, il est nécessaire, dans un pays où toutes les transactions s'opèrent avec de la poudre d'or, d'emporter avec soi une somme d'argent en dollars ou en piastres, qui sont les espèces que reçoit de péférence la douane.

nue à avoir une activité dont on ne peut se faire une idée. Des cargaisons entières de marchandises, à l'exception de quelques articles, parmi lesquels on compte les *eaux-de-vie*, se vendent avec de grands bénéfices. Des marchandises de toute espèce s'embarquent journellement pour Sacramento-City et Stockton, où elles sont enlevées avec une rapidité surprenante.

Il y a actuellement plus de 800 navires mouillés dans la baie; les deux tiers sont privés de tout leur équipage, l'autre tiers a conservé à peine assez d'hommes pour débarquer les marchandises. Les frais de mise à terre et de conduite en magasin sont toujours considérables (5 dollars par tonneau).

A titre de renseignement, nous citerons les prix de quelques objets sur le marché de San-Francisco dans le courant de janvier 1850.

La farine s'est vendue	» fr.	80 c.	la livre.
La viande fraîche de bœuf	1	25	»
Le bœuf salé	1	»	»
Le biscuit		40	»
Le sucre blanc	1	25	»
Le lait	15	»	le litre
Le vin de Bordeaux	5	»	la bouteille.
Les planches de sapin	1	75	le pied carré.

L'agriculture s'est très peu développée, en Californie, depuis la découverte des mines, on peut même dire qu'elle n'existe pas.

Les pommes de terre, que l'on achète aux îles Sandwich 12 fr. le baril, se revendent 150 à 160 fr., et il n'y en a jamais assez.

Les ognons et les navets se sont vendus 3 fr. la pièce; un chou 20 fr.

Les vins en *pièces*, quelle qu'en fût la nature, se vendaient difficilement, et, à cette occasion, il est bon que le commerce ne perde pas de vue, que telle marchandise qui ne rapporte que peu ou point de bénéfice à San-Francisco, en rapporterait de considérables si on l'expédiait sous une forme portative et qui dispensât de tout emballage subséquent sur les lieux (1).

Il en coûte toujours beaucoup pour vivre passablement à San-Francisco. *Delmonico* est le restaurant à la mode, c'est là qu'on se flatte de servir aux amateurs, des œufs *frais*, venant de France, à raison de 75 *cents* (4 francs) la pièce. On y dîne pour le prix de 1 dollar 1/2 à 5 dollars, suivant l'appétit.

San-Francisco possède un climat particulier qui tient à sa position; pendant l'hiver (de *novembre* à *mars* ou *avril*) l'air est tiède et humide; pendant l'été il est vif, ce qui oblige les habitants à ne porter que des vêtements de laine en toute saison. Les pluies sont surtout abondantes de décembre à février; pendant ces trois mois les rues de la ville deviennent impraticables tant elles sont emplies de boue, car le pavage n'a point encore fait son apparition dans ce pays.

Durant le cours de l'année entière, le thermomètre se tient constamment entre 50 et 70° Fahrenheit (entre 10 et 21° centigrades au-dessus de zéro).

Outre San-Francisco, des villes nouvelles se fondent de tous les côtés; quelques-unes d'entre elles ont déjà pris une grande extension. Ces villes sont *Sutterville, Sacramento-City*, dont nous avons dit quelques mots dans un précédent chapitre; *Coloma*, dans le lieu même où se fit la découverte de l'or, à 50 milles à l'est du fort Sutter; *Georgetown*, à 12 milles à l'ouest de Coloma, sur la Fourche-Américaine. Sur cette rivière et ses affluents

(1) Il faut excepter de cette recommandation les *eaux-de-vie* qui, aux termes des réglements de douane, ne peuvent être importées qu'en contenants d'au moins quinze gallons.

s'élèvent encore *Hangtown, Weberville, Auburn; Vernon* et *Frémont* au confluent de la rivière de la Plume et du Sacramento; *Eldorado, Plumar* et *Nicholaus*, sur la rive droite de la Plume; *Marysville* et *Yubaville*, sur la rivière Yuba; *Kearny* et *Oro*, sur la rivière de l'Ours; *Montezuma, Calaveras, Stockton, City-Tawalumnes* et *Mariposa*, dans la vallée des Tulares, sur la rive droite de San-Joaquin. La rapidité avec laquelle ces nombreuses créations se développent ne saurait se décrire.

Benicia, sur la baie de *Suison*, à la sortie du détroit des Carquines, semble destiné au plus brillant avenir. Cette ville est située à la tête de la navigation de la baie, à 27 milles de San-Francisco, et deviendra sans aucun doute l'une des cités les plus commerçantes de la contrée, le port où s'échangeront les produits des fertiles vallées de *Hanito*, de *Napa* et de *Sonoma*, dont elle est voisine.

La baie de San-Pablo et le détroit des Carquines sont navigables pour les bâtiments de toute dimension; ils doivent seulement observer de se tenir près du rivage *sud*, où ils trouveront toujours de 8 à 10 mètres d'eau, car dans toute la partie nord cette baie n'offre point de profondeur.

Le détroit des *Carquines* a 8 milles de long, sa moindre largeur est d'un demi-mille; il offre une profondeur de 4 à 5 brasses; ses bords sont rocheux et très escarpés.

Le mouillage de *Sausalito* ou *Whaler's harbour* des Américains (port des baleiniers) est immédiatement au nord de l'entrée du goulet, à 5 milles au nord-ouest de San-Francisco, au pied de montagnes élevées. C'est un excellent ancrage, bien abrité contre les vents du nord-ouest; il présente assez de fond pour permettre aux navires de s'approcher tout près de terre, et il y a de l'eau très bonne à quelques mètres du rivage.

Une compagnie américaine a acheté tous les terrains aux environs de ce mouillage pour la somme de 3,000 dollars, avec l'intention d'y former des établissements et d'y attirer le commerce.

Il y a actuellement un service régulier de bateaux à vapeur entre San-Francisco et la Nouvelle-Helvétie, le trajet s'effectue en 12 heures. D'après un numéro de l'*Alta-California*, du 15 avril 1850, que nous avons sous les yeux, le prix de passage était à cette date de 25 dollars (133 fr. 75 c.).

Le *fret* (1) se payait à raison de 2 dollars 50 cents (13 fr. 50 c.) par quintal, ou 1 dollar par pied cube de marchandise légère. Arrivés à Sutterville ou à Sacramento-City, les voyageurs débarquent leurs bagages, dressent leurs tentes dans la plaine et attendent l'occasion de quelque charrette pour se rendre sur les lieux d'exploitation. Ce transport exige un nouveau déboursé de 10 à 50 dollars par quintal.

A 3 milles au sud-ouest de San-Francisco il existe un ruisseau près de l'ancienne Mission de San-Francisco-Dolores; les eaux de ce ruisseau pourraient être facilement conduites, au moyen d'aqueducs, jusqu'à San-Francisco, qui manque d'eau de bonne qualité et n'en a pas en quantité suffisante pour ses besoins.

A 3 milles à l'ouest du port on voit l'ancien présidio, et à 1 mille 1/2 au nord du présidio se trouve le fort, dont la position marque exactement l'entrée de la baie.

(1) Pour les personnes qui ne seraient point initiées aux termes de commerce, le *fret* est le prix de transport par eau des marchandises d'un lieu à un autre, on appelle encore *fret* la cargaison ou le chargement d'un navire.

Ainsi que nous l'avons fait pour Monterey, nous allons présenter quelques observations nautiques sur la baie de San-Francisco, en reproduisant ce qui se trouve renfermé de plus essentiel sur ce sujet dans les excellents ouvrages de M. l'amiral Dupetit-Thouars et de M. de Mofras.

Observations nautiques. — Les vaisseaux qui viennent du large ont à ranger un groupe de rochers appelés les *Farallones* s'étendant à 16 milles au S.-S.-E. de la pointe de *los Reyes* et à environ 30 milles à l'Ouest de l'entrée de la baie de San-Francisco.

La nuit et par un temps de brouillard, ces îlots sont très dangereux à cause des roches noyées qui les entourent.

Les Farallones forment deux petits groupes, celui du sud est remarquable par un grand îlot qui a environ 2 milles de circonférence et qui peut être aperçu à 8 ou 9 lieues en mer.

Voici la position de cet îlot.

Farallone du sud, îlot le plus élevé. { Lat. Nord 37°, 41', 55' Long. Occ. 125°, 18', 52"

En approchant de l'entrée de la baie, la meilleure direction est de tenir le milieu du canal, où l'on aura 40 à 50 brasses d'eau, en gardant droit à l'est, un bouquet de pins énormes situé sur la montagne en face du *Goulet*, et qui a 600 mètres de hauteur. Derrière cette montagne, on aperçoit encore le *mont del Diabolo*, point culminant de la sierra des Bolbones, et qui s'élève à 1,200 mètres.

Lorsqu'on vient du large, il est bon de courir à une bonne distance au *sud* de l'entrée nord du goulet en gardant l'île des Alcatraces sur la même ligne que le fort. Car si le navire s'approchait du rivage nord près de la *Puenta Boneta*, il ne trouverait qu'une brasse et quart, ce qui est insuffisant même pour les petits navires, à cause de la grosse mer qui roule sur la barre et qui brise d'une manière terrible.

Les courants de jusant et de flot étant très violents (6 nœuds) dans le goulet, occasionnent, derrière les pointes, des *remous* très forts dans lesquels il est dangereux d'engager les bâtiments. Il faut attendre que le flot soit établi pour donner dans le goulet; on reste sous voile, ou l'on mouille, si la brise est trop molle pour étaler le courant de jusant.

Pour entrer avec vent debout, les grands bâtiments doivent mettre en panne à l'entrée du goulet et se laisser dériver, en manœuvrant de manière à se maintenir le plus qu'il est possible dans le milieu du chenal.

Les vents de large amènent souvent une brume très épaisse: ils occasionnent aussi des rafales très violentes à l'entrée des gorges.

Pour la navigation intérieure de la baie, on se servira avec avantage de la connaissance exacte des marées. Il faut remarquer que les deux bras de la baie sont presque à angle droit, leurs marées différentes se rencontrent au centre du port, au sommet de l'angle et forment des contre-courants très dangereux pour les embarcations.

Le seul écueil caché qui existe dans l'étendue de la baie est situé sur une ligne tirée de l'extrémité S.-O. de l'île de Yerba-Buena à celle de los Alcatraces, à environ 1 mille de la pointe sud de cette dernière île et à 1 mille vrai au nord de la partie la plus rapprochée de la côte. Cette roche ne découvre jamais et il n'y a au-dessus qu'une brasse d'eau à la basse mer.

La côte N.-E. depuis la pointe San-Pablo jusqu'au rio Guadalupe au sud, est si peu profonde, que des canots très légers peuvent seuls y aborder, car, à 1 mille et 1/2 de terre, on ne trouve souvent qu'une brasse d'eau. La côte nord de la baie a le même inconvénient.

L'ancrage de Yerba-Buena est en face des maisons, ou mieux un peu au nord. A un demi-mille de terre, on trouve 9 à 15 mètres, fond vaseux et de bonne tenue. Ce point est très sûr, quoiqu'exposé à des coups de vent furieux et à des houles très fortes. Pendant un quart de mille, l'eau est si peu profonde, qu'à la marée basse les canots ne peuvent aborder vis-à-vis de l'anse; ils doivent aller accoster au pied de la petite pointe au nord du mouillage. A l'époque de la nouvelle et pleine lune, les vaisseaux doivent éviter de sortir de la baie si la brise n'est pas assez forte pour leur faire prendre le large, hors de l'influence des brisants.

Latitude Nord de l'entrée de San Francisco   37°, 50'.
Longitude Ouest du méridien de Paris   124° 50'.

A 6 lieues au nord de la baie se trouvait l'établissement russe de la *Bodega*, fondé en 1812. C'était une enclave entièrement indépendante de la souveraineté mexicaine.

Cet établissement, qui n'a jamais eu de limites bien précises, a été acheté il y a trois ans par le capitaine Sutter.

La baie de la Bodega est d'un facile accès en toute saison; elle offre surtout un excellent abri depuis avril jusqu'en octobre, pendant que règnent les vents du nord-ouest. La pointe nord de la baie est formée de falaises peu élevées; au N.-E. de cette pointe la côte s'ouvre et donne entrée dans un bassin assez vaste, que l'on pourra plus tard approprier à un mouillage. La pointe sud est formée de rochers a pic aux environs desquels sont quelques roches éparses.

Les bâtiments de 500 tonneaux peuvent mouiller à l'est de la petite île située en avant de la pointe nord, à deux encâblures de terre par 10 mètres d'eau, fond de sable et de bonne tenue.

Port de la Bodega, partie nord { Latit. N. 38°, 18', 30" / Long. O. 125°, 21', 20" }

Nous arrivons à parler des *droits à acquitter* sur les produits étrangers importés en Californie.

Dans un moment où le commerce français se livre à de nombreux armements pour la Californie, le gouvernement avait le plus grand intérêt à être nettement fixé sur le tarif arrêté par le congrès de Washington.

La réponse aux questions adressées à ce sujet au gouvernement américain est : que la Californie n'a pas de tarif particulier de douane ; que l'*acte-tarif* du 30 juillet 1846, en vigueur dans le reste de l'Union, lui a été appliqué *sans restriction*, en vertu de l'acte du congrès qui étend au nouveau territoire les lois sur la perception du revenu. Cette application résulte de trois documents officiels dont on trouvera ci-après la traduction.

DOCUMENTS OFFICIELS CONCERNANT LES DOUANES EN CALIFORNIE.

Les deux lettres suivantes ont été adressées au Consul général de France à New-York, par le secrétaire de la trésorerie de Washington, et par le collecteur des douanes de New-York.

Washington, le 24 avril 1849.

« Monsieur le Consul,

« J'ai l'honneur de vous accuser réception de votre lettre du 21 de ce
« mois, par laquelle vous demandez, au nom des Ministres du commerce
« et des affaires étrangères de la République française, quels sont les

« *droits* qui se perçoivent en vertu de la loi des Etats-Unis, sur les *importa-*
« *tions* étrangères en Californie.

« J'ai l'honneur de vous informer, en réponse, que les *droits* perçus
« d'après la loi sur les importations étrangères, sont *les mêmes* dans tous
« les ports des États-Unis, sur les *côtes du Pacifique* et de l'Atlantique, et
« que ces droits sont ceux de l'*Acte-Tarif du 30 juillet* 1846. »

Douane de New-York, le 20 avril 1849.

« Monsieur le Consul,

« En réponse à votre lettre de ce jour, je dois vous faire remarquer que
« le dernier congrès, ayant étendu les lois des Etats-Unis à la Haute-Cali-
« fornie, il en résulte que toutes les importations étrangères, en Californie,
« son assujetties aux taux des droits fixés par le tarif du 30 juillet 1846. »

Le ministre de France à Washington avait été chargé de poser à la trésorerie les *cinq questions* suivantes :

A quel traitement est soumis, dans les ports appartenant aux États-Unis, tant pour sa *coque* que pour son *chargement*, un bâtiment *français* :

1º Chargé en *totalité* de marchandises *anglaises* prises dans un port d'Angleterre ?

2º Chargé de marchandises *étrangères*, embarquées dans un port *autre* que de France ou d'Angleterre ?

3º Chargé en *France* de marchandises dont partie, *débarquée*, dans un port *étranger*, sur la route d'Europe aux Etats-Unis, a été *remplacée* au port *d'escale* par *d'autres* marchandises ?

4º Chargé en France pour les Etats-Unis, lorsque, au port d'escale intermédiaire, les marchandises débarquées n'ont point été remplacées par d'autres produits du pays, et que le bâtiment s'est, par exemple, borné à prendre à son bord quelques passagers ?

5º Quelles sont les circonstances qui peuvent, aux termes de la législation américaine, faire perdre à un bâtiment *français* quant aux *droits* qui affectent sa coque, le bénéfice de l'*assimilation* au pavillon *national* que lui garantit le traité de 1822.

Réponse.

Trésorerie de Washington, le 6 juillet 1849.

« J'ai l'honneur d'accuser à Votre Excellence, réception de la lettre du
« 27 juin dernier, dans laquelle vous posez certaines questions—sur l'appli-
« cation des lois qui régissent, aux Etats-Unis, la navigation et le revenu,—
« sur les effets des stipulations du traité conclu entre les Etats-Unis et la
« France, le 24 juin 1822, en ce qui concerne le commerce *indirect* par
« les bâtiments *français* et leurs chargemens, avec les ports des Etats-Unis.

« En réponse aux *quatre premières* questions, j'ai l'honneur de vous in-
« former que, — sur l'assurance, officiellement donnée, que la législation
« française *n'interdit pas* au pavillon *américain* la navigation *indirecte*
« avec la France, et, aux termes de notre Acte sur la navigation, du 1ᵉʳ mars
« 1817, le *même* privilége est *garanti* au pavillon *français* pour la *même*
« navigation avec les ports des Etats-Unis.

« En réponse à la *cinquième* question, je vous ferai respectueusement
« remarquer que les bâtiments *français* perdent le bénéfice de leur assi-
« milation aux bâtiments de l'Union, en d'autres termes, qu'ils acquittent
« aux Etats-Unis des *droits* dont les bâtiments des Etats-Unis sont, pour les
« cas similaires, affranchis, dans les circonstances suivantes :

« Les bâtiments *français*, arrivant dans les ports *américains*, de France,
« ou d'un pays *autre* que les colonies *françaises* ci-après dénommées (1)
« sont, en vertu du traité de 1822 et de l'acte du congrès du 3 mars
« 1823, assujettis, *en sus* des droits acquittés par les bâtiments *américains*,
« à un *droit* qui ne peut pas excéder 94 cents (5 fr.) par tonneau, d'a-
« près le *passe-port* des bâtiments *français*. »

La saisie opérée à San-Francisco, de plusieurs navires français, sur la présomption d'avoir contrevenu aux lois de navigation, en faisant *escale* à Valparaiso ou dans d'autres ports, ne pouvait donc être que le fait d'une erreur de la part du collecteur des douanes. Les assurances données en 1849, par le secrétaire de la trésorerie étaient trop formelles, pour qu'il pût rester la moindre incertitude sur l'issue des réclamations que provoquèrent ces saisies.

Dès le mois de mars, en effet, le ministre de France à Washington était informé par le département d'Etat, que le 20 mars 1850, l'ordre avait été transmis, à San-Francisco, de *restituer* les navires dont la saisie aurait été motivée sur l'importation, en Californie, de mar-

---

(1) Sont admis à l'arrivée en *droiture*, dans les ports des États-Unis, les bâtiments venant des îles de la *Guadeloupe*, de la *Martinique*, de la *Guyanne française* et de *Saint-Pierre* et *Miquelon* (Terre-Neuve). — Les bâtiments français, chargés des produits desdites îles, sont admis dans les ports des Etats-Unis sans acquitter, pour leur tonnage ou leur chargement, de droits plus élevés que ceux qu'acquittent les bâtiments américains.

chandises chargées *indirectement*, c'est-à-dire en cours de *traversée* dans un port d'*escale*. C'est ce qui résulte de l'extrait suivant, de la correspondance échangée entre le secrétaire de la trésorerie et le secrétaire du département d'État.

Le secrétaire de la trésorerie au secrétaire du département d'État.
Washington, 25 mars 1850.

« Je vous accuse réception de la lettre par laquelle vous m'avez trans-
« mis, le 23 du présent mois, une Note avec *annexes* de M. Bois-le-Comte
« Ministre de France, sur la *saisie* opérée en Californie par le collecteur
« des douanes à San-Francisco, de plusieurs bâtiments *français* et de leur
« chargement, pour contravention aux lois des États-Unis sur le revenu et
« la navigation :

« ..... En ce qui concerne les saisies motivées sur la présomption de
« contravention à l'*Acte de navigation du 1er mars 1817* (1), lorsque des
« bâtiments *français* ont importé en Californie des produits originaires de
« *pays autres* que la France, je vous donne l'assurance qu'aussitôt que l'a-
« vis de ces saisies est parvenu au département, le collecteur de San-
« Francisco a été informé le 14 février dernier, qu'*aux termes des rela-
« tions commerciales existantes* entre les États-Unis et la France, l'opération
« dont il s'agit par des bâtiments français est *légale*, et qu'ultérieurement,
« c'est-à-dire le 20 du présent mois, pour le cas du bâtiment l'*Abeille*, et
« pour tous autres cas *similaires*, ce fonctionnaire a été invité à *restituer*,
« immédiatement, les objets frappés par les saisies, aux ayant qualité
« pour les recevoir, après acquittement des droits et frais qui peuvent y
« afférer. »

Les bâtiments doivent avoir leurs déclarations ou manifestes et leurs factures signés par des consuls américains.

Le *manifeste* énoncera les marques, numéros, le contenu et la valeur des colis.

---

(1) L'acte sur la navigation, du 1er mars 1817, *interdit* l'importation aux États-Unis, par navires étrangers, des produits originaires de pays *autres* que ceux de la contrée à laquelle appartiennent lesdits bâtiments étrangers, sous peine de *saisie des produits* et du *bâtiment* importateur.

Mais une clause ou *proviso* de la section première dudit acte, *restreint* la prohibition de manière à *affranchir* des pénalités qu'il contient, les bâtiments des nations qui n'auraient pas adopté des *dispositions analogues*, à l'égard des bâtiments des États-Unis.

Dans tous les cas où la déclaration (*entry*) n'énoncera pas les poids, quantités ou mesures des marchandises, il sera procédé au pesage, mesurage ou jaugeage desdites marchandises aux frais du propriétaire, agent ou consignataire.

La loi exige que les *factures* annexées à la déclaration contiennent l'énonciation exacte et fidèle du coût *réel* des produits, leurs poids, leur aunage, leur jaugeage.

Dans tous les cas où l'importateur négligerait de présenter les factures des marchandises, alléguant qu'il n'en a pas reçu, il serait procédé, à ses frais, à l'estimation par *prisée* desdites marchandises.

Aux termes des prescriptions de la trésorerie, les factures de France doivent toujours énoncer la valeur en *francs*. Le rapport entre les *monnaies de compte* inscrites aux actes américains, et les *unités* correspondantes de France, est actuellement :

Dollar (100 cents) . . . . 5 fr. 27 c. 6.
Cent . . . . »   05 » 376,

Les factures présentées au moment de la déclaration d'une marchandise, doivent, en vertu de la loi, être déposées à la douane.

Le *cabotage*, dans toute la Californie, ne peut se faire que sous pavillon américain.

Le département du commerce a été informé que l'importation, en Californie, des *esprits distillés* (autres qu'*arrack* et *cordiaux édulcorés*) devaient être en contenants d'*au moins* 15 *gallons* (56 litres 775). La contravention à cette disposition, entraîne la *saisie* desdits *esprits* et du *bâtiment* importateur.

Les *vins* en bouteille ou en fûts de toute contenance sont admis, moyennant acquittement des droits inscrits au tarif.

ACTE-TARIF

DES DOUANES DES ÉTATS-UNIS

En vigueur en Californie.

Pour les produits qu'il impose, l'*Acte-Tarif du 30 juillet* 1846 ne présente que *huit* taux de droits, compris entre 100 p. 0/0 et 5 p. 0/0 de *la valeur* de l'objet importé (1).

Huit tableaux, classés sous les lettres A à H, présentent, dans un ordre alphabétique *distinct* pour chaque tableau, la série des dénominations sous lesquelles les produits frappés d'un même droit ont été groupés par le congrès.

TABLEAU A.
100 p. 0/0 de la valeur

Spiritueux et liqueurs.

TABLEAU B.
40 p. 0/0 de la valeur.

Albâtre (ornements d'), gypse, spath et stuc ; — **Camphre** raffiné ; — **Comestibles** tels que conserves de légumes, volaille et gibier en terrines ou autres, poisson mariné à l'huile ; — **Confiserie** à savoir : Bonbons et fruits confits au sucre et à l'eau-de-vie ; — **Ebénisterie** (ouvrages d') ; — **Epices** (2) ; —**Fruits** secs (3) ;—**Tabac** fabriqué et cigarres ; — **Verrerie** taillée et **cristaux** taillés ; — **Vins** de toute espèce.

---

(1) La *valeur* à déclarer est celle des objets au moment de l'embarquement pour la Californie.

C'est sur cette valeur, déterminée par les prix de facture augmentés des frais que ces objets ont pu supporter jusqu'au moment de leur mise à bord, qu'aux termes de la loi, le *droit* doit être *liquidé*.

Ne doit point être compris dans l'estimation le *fret* du dernier point d'embarquement en Californie. La loi exclut aussi le prix de l'*assurance*.

(2) Le tarif ne comprend dans cette catégorie que le *gingembre* en racine, les *clous de girofle*, la *muscade*, le *macis*, le *poivre* et le *piment*.

(3) Ne sont compris dans cette catégorie que les *amandes, dattes, figues, pruneaux* et *raisins*.

Tableau C.

30 p. 0/0 de la valeur.

Agendas et portefeuilles; — **Armes** blanches et à feu; — **Brosserie**, balais et pinceaux; — **Bière**, ale, porter en futailles ou en bouteilles; — **Bijouterie** ou joaillerie fine ou fausse; — **Bimbeloterie**; — **Bois** bruts, bois ouvrés et ouvrages dans lesquels entre le bois, non dénommés; — **Boîtes** en écaille, en papier et autres; — **Bonneterie** autre qu'en coton; — **Broderies** en or, argent et de toute autre espèce; — **Camées** et mosaïques montées; — **Caoutchouc** en chaussures, bretelles, ceintures; — **Cartes** à jouer; — **Chanvre** brut; — **Chapeaux** en paille et autres matières végétales ou en baleine, en crin, pour homme et pour femme; — **Charbon** de terre; — **Cheveux** (ouvrages en); — **Cire** à cacheter; — **Conserves** au vinaigre; — **Corne**, écaille, nacre, ivoire et os ouvrés; — **Couleurs** à l'eau ou pour lavis; — **Coutellerie** de toute sorte; — **Crayons** de toute sorte; — **Cristaux** autres que taillés; — **Cuir** ouvré et tous ouvrages dans lesquels entre le cuir; — **Eaux** minérales; — **Encre**; — **Eventails** et écrans de toute matière; — **Fer** et fonte moulée et articles de poterie de fer; — **Fils** retors; — **Fourrures**; — **Fromages**; — **Fruits** frais; à savoir : raisins et prunes seulement; — **Habillements** (effets d') de toute sorte, pour homme, femme et enfant, quelle qu'en soit la matière; confectionnés en tout ou partie; — **Horlogerie** (grosse) telle que pendules montées ou non; — **Huile** d'olive, et autre non dénommée pour la table, et huiles essentielles; — **Laine** brute; — **Liége** ouvré; — **Marbre** ouvré, carreaux de marbre; — **Médicaments** non autrement dénommés; — **Métaux** ouvrés; — **Miel**; — **Olives**; — **Ouvrages** vernis ou laqués de toute sorte; — **Papier** à écrire, à dessiner et à imprimer, carton moulé; — **Parapluies** et ombrelles, cannes; — **Parfumerie** et savons; — **Passementerie** en or, argent ou autres métaux, et passementerie en coton; — **Pâtes** alimentaires; — **Plaqué** et feuilles de plaqué; — **Plumes** de parure et fleurs artificielles; plumes métalliques; — **Pommes** de terre; — **Porcelaines**, fayences, grès et poterie de terre; — **Sauces** pour assaisonnement; — **Sellerie**, harnacherie et garniture de voitures de toute sorte; — **Soie** à cou-

SUITE DU TABLEAU C.

30 p. 0/0 de la valeur.

dre, soie moulinée; — **Sucre** de toute sorte et sirop de sucre; **Tabac** en feuilles ou non fabriqué; — **Tapis**; — **Tissus** brodés, tissus gommés ou cirés, tissus et articles ou ouvrages en laine cardée, tissus ou articles dans lesquels entre le cuir ou la peau; — **Vannerie**; — **Verre** coloré et peint, verres à lunettes, verres à boire non taillés et bouteilles; — **Vinaigre**; — **Voitures**, harnacherie et garnitures de harnais.

TABLEAU D.

25 p. 0/0 de la valeur.

Ardoises pour toiture et autres; — **Borax**; — **Boutons**; — **Câbles** et cordages, — **Calomel**; — **Camphre** brut; — **Dentelles** ou tulle en coton; — **Fil** de laine cardée ou peignée; — **Passementerie** en coton : à savoir, ganses plates et tresses plates à border; — **Plumes** (lits de); — **Poix** de Bourgogne; — **Soie** floche; — **Tissus** de flanelle, tissus et autres articles de *coton pur*, de *crin*, de *laine* peignée, purs, ou dans lesquels entre la laine peignée, de *poil* de chèvre ou autres : tissus de *soie* purs ou dans lesquels entre la soie, tissus d'*herbe*; — **Végétaux** filamenteux.

TABLEAU E.

20 p. 0/0 de la valeur.

Acides autres que sulfurique, employés en chimie, en médecine et dans l'industrie; — **Acier** non autrement dénommé; — **Aiguilles** de toute sorte; — **Aloès**; — **Alun**; — **Amadou**; — **Ambre**; — **Amidon**; — **Antimoine**; — **Baies**, *Ecorces*, *Fleurs* et *Plantes* non autrement dénommées; — **Beurre**; — **Bismuth**; — **Blanc** de baleine, et blanc de Paris et de céruse; — **Bleu** de Prusse; — **Bois** à construire, équarris et sciés, planches, madriers, lattes, chevrons, et bois d'ébénisterie non ouvrés; — **Bonneterie** en coton pur; — **Bougies** de cire et de blanc de baleine; — **Briques**, tuiles et carreaux de terre cuite; — **Bronze** en poudre et liqueur de bronze; — **Capsules** et amorces; — **Caractères** d'imprimerie; — **Chandelles** de suif; — **Chapeaux** de feutre et chapeaux en cloche, en laine, et peluche pour chapellerie en coton et soie, mais où le coton domine; — **Charbon** animal;

CHAPITRE X.

SUITE DU TABLEAU E.

20 p. 0/0 de la valeur.

— **Chocolat**; — **Ciment** romain; — **Cire** d'abeille; — **Colle** forte et colle de poisson; — **Corail** brut; — **Chromate** et hydriodate de potasse; — **Couleurs** sèches et couleurs broyées à l'huile, non autrement dénommées; — **Couvertures** de toute sorte; — **Crin** et matières végétales pour matelas; — **Cuirs** tannés, forts ou à semelle; — **Cuivre** rouge en barreaux, en clous, planches, feuilles et fonds d'alambics; — **Dentelles** de fil, tulle et applications; — **Drèche** ou malt; **Emeri**; — **Eponges**; — **Ether**; — **Extraits** de garance, d'indigo; extraits de bois de teinture; — **Fanons** de baleine; — **Farines** de froment, de maïs, de seigle, d'avoine; — **Fourrures** apprêtées; — **Fruits** frais, à savoir: ananas, bananes, cocos, oranges, citrons et autres, non encore dénommés; — **Goudron**; — **Grains**, tels que froment, orge, maïs, seigle, avoine et graines d'anis; — **Huiles** animales, huile de lin et autres employées pour la peinture, huile de ricin: — **Instruments** de musique de toute sorte et cordes d'instruments; — **Jambon**, lard et graisse de porc: — **Légumes** (*vegetables*) autres que ceux déjà dénommés; — **Litharge**; — **Livres**, à savoir: publications périodiques et autres ouvrages qui s'impriment ou se réimpriment aux Etats-Unis; registres; — **Manne**; — **Métaux** bruts non dénommés et métaux battus en feuilles, à savoir: bronze et métal de Hollande; — **Minerais** et substances minérales ou bitumineuses à l'état brut; — **Papier** peint ou de tenture; — **Peaux** grandes et petites non dénommées, tannées et préparées; — **Peluche** pour chapellerie; — **Pierres** à carreler; — **Plâtre**; — **Plumes** d'oiseau à écrire; — **Poil** de chèvre brut; — **Poisson** étranger, frais, fumé, salé, sec ou en saumure; — **Poix** commune; — **Poudre** à tirer; — **Riz**; — **Sagou**; — **Sangsues**; — **Sel** et carbonate de soude, et tous autres sels et préparations de sel non dénommées; — **Sellerie** commune; — **Soufre** en canons et fleur de soufre; — **Substances** médicinales, feuilles, racines et drogueries à l'état brut, non dénommées; — **Sulfate** de baryte, de quinine; sulfate de cuivre, de fer, de zinc; — **Tapioca**; — **Teintures** et tanins, autres qu'à l'état brut; —

TARIF DES DOUANES.

SUITE DU TABLEAU E.
20 p. 0/0 de la valeur.

Térébenthine (esprit de); — Tissus de lin et de chanvre non autrement dénommés; couvertures de toute sorte; — Velours de coton pur ou de coton et soie, mais dans lequel le coton domine; — Verre à vitre ordinaire et verre en cylindres ou manchons; — Viande de bœuf et de porc.

TABLEAU F.
15 p. 0/0 de la valeur.

Acier en barres, fondu, de cémentation ou d'Allemagne; — Diamants de vitrier; — Kermès minéral; — Liège brut; — Lin brut et étoupe de lin et de chanvre; — Métaux laminés ou battus, tels que or, argent, fer, zinc, étain; — Quinquina et quillai (écorces de); — Sang-dragon; — Soie grégé et soie moulinée dite *thrown*; — Soufre brut, en masses.

TABLEAU G.
10 p. 0/0 de la valeur.

Acide sulfurique; — Amidon torréfié; — Ammoniaque liquide et sel ammoniac; — Cacao; — Caoutchouc à l'état brut; — Cartes géographiques, marines, estampes et gravures; — Chaux et chlorure de chaux; — Cochenille; — Crin brut, non nettoyé; — Fourrures non apprêtées; — Gommes adragant, arabique, de Barbarie, de Gedda, de l'Inde-orientale, du Sénégal et succédanées de gomme; — Graines de chanvre, de lin, de rabette; — Graisses non dénommées; — Guède ou pastel; — Horlogerie, à savoir : chronomètres ou montres marines, et pièces de chronomètre, montres et pièces de montres; — Huiles de palme et de coco; — Indigo; — Livres imprimés, *magazines* et journaux illustrés reliés ou non; — Mosaïques et camées non montés; — Musique et papier de musique; — Natron; — Orpiment; Orseille dite *Cudbear*; — Pierres à bâtir et pierres gemmes vraies ou fausses; — Shlpêtre complètement ou en partie raffiné; — Soude; — Suif et graisses ou autres ingrédiens pour la fabrication du savon.

CHAPITRE X.

TABLEAU H.
5 p. 0/0 de la valeur.

Alcornoque : — **Bois** de teinture en bûches ; — **Carthame** ; — **Craie** ; — **Cuirs** bruts, secs ou salés ; — **Cuivre** en saumons et cuivre vieux ; — **Drilles** ou chiffons ; — **Ecailles** de tortue et autres non ouvrées, cornes, ivoire, os, à l'état brut ; — **Etain** vieux ; *tin* en saumons ; — **Métal** de cloche et cloches vieilles, propres seulement à être retravaillées ; — **Nacre** de perles ; — **Nickel** ; — **Pierres** à feu et à aiguiser ; — **Salpêtre** à l'état brut ; — **Soie** moulinée, exclusivement propre à la confection de la cordonnerie et des boutons ; et soies de porc ; — **Sumac** ; — **Tartre** brut ; — **Teintures** végétales naturelles, bois, baies et noix et autres substances analogues à l'état brut : — **Tissus** de poil de chèvre, tels que *lastings* et autres, exclusivement propres à la confection de la cordonnerie et des boutons ; — **Zinc** à l'état brut.

ARTICLES EXEMPTS DE DROITS.

Animaux importés pour l'élève ; — **Arbres**, arbustes et plantes, bulbes et graines de jardin ; — **Collections** d'antiquités, d'histoire naturelle, de minéralogie et de botanique ; — **Coton** ; — **Cuivre** importé pour la monnaie ; cuivre pour doublage. (Ne seront réputées « *cuivre* pour *doublage* » que les feuilles ayant 48 pouces de long sur 14 de large (1 m. 20 c. sur 0 m. 35 c.), et pesant de 14 à 34 onces (0 kil. 392 à 0 kil. 952) par *pied* carré — (0 m. 0929 carré). — **Effets** à usage personnel ; — **Meubles** vieux à usage personnel ; — **Outils** et instrumnets à l'usage personnel d'individus arrivant pour l'exercice de leur profession, (la présente *exemption* ne pourra être interprêtée comme comprenant les *machines* ou autres articles importés pour le service d'une usine, d'un établissement industriel) ; — **Plâtre** de Paris, non moulu, gypse ; — **Produits** du sol et de l'industrie des États-Unis, *exportés* à l'étranger et *réimportés* aux États-Unis, dans les conditions où ils se trouvaient au moment de l'exportation.

Il nous reste pour clore ce chapitre à présenter le tableau des poids et mesures des États-Unis, comparés aux mesures françaises.

Le voici tel qu'il se trouve inséré dans le recueil des lois commerciales.

POIDS ET MESURES DES ÉTATS-UNIS,
Convertis en mesures françaises.

Mille (itinéraire)	1,609	mètres
Yard	0 »	9144
Pied	0 »	3048
Tonneau métrique ou d'*encombrement*	1 m. cube	1326
Tonneau maritime ou de *poids* (20 quint.)	1015	kilog.
Livre poids	0 »	4535
Quintal (112 livres)	50 »	797
Boisseau (*bushel*)	35 litres	211
Gallon pour les liquides	3 »	785
Quart (ou 1/4 de gallon)	0 »	946
Pinte (1/2 quart)	0 »	473

Baril { Farine. { Farine..... 88 kil. 86 } 98 k 38
      {   { Fût........ 9 » 52 }
      { Viande. { Viande..... 90 kil. 68 } 108 k 81
      {   { Fut........ 18 » 13 }

Marchandises sèches. Baril (poisson) — 119 litres 22.

CHAPITRE XI.

Mission de San-Francisco solano. — Pueblo de Sonoma. — Mission de San-Raphael. — Mission de San-Francisco Dolores. — Mission de Santa-Clara. — Pueblo de San-José. — Mission de San-José. — Mission de Santa-Cruz. — Pueblo de Branciforte. — Mission de San-Juan-Baptiste — Mission del Carmelo. — Mission de San-Antonio. — Mission de San-Miguel. — Mission de San-Luiz-Obispo. — Mission de Santa-Ines. — Port de Santa-Barbara. — Ville de Santa-Barbara. — Mission de Santa-Barbara. — Mission de San-Buenaventura. — Mission de San-Fernando. — Pueblo de los Angeles. — Mission de San-Gabriel. — Port de San-Pedro. — Mission de San-Juan-Capistrano. — Mission de San-Luiz-Rey. — Port de San-Diego. — Mission de San-Diego.

Il est nécessaire, en commençant ce chapitre, de définir ce que l'on entend par *mission*, *pueblo*, *rancho* et *rancheria*, expressions qui resteront probablement usitées longtemps encore parmi les habitants de la Californie. Nous avons déjà fait connaître ce que c'étaient que les *présidios*.

On désigne sous le nom de *mission* de grands établissements disposés pour recevoir les sujets indiens que l'on instruisait dans la foi chrétienne et que l'on formait aux travaux de l'agriculture et à la pratique de différents métiers.

Les missions étaient toutes construites sur un plan à peu près uniforme; elles variaient seulement d'étendue. L'édifice principal consistait en un vaste quadrilatère dans l'enceinte duquel on remarquait une rangée de cellules, percées chacune d'une porte et d'une fenêtre.

Il y avait toujours, soit à l'intérieur, soit à l'extérieur, un long péristyle formé par une suite de colonnes carrées en pierres ou en briques, très régulièrement construites. Une grande cour propre et bien nivelée occupait l'intérieur, elle était ordinairement plantée d'arbres et arrosée par des fontaines. L'église et le clocher occupaient l'une des ailes du bâtiment.

Toutes les missions de Californie étaient administrées par des religieux de l'ordre de St-François. Le personnel de chaque mission se composait de deux religieux. Le plus âgé était chargé de l'instruction des néophites et du service intérieur, et le plus jeune, de la direction des travaux agricoles et industriels.

Les occupations étaient très variées, il y avait des ateliers de charpentiers, de menuisiers, des forges, des moulins, des tanneries, savonneries, etc.

Les moines habitaient la façade principale qui renfermait aussi des logements pour les étrangers.

Il y avait à l'intérieur, des écoles, des magasins de vivres, des ateliers de tissage et des infirmeries avec leurs chapelles particulières. Autour de l'édifice étaient les jardins et les bâtiments d'exploitation, et enfin à quelque distance, les loges des Indiens rangées sur plusieurs lignes parallèles et divisées par rues et par quartiers. Ces loges étaient quelquefois construites en adobes, mais comme on laissait les Indiens libres de se choisir le genre d'habitation qui leur convenait, c'étaient ordinairement des huttes en paille ou en jonc.

Les Indiens recevaient une nourriture saine et abondante; elle se composait de bœuf bouilli, de mouton, de galette de maïs ou *tortilla*, de bouillie de maïs ou *atole*, et de fruits.

Le vin était le seul produit de la contrée, dont la consommation leur fut interdite. Celui qu'on récoltait dans les missions était uniquement à l'usage des étrangers et des malades.

Les Pères réussissaient à s'attacher les naturels par une piété douce et par la pureté de leurs mœurs. Aucun Indien n'était contraint par la force à recevoir l'instruction chrétienne, ceux qui étaient baptisés le désiraient franchement, et l'on apportait la plus grande attention à s'assurer de leur sincérité.

Les *pueblos* différaient essentiellement des missions et des présidios, et la dénomination de *village* est celle qui leur conviendrait le mieux.

Ils étaient habités dans l'origine par de vieux soldats espagnols ou créoles qui ayant fait leur temps aux présidios, se trouvaient affranchis du service militaire et pouvaient retourner dans leur patrie ou s'établir pour le reste de leurs jours dans ces villages. La plupart d'entre eux étaient mariés, et lorsqu'ils préféraient la retraite des pueblos, on leur accordait en récompense de leurs services, des terres et des instruments aratoires. Comme chaque habitant construisait sa maison là où bon lui semblait, il en résultait un ensemble très irrégulier.

Il n'y avait que quatre pueblos dans toute la Californie, *Nostra Senora de los Angeles*, *Santa-Barbara*, *San-José* et *Branciforte*, chaque pueblo était administré par un alcade.

Le *rancho* est une grande chaumière, la *rancheria* rappelle nos hameaux, c'est une réunion de plusieurs chaumières, les fermiers sont des *rancheros*.

Nous allons décrire les divers établissements de la

côte, dans l'ordre de leur position géographique, en procédant du nord au sud.

Mission de San-Francisco Solano. — C'est le plus au nord et le dernier des établissements fondés par les religieux franciscains; il date de 1823.

Cette mission est située à 5 lieues au nord de la baie de San-Pablo, au milieu d'une belle plaine parfaitement arrosée et bornée au nord et à l'ouest par deux chaînes de montagnes qui la garantissent des vents de la mer. Toute cette partie de la contrée renferme d'excellents et vastes pâturages.

La mission, presqu'entièrement ruinée aujourd'hui, possédait des jardins remplis d'arbres fruitiers d'Europe, des vignes très productives, et l'on y cultivait toutes les plantes céréales.

Pueblo de Sonoma. — Le pueblo de Sonoma a pris, dans ces derniers temps, un développement considérable, il est situé à environ deux milles au sud de l'ancienne mission de San-Francisco Solano, dans une contrée remarquable par la beauté des sites, la fertilité du sol, et la douceur du climat. La chaîne de montagnes qui borne à l'ouest et au nord la vallée de Sonoma fournit des bois de toute espèce et d'une facile exploitation.

On se rend de la baie au pueblo en remontant un petit canal qui serpente au milieu d'un marais couvert de roseaux, 3 heures de navigation sur ce canal vous amènent à environ une lieue du pueblo. Le reste du trajet s'effectue à travers de jolies prairies parsemées de chênes verts. Sonoma est heureusement placé, comme point intermédiaire, entre la nouvelle Helvétie et le port de la Bodega.

C'est par là que le capitaine Sutter faisait venir les objets qu'il achetait à la colonie russe et envoyait en retour les produits de son établissement.

On a découvert récemment au nord de la vallée de Sonoma plusieurs mines de plomb, révélant par de nombreux indices l'existence du métal sur une grande surface.

Mission de San-Raphaël. — La mission de San-Raphaël, fondée en 1817, est située dans un pays très accidenté, à l'ouest de l'entrée de la baie de San-Pablo, dont elle est distante d'environ 5 milles.

Cette mission, bâtie sur une éminence, présente un coup d'œil riant et pittoresque.

Une haute chaîne de montagnes boisées s'étend du côté de l'ouest et la garantit des vents de l'Océan, au S.-O. se dresse le *mont de la Table*, élevé de 780 m. au-dessus du niveau de la mer. Le mouillage de *Sausalito* est à 12 milles au sud de la mission.

Le climat de San-Raphaël est tempéré et très sain. Le sol produit en abondance des grains, des fruits et des légumes. Les marais salants que l'on trouve à quelques milles au nord de San-Raphaël sont une des richesses naturelles de cette partie de la contrée.

C'est un Irlandais, M. *Murphy*, qui s'est rendu acquéreur de tous les biens de la mission.

Mission de San-Francisco Dolores ou de Asis. — La mission de San-Francisco Dolores, fondée le 9 octobre 1776, est située à environ 4 milles au S.-E. de la ville de San-Francisco, au pied d'une chaîne de montagnes élevées. Elle est environnée de collines arides, et n'a jamais acquis un grand développement. Toute sa richesse consistait en quelques pâturages bien arrosés par les eaux d'une petite rivière.

On se rend du port de San-Francisco à la mission, par un chemin très inégal passant entre des collines sablonneuses qui ne présentent sur leurs flancs que des chênes verts rabougris, quelques pins, des églantiers, des houx, des aubépines et des groseillers ; et en fait d'herbe, de la fougère. Cette végétation est tout-à-fait locale, car si l'on pénètre plus avant dans le sud, la contrée s'embellit, et devient très riante après quelques heures de marche.

Le bâtiment et l'église de la mission sont encore assez bien conservés, mais les habitations des Indiens, construites en briques crues, ne présentent plus qu'un amas de ruines.

Mission de Santa-Clara. — En quittant San-Francisco pour se rendre à Santa-Clara, un trajet de 4 milles vous conduit d'abord à la mission de San-Francisco Dolores par le chemin dont nous venons de parler. Après 15 milles de parcours à travers une contrée qui s'embellit de plus en plus, on atteint le rancho de *Sanchez*, près duquel des troupeaux de bœufs et de moutons paissent en liberté une herbe abondante. On entre ensuite dans une charmante région couverte d'arbres d'essences diverses, et dans laquelle l'herbe de moutarde et l'avoine sauvage poussent très hautes et fournissent un excellent aliment aux nombreux troupeaux que l'on rencontre de distance en distance, et qui appartiennent aux diverses fermes échelonnées sur le chemin. Ces fermes sont celles de *Buri*, *Juanes*, *San-Mathéo*, *Pulgas* et *Francisquito*. Des ravins pierreux, à sec pendant l'été, indiquent la direction des torrents qui, dans la saison des pluies, précipitent leurs eaux dans la baie.

A mesure que l'on avance, les montagnes se couvrent d'arbres jusqu'à leur sommet. La route offre une succession de collines et de plaines ou s'entremêlent agréablement des massifs de bois et de jolies prairies.

On rencontre, à des intervalles assez rapprochés, des lagunes dont les bords sont couverts de croutes salines d'une blancheur éclatante. Les deux seuls cours d'eau un peu importants qui descendent de la Sierra de *San-Bruno*, sont le rio *San-Mathéo* et le *San-Francisco*; ce dernier se jette à l'extrémité S.-O. de la baie, ses bords sont garnis de saules et de lauriers.

Les fermes situées sur la route de San-Francisco à Santa-Clara, se procurent une eau excellente en creusant des puits de 15 à 20 pieds de profondeur.

Après avoir parcouru pendant quelque temps les sentiers sinueux d'un fertile vallon, on entre dans une vaste plaine parsemée de bouquets de chênes, au milieu de laquelle on aperçoit le clocher blanc de Santa-Clara.

Cette mission, fondée en 1777, était l'une des plus importantes de la contrée ; elle est située à environ 6 milles de l'extrémité de la branche sud de la baie de San-Francisco, et à 3 milles d'une crique qui se jette au fond de cette baie. Ses bâtiments sont encore bien conservés et entourés de jardins, de vergers et de vignes qui n'attendent que la culture pour donner d'abondants produits.

La mission de Santa-Clara réunissait, en 1834, époque de sa prospérité, 1,800 Indiens; elle possédait 13,000 bêtes à cornes, 1,200 chevaux et 15,000 moutons.

La plaine de Santa-Clara est particulièrement favorable à la culture des plantes céréales et légumineuses. La mission récoltait annuellement plusieurs milliers de boisseaux de grains, des pois, des fèves, du chanvre et du lin.

Pueblo de San-José. — Le pueblo de San-José est situé à 4 milles à l'est de la mission de Santa-Clara, au centre d'une magnifique vallée sur le rio *Guadalupe*, qui se jette au fond de la baie de San-Francisco, éloignée d'environ 5 milles du pueblo.

La vallée de San-José s'étend à 20 milles au nord et 20 milles au sud du pueblo; sa largeur varie de 10 à 20 milles. Cette vaste plaine, garantie des vents de la mer par la chaîne de Santa-Cruz, parfaitement unie et bien arrosée, est d'une grande fertilité. On y cultive avec succès toutes les plantes d'Europe et beaucoup de végétaux des régions équinoxiales.

On se rend de Santa-Clara au pueblo par une chaussée bien tracée et ombragée de chênes verts, plantés jadis par les religieux, pour garantir des ardeurs du soleil les habitants du pueblo qui allaient suivre les offices à l'église de la mission.

Le pueblo de San-José, dont l'origine remonte à 1777, est le principal centre des affaires commerciales de la vallée. On y comptait 600 habitants au commencement de 1848. Ses maisons, construites en briques crues, étaient éparpillées sans ordre autour de deux grandes places plantées d'arbres; chaque maison avait un enclos comprenant jardin, vigne et verger.

La population de San-José a presque décuplé depuis deux ans. Des rues régulières, garnies de belles maisons, convergent de tous côtés vers les deux grandes places, autour desquelles s'élèvent aujourd'hui des bâtiments à deux et trois étages. Le mouvement qui règne dans cette cité est extraordinaire. Elle compte déjà beaucoup de résidants français. Au mois d'octobre 1849, la convention californienne adopta une résolution tendant à faire du pueblo de San-José, la capitale de la Californie; nous ignorons si cette disposition recevra une application définitive. Ce qu'il y a de certain, c'est qu'elle eut pour effet immédiat d'élever considérablement le prix des terrains, et qu'en moins d'un mois, le nombre des maisons a doublé.

On vient de terminer, sur la grande place du pueblo, le palais législatif, bâtiment à deux étages construit en adobe.

Le rio Guadalupe, par lequel on se rend de San-José à la baie de Santa-Clara, est profond, mais étroit et tortueux. Cette rivière, pourra être facilement canalisée, elle n'est pratiquable, dans l'état actuel, que pour des goëlettes de 50 tonneaux.

Par sa position avantageuse entre les baies de Monterey et de San-Francisco, le pueblo de San-José est destiné à un grand avenir. Il est déjà considéré comme la première place de la Californie, après San-Francisco, et rien ne surpasse la beauté et la fertilité de la contrée qui l'environne. A quelques milles à l'est du pueblo, il y a de grandes forêts de bois rouges (*cyprès californiens*) qui sont d'excellents bois de construction, et à 12 milles au sud, est la fameuse mine de mercure de *New-Almaden*, l'une des plus riches du monde.

La proximité du pueblo de San-José de la vallée des Tulares, l'a exposé aux incursions des Indiens, qui, depuis la ruine des missions, se livrent à des actes de pillage sur les établissements mexicains. Ils firent, il y a quatre ans, une razia dans une ferme appartenant à un M. Wabers, aux environs du pueblo, blessèrent quatre personnes et enlevèrent 200 chevaux.

Les établissements formés sur la rivière *Stanislas*, à environ 18 lieues à l'est du pueblo, ont aussi été l'objet des exploits de ces maraudeurs.

Mission de San-José. — La mission de San-José, fondée le 18 juin 1797, est située à 15 milles au nord du pueblo, au pied d'une chaîne de montagnes, *los Bolbones*, rameau détaché des monts californiens. Elle était autrefois très florissante, et réunissait 2,400 Indiens. Cette mission possède une belle église, bien conservée, derrière laquelle sont plusieurs grands bâtiments, dans lesquels on renfermait les récoltes.

On remarque encore autour de la mission plusieurs enclos plantés de vignes, d'oliviers et de figuiers, et dans les jardins un grand nombre d'énormes poiriers dont les fruits étaient renommés à cause de leur saveur exquise.

Plusieurs aqueducs, aujourd'hui à sec, amenaient les eaux du rio de San-José au centre de l'établissement, et les répandaient dans les jardins; les terres environnantes sont arrosées par un grand nombre de ruisseaux descendant des Bolbones. Le mont *del Diabolo*, qui termine cette chaîne, se voit à 20 milles au nord de la mission ; c'est le pic le plus élevé de la chaîne des monts californiens, il a environ 1,240 mètres de hauteur. Ce pic, vu du large, indique exactement l'entrée de la baie de San-Francisco.

On peut se rendre de la mission de San-José à la Nouvelle-Helvétie par deux routes différentes, la première se dirige au nord et communique avec la vallée de *Llanito*, par une passe facile située un peu au-dessus de la mission, et connue sous le nom de *Paso de los Coraitos*, on arrive ainsi par un chemin très uni à la baie de *Suison*, où l'on s'embarque pour remonter le Sacramento. L'autre route se dirige également au nord pendant l'espace de 10 milles à peu près, tourne ensuite à l'est, passe sur deux chaînons de collines, *las Positas,* traverse les monts californiens par la passe dite de *San-Gonsales,* et descend dans la vallée des *Tulares.*

Cette route n'est pas praticable en toute saison. Après les débordements annuels occasionnés, soit par les pluies, soit par la fonte des neiges, le San-Joaquin laisse sur ses bords un grand nombre de lagunes, au milieu desquelles il est dangereux de s'engager. Ce n'est guère qu'à la fin de l'été que les terres prennent assez de consistance pour offrir quelque sécurité aux voyageurs, et que le San-Joaquin devient guéable à environ 45 milles de son embouchure. Le chemin prend, à partir de là, une direction N.-E., jusqu'à la rivière *Calaveras*, tourne ensuite au nord et enfin au N.-O; pour atteindre le *fort Sutter*, après avoir coupé les rivières *Mockelemnes* et *Cosumnes*. La longueur de la courbe que décrit ce chemin, mesurée sur la carte la plus récente de la contrée, est exactement de 100 milles.

Mission de Santa-Cruz. — La mission de Santa-Cruz, fondée en 1791, est située au nord de la baie de Monterey à 1 mille du rivage, au milieu d'une contrée montagneuse et boisée. Son sol se prête aux cultures les plus variées ; tous les végétaux de nos climats y réussissent à merveille, et nulle part au monde le maïs n'a donné de produits aussi abondants.

La position de la mission est admirablement choisie, bâtie sur un terrain élevé, inclinant légèrement vers le rivage, l'œil mesure de ce point toute la profondeur de la baie de Monterey.

Près de la côte, on aperçoit plusieurs petites vallées étalant une végétation splendide. Des sources nombreuses les sillonnent et y entretiennent toute l'année une bienfaisante humidité.

Le capitaine Duhaut-Cilly, qui visita, en 1827, la

mission de Santa-Cruz, l'a dépeinte sous l'aspect le plus gracieux.

« Il n'y a pas, dit-il, de situation plus jolie que celle de cette mission. A partir du rivage, le terrain s'élève en gradins si réguliers qu'on dirait les terrassements symétriques d'une fortification. Je ne sais même pas si le revêtement de gazon d'un ouvrage artificiel pourrait jamais atteindre la beauté de la pelouse qui les couvre comme le tapis de velours vert étendu sur les degrés d'un trône. Les bâtiments sont assis sur la troisième esplanade, faisant face à la mer et adossés à une épaisse forêt de grands sapins, qui prête un nouvel éclat à la blancheur de leurs murs. A droite de l'établissement, les marches naturelles, qui soutiennent la masse des terres, sont brusquement interrompues par un vallon profond, au fond duquel coule tranquillement une rivière limpide, bordée d'arbres dont l'épais feuillage protége son onde contre les ardeurs du soleil.

« On voudrait changer son sort contre celui du joli martin-pêcheur bleu de ciel qui, attentif sur une branche, épie sous ce délicieux feuillage le poisson doré dont un rayon de lumière vient quelquefois trahir le brillant éclat. On envie la douce vie du beau canard rouge qui se promène paisiblement sous ces travées de verdure, ou celle du héron blanc qui y trouve une nourriture facile et abondante. »

Santa-Cruz est sur le point de posséder un établissement pour la construction des grands navires. La plupart des goëlettes faisant le cabotage sur la côte, sortent du chantier d'un Français qui réside à la mission.

On peut tirer de ce port des pins pour la mâture, d'une qualité supérieure. Les chênes verts croissent en grand nombre aux environs de la baie et fournissent d'excellent bois pour les carcasses des bâtiments. Cette région abonde en gibier, tel que lièvres, lapins, daims, chevreuils, élans, et en volatiles de toute espèce.

Pueblo de Branciforte. — Le pueblo de Branciforte, fondé en 1796, est à 1 mille à l'est de Santa-Cruz, et à un demi-mille environ de la plage, dans une position charmante : de nombreux ruisseaux descendant des montagnes font mouvoir des scieries mécaniques exploitées depuis plusieurs années par des Américains, qui en tirent un revenu considérable.

On se rend de Branciforte par mer, en deux heures, à Monterey, et par terre en huit à dix heures.

Mission de San-Juan-Bautista. — Cette mission, fondée en 1799, est située à l'ouest de la belle vallée de ce nom, à 11 lieues au nord-est de Monterey. La nature semble avoir favorisé d'une manière toute spéciale cette vallée : les plantes des tropiques croissent à côté de celles d'Europe; la beauté de sa végétation l'a fait surnommer le *jardin de la Californie*. Son climat est délicieux; les vents froids qui règnent sur la côte y arrivent complétement attiédis, sans avoir rien perdu de leur extrême pureté.

La vallée de San-Juan est comprise entre les collines de la côte et la sierra des Bolbones ; sa longueur est d'environ 60 milles, sa largeur varie de 15 à 20 milles. Des prairies unies s'étendent du côté de l'est jusqu'au pied des montagnes ; le côté occidental est boisé et présente une succession de petites collines variant à l'infini les sites et les paysages.

De tous côtés on voit des sources bouillonner et sortir du sol ; mais, dans la saison des pluies, les moindres ruisseaux deviennent des torrents; et ici il est à propos de faire remarquer qu'en général, tous les ruisseaux de la Californie qui ont leur origine dans les montagnes, se transforment en torrents infranchissables à certaines époques de l'année, soit par l'effet de la fonte des neiges, soit à cause des pluies continues pendant la saison d'hiver.

La mission de San-Juan était l'une des plus étendues de la contrée ; ses bâtiments, d'un bel aspect, sont bien conservés ; ils sont entourés de vastes jardins, qui alimentaient autrefois Monterey de fruits excellents.

Mission del Carmelo. — Cette mission, désignée d'abord sous le nom de *San-Carlos de Monterey*, est une des premières qui furent fondées en Californie: elle date de 1770. Elle avait été commencée, en 1769, au bord de la baie de Monterey ; mais le manque d'eau dans la partie méridionale de la baie, fit rechercher aux religieux une situation plus favorable pour l'agriculture.

La nouvelle mission fut établie à environ 5 milles au sud-ouest de Monterey, près d'un ruisseau limpide, à une faible distance de la plage, au fond de la baie *del Carmelo*, baie dangereuse, n'offrant ni abri ni mouillage, et toute semée de roches noyées.

Cette mission, visitée jadis par *La Pérouse*, à une époque où elle était dans l'état le plus prospère, n'offrait plus que des ruines lorsque M. Dupetit-Thouars s'y rendit en 1837. Ses terrains, qui produisaient en abondance tous les légumes nécessaires à l'alimentation de Monterey et à l'approvisionnement des navires en rade, étaient depuis longtemps privés de culture. Sa proximité du siége du gouvernement de la province n'a pas peu contribué à sa chute précoce, en l'exposant une des premières aux déprédations des agents mexicains.

Les récits de divers voyageurs s'accordent à peindre

le charme de la végétation et la beauté des sites aux environs de Monterey.

« Le chemin qui conduit de Monterey à la mission del Carmelo, dit le capitaine Duhaut-Cilly, est tortueux, et serpente entre des collines tapissées d'un gazon bien vert et ombragées de grands sapins et de beaux chênes. Ces arbres sont quelquefois groupés si agréablement, qu'ils semblent avoir été plantés de la main d'un habile décorateur : tantôt ils forment des cordons ou des massifs, tantôt ce sont d'épaisses forêts qui s'ouvrent çà et là comme pour laiser errer la vue sur des bassins de verdure distribués de la manière la plus pittoresque au milieu des bois. A la vérité, les belles lianes des tropiques ne s'y entrelacent pas d'un arbre à l'autre comme des guirlandes ; mais les espèces sont mêlées, séparées, réunies ; le sol est si propre, si frais, si dégagé de buissons, que rien ne pourrait ajouter à la beauté de ces sites. Les forêts de la zône torride sont d'un effet plus romantique, celles-ci d'un aspect plus sévère. »

A environ 10 lieues au sud-est de la baie del Carmelo on voit les restes de l'ancienne mission de la *Soledad*, fondée en 1791 dans la vallée *del Canon*, arrosée par la rivière de *Salinas*. Cette vallée, qu'on désigne aussi sous le nom de *la Soledad*, a environ 50 milles de long sur une largeur moyenne de 7 à 8 milles, et s'étend du sud-est au nord-ouest jusqu'à la baie de Monterey ; elle est très fertile et les montagnes qui la bornent à l'est et à l'ouest produisent des chênes et des pins en abondance.

Mission de San-Antonio-de-Padoue. —

La mission de San-Antonio-de-Padoue, fondée en 1771, est située dans la grande et fertile vallée de *Salinas*, à environ 30 milles au sud de la Soledad ; ses bâtiments, encore bien conservés, sont d'une architecture imposante ; elle possédait des jardins parfaitement arrosés, des vignes et des vergers réunissant les arbres fruitiers des deux zônes.

La situation de San-Antonio au milieu de trois chaînes de montagnes, l'expose, pendant l'été, à des chaleurs très intenses qui favorisent la culture des plantes tropicales, le bananier, l'arbre à pain, l'oranger, le cotonnier, l'ananas, etc., y réussissent parfaitement.

Mission de San-Miguel Arcangel. — La mission de San-Miguel, fondée en 1797, est située à 12 lieues au S.-E. de San-Antonio, au milieu d'une jolie plaine, dans laquelle viennent aboutir plusieurs gorges de montagnes communiquant à la vallée des Tulares.

Les bâtiments de cette mission, d'une belle architecture, ont beaucoup souffert de l'abandon où ils sont laissés. On fabriquait, à San-Miguel, des couvertures et autres étoffes avec la laine que fournissaient les grands troupeaux de moutons qui en formaient la principale richesse.

Tous les terrains de ce vaste établissement appartiennent aujourd'hui à un Anglais, qui, pour la faible somme de 300 piastres, s'en est rendu acquéreur il y a quelques années.

La rivière Salinas coule à une faible distance de la mission et contribue à répandre la fertilité dans la contrée qu'elle arrose.

Mission de San-Luiz Obispo. — Cette mission, fondée en 1771, à 10 lieues au sud de San-Miguel, jouissait d'une grande prospérité ; les ruines considérables couvrant le sol autour de l'église, demeurée seule debout, attestent son ancienne importance. Elle est située à 3 lieues de la mer, sur le rio San-Felipe, au pied du mont *del Buchon*, qui forme l'extrémité sud de la sierra *Santa-Lucia*. On voit encore, dans ses environs, plusieurs grandes plantations d'oliviers dont les fruits servaient à fabriquer ces huiles estimées, que M. de Humboldt comparait à celles de l'Andalousie.

Tous ses jardins sont fermés de clôtures en *cactus*, très hautes et de l'aspect le plus singulier.

On fabriquait, à San-Luiz, des draps et quelques étoffes de soie. On trouve dans ses environs plusieurs belles salines dont l'exploitation pourrait devenir d'un grand rapport.

A 6 lieues au nord de la mission, on voit la baie de *los Esteros*, peu fréquentée.

Le mouillage de *San-Luiz* se trouve à trois lieues au S.-O. de la mission, on le reconnaît en venant du large au Mont del Buchon qui se présente comme un pic détaché de la chaîne du rivage.

Mission de Santa-Inès. — La mission de Santa-Inès, fondée en 1804, est éloignée d'environ 15 lieues au S.-E. de San-Luiz Obispo. Elle est située dans un bassin couvert de prairies, et se trouve garantie des vents de la mer et de ceux du N.-O., par deux rangées de collines à peu près parallèles; ses terres sont arrosées par des courants d'eau vive, et les collines fournissent de très beaux bois de construction.

A environ 12 lieues au S.-O. de Santa-Inès, on voit les restes de l'ancienne mission de la *Purissima concepcion*, fondée en 1787, sur un ruisseau à quelques milles de la mer, dans une contrée fertile, traversée par le rio San-Geraldo.

Il existe, à 20 lieues à l'est de Santa-Inès, dans la vallée des Tulares, une mine de plomb importante.

Port de Santa-Barbara. — L'anse de Santa-Barbara, située à environ 70 lieues au sud-est de Monterey, offre un bon abri contre les vents du nord et du nord-ouest; mais elle est exposée à ceux du sud-est et du sud-ouest. Elle est peu favorable au débarquement à cause du ressac, dont la violence fait quelquefois chavirer les embarcations. Les vents de sud-est y soufflent avec force pendant la saison d'hiver, et obligent de prendre le large pour se soustraire à leur impétuosité. Les seuls bâtiments du port consistent en quelques magasins servant d'entrepôt pour les cuirs, que l'on préparait à la mission.

On mouille à un demi-mille du rivage par 7 mètres d'eau; fond de sable dur.

Port de Santa-Barbara { Latitude N. 34°, 24', 40".
Longitude O. 122°, 20', 30".

En face de l'anse, on voit l'île de *Santa-Cruz*, autrefois renommée par ses pêcheries de perles, aujourd'hui abandonnées. Cette île forme, avec un groupe d'autres plus petites, le *canal de Santa-Barbara*.

Ville de Santa-Barbara. — A un mille du fond de l'anse, on trouve le pueblo de Santa-Barbara, qui a acquis depuis quelques années un assez grand développement pour mériter le nom de ville. Ses maisons sont généralement d'une bonne architecture, construites en adobes blanchies à la chaux et couvertes en tuiles. Elle a servi de résidence aux familles les plus notables de la Californie, et comprend environ 1,000 habitants.

Près de la ville est le *présidio*, qui possédait une petite garnison de 18 hommes.

La position de la ville, sur un terrain bas, semble mal choisie, mais le climat de cette partie de la côte est délicieux ; il est moins humide que celui du nord et plus tempéré que celui du sud. Les ruisseaux descendant des collines rocailleuse situées à 4 ou 5 milles de la ville y apportent une eau excellente, et en quantité suffisante pour permettre de la répandre par le moyen d'irrigations dans les terres des environs ; cette distribution offre l'avantage d'y pouvoir cultiver toutes les plantes de nos climats.

Il existe, à quelques milles de Santa-Barbara, un bassin de *bitume* bouillonnant sans cesse et dont le trop-plein s'épanche dans la mer, près de laquelle il est situé.

Mission de Santa-Barbara. — La mission de Santa-Barbara, fondée en 1786, est à 3 milles de la mer et à 2 milles de la ville, au pied d'une chaîne de montagnes, qui la protégent contre les vents du nord et de l'est.

Les bâtiments de cette mission sont bien conservés, l'église, bâtie en pierre, possède deux tours élégamment construites. On voit sur la place une belle fontaine dans laquelle l'eau s'élève à 8 pieds et retombe en cascade sur les flancs d'une pyramide octogone présentant une suite décroissante de plateaux en pierre.

Cette mission possède de vastes jardins bien arrosés et très fertiles et des vergers remplis d'arbres fruitiers ; la vigne y réussit admirablement et produit les vins les plus estimés de la Californie.

La plaine de Santa-Barbara a environ 8 lieues d'étendue le long de la côte sur une largeur de 1 à 4 lieues. La partie nord présente des falaises et des rochers escarpés, et vers le sud on trouve plusieurs bas marécages salés.

Le reste du pays à l'intérieur n'offre en général que de hautes montagnes stériles et nues.

La mission de Santa-Barbara réunissait, en 1834, 1,200 Indiens et possédait 5,000 bêtes à cornes, 1,200 chevaux et 5,000 moutons.

On trouve, à une lieue environ de la mission, des sources d'*eaux thermales sulfureuses* dont la température est très élevée, le pays fournit de très bonne *pierre à chaux* et une excellente *terre à brique*.

Mission de San-Buenaventura. — La mission de San-Buenaventura, fondée en 1772, est située à environ 8 lieues au S.-E. de Santa-Barbara, à une demi-lieue du rivage dans une contrée fertile, mais exposée à de longues sécheresses.

Le rio Santa-Clara coule au sud de cette mission. Il serait facile, en étendant les irrigations, de féconder ces terres formées des meilleurs éléments. A l'aide des faibles irrigations qu'on y avait pratiquées, on était parvenu à approprier le sol à toutes les cultures. On voyait prospérer dans les jardins de la mission les végétaux de toutes les zônes. Le pommier, le prunier, le pêcher, la vigne, le figuier, l'oranger, le grenadier, y donnaient d'abondants produits ; on y cultivait avec le même succès les deux espèces de bananiers, le co cotier, la canne à sucre et l'indigotier. Ces jardins sont aujourd'hui dans un état déplorable. La campagne est encore couverte d'oliviers, dont les branches rompent sous le poids de leurs fruits abandonnés.

Mission de San-Fernando. — La mission de San-Fernando occupe une position délicieuse au fond d'une riche et fertile vallée couverte de fleurs et sillonnée de nombreux ruisseaux.

Elle est située au pied des monts Californiens, non loin d'une gorge donnant accès dans la vallée des Tularés; ses bâtiments sont bien conservés et ses jardins entourés de clôtures en cactus et de murs en briques renfermant une grande variété d'arbres fruitiers. La pente des montagnes offre plusieurs beaux vignobles produisant un vin rouge estimé. Quelques habitants s'occupent de la distillation des pêches, et fabriquent, avec ce fruit, une bonne eau-de-vie.

La mission de San-Fernando est distante d'environ 50 milles à l'est de San-Buenaventura; elle est à 40 milles au nord de la baie de San-Pedro.

On trouve dans ce district, de l'*or*, de l'*argent*, du *cuivre*, du *plomb*, de l'*asphalte*, de l'*opale*, et d'autres pierres précieuses.

Un Français, M. Baric, découvrit vers 1840 un filon d'or vierge, à 6 lieues au nord de la mission, dont il retira en moyenne, pendant plusieurs années, environ 1 once d'or par jour.

L'exploitation des mines d'argent a été négligée jusqu'à ces derniers temps, faute de mercure, qui est l'agent le plus indispensable et en même temps le plus économique pour dépouiller complétement un minerai terreux de son contenu métallique.

Pueblo de los Angeles. — La cité de *Nostra Senora de los Angeles*, fondée en 1781, était la plus considérable de la contrée. Sa population blanche s'élevait en 1848 à 1,500 habitants, alors que San-Francisco n'en comptait que 500.

Elle était administrée par un alcade, deux regidors et un syndic, formant ce que l'on appelle un *ayuntamiento*, ou conseil municipal.

Cette ville est bâtie au pied d'une rangée de collines d'une élévation médiocre, sur le bord du rio de los Angeles qui ne tarit jamais. Ses maisons, d'une belle apparence, ont en général deux étages; elles sont construites en adobes, couvertes en tuiles ou en bardeaux.

On compte parmi les habitants de los Angeles un assez grand nombre de Français établis depuis longues années dans le pays, et qui se livrent avec succès aux travaux de l'agriculture.

Los Angeles est à 18 milles au sud-est de San-Fernando et à 25 milles au nord de la baie de San-Pedro. La surface de cette contrée est très variée; elle offre, sur tous les points, des champs cultivés, des enclos plantés de vignes, des bois et d'excellents pâturages couverts de nombreux troupeaux. La vigne y est cultivée sur une grande échelle et donne d'excellents produits.

On fabrique aussi à los Angeles des eaux-de-vie de raisin, de pêche et d'autres fruits.

Il existe dans ses environs des mines d'*argent*, de l'*alun fossile* d'une qualité très mordante, et plusieurs grandes sources de *bitume*.

Los Angeles est le point où venaient aboutir chaque année les caravanes qui, de *Santa-Fe*, nouveau Mexique, se rendaient en Californie pour y acheter des chevaux. Les objets d'échange consistaient en couvertures de laine grossières. Les marchands donnaient ordinairement deux couvertures pour un cheval.

La caravane partait en octobre de Santa-Fe et mettait environ deux mois et demi à faire le voyage.

Mission de San-Gabriel. — Cette mission, fondée en 1771, est à 15 milles à l'est de los Angeles au pied de hautes montagnes, intéressantes pour le minéralogiste et le botaniste, par leurs productions variées. Les bâtiments de la mission sont vastes et encore bien conservés; devant le front de l'édifice, il existe un petit lac alimenté par plusieurs ruisseaux qui entretiennent le long de leurs bords une verdure agréable.

Les pâturages de San-Gabriel nourrissent un nombre considérable de bœufs, de chevaux et de moutons. La mission expédiait annuellement, par le port de San-Pedro, distant d'environ 30 milles au sud-ouest, une grande quantité de suif, de peaux de bœuf, du chanvre, du lin, de l'huile et du savon. Elle possédait deux moulins à blé, une scierie et des ateliers de tissage d'étoffe de coton.

On trouve dans ses environs une source d'*eau thermale sulfureuse*.

Port de San-Pedro. — Le port, ou plutôt la baie de San-Pedro, est un mouillage médiocre. L'ouverture de cette baie est tournée vers le sud; elle est protégée à l'ouest par la pointe *San-Vicente*. Un banc de sable en occupe presque tout le fond. Ce mouillage n'est bon que pendant la saison d'été, lorsque règnent les vents du nord-ouest.

On ne voit près de la baie de San-Pedro que quelques maisons servant autrefois d'entrepôt pour les cuirs et les autres marchandises que l'on expédiait des missions environnantes.

L'île de *Santa-Catalina* est à environ 8 lieues dans le sud de cette baie.

La côte de San-Pedro est bordée de rochers escarpés, et présente sur quelques points des masses calcaires renfermant un grand nombre de débris organiques.

Port de San-Pedro. | Latitude Nord, 33° 43'.
| Longitude Ouest, 120° 34'.

Mission de San-Juan-Capistrano. — Cette mission, fondée en 1776, est presque entièrement ruinée aujourd'hui. Elle apparaît à l'extrémité d'une vallée fertile, à une faible distance de la mer ; ses pâturages nourrissaient beaucoup de bétail. On fabriquait à la mission du savon avec une espèce de soude ou de *sous-carbonate de potasse* qu'on recueille à la surface du sol. Il existe, à environ 10 milles au nord-est de la mission, au rancho de Agua-Caliente, une source d'*eau nitreuse*.

La *baie* de *San-Juan*, désignée aussi sous le nom de *los Tremblores* (des Tremblements), qui se voit près de la mission, est située à 37 milles au sud-est de celle de San-Pedro, par 33° 27' de latitude nord et 120° 1' de longitude ouest. Cette baie ne présente aucun abri ; le rivage est formé, au nord, de falaises qui rendent difficiles les communications avec ce côté de la contrée. L'ancrage est mauvais : fond de vase, et le débarquement s'effectue difficilement à cause de la violence du ressac.

On peut la fréquenter néanmoins pendant la belle saison, et l'on trouve toujours à s'y approvisionner d'eau.

Mission de San-Luiz-Rey. — Cette mission, fondée en 1798, sous la vocable de saint Louis, roi de France, est située dans une magnifique plaine, à 12 lieues au sud de San-Juan et à 3 lieues environ de la mer, au bord du rio de San-Luiz. C'était la plus belle et la plus riche mission de la contrée.

Elle réunissait, en 1834, plus de 3,000 Indiens; elle possédait d'innombrables troupeaux de bœufs, de chevaux et de moutons, répandus sur une étendue de près de 100 lieues carrées.

Elle récoltait 14,000 fanegas de grains, 200 barils d'un vin estimé, et une quantité pareille d'eau-de-vie.

La mission de San-Luiz renferme un édifice remarquable tant par ses proportions que par la noble simplicité de son architecture.

Le bâtiment forme un vaste carré de 500 pieds de côté. La façade principale est un long péristyle formé par 32 piliers carrés sur lesquels reposent des voûtes en plein ceintre. Il est construit en briques crues et couvert d'un toit en tuiles, autour duquel règne, tant en dehors qu'au dedans, une terrasse avec une galerie élégante qui en rehausse les formes. L'édifice n'est composé que d'un rez-de-chaussée, mais son élévation lui donne un aspect imposant.

Sur l'une des faces du bâtiment se trouve l'église avec son clocher ceint de deux rangs de balcons. Deux grands jardins bien arrosés fournissaient abondamment la mission de légumes et de fruits.

Lorsque le capitaine Duhaut-Cilly visita cette mission, en 1827, il y fut reçu par son fondateur lui-même, le révérend Père franciscain espagnol *F. Antonio Peyri*, qui lui fit le récit simple et touchant de son arrivée et de son installation dans le pays; il lui raconta comment, 29 ans auparavant, le 13 juin 1798, il était arrivé avec le commandant de San-Diego, un petit détachement de troupes, et quelques ouvriers, dans cette plaine alors déserte :
« Notre premier soin, dit-il, fut de construire quelques

« huttes, à la manière des sauvages, pour nous servir
« d'abri en attendant que la mission fût bâtie ; mais
« avant d'en jeter les fondements, le lendemain, un autel
« de gazon fut improvisé sur la pelouse, et sous la voûte
« du ciel, je célébrai le premier sacrifice qui eût été of-
« fert à l'Éternel, dans cette vallée, qu'il a comblée de-
« puis de tant de bénédictions. »

A quatre lieues au nord-ouest de San-Luiz, on trouve le rancho de *las Flores*, l'une des principales fermes de la mission ; elle est située dans une position charmante sur un plateau de moyenne élévation, d'où l'on découvre les îles de San-Clemente, de Santa-Catalina, et tout l'archipel formant le *canal de Santa-Barbara*.

Port de San-Diego. — Le port de San-Diego, découvert par Cabrillo en 1542, est le plus au sud de la Nouvelle-Californie.

Ce port est un des meilleurs de la côte, il forme un bassin d'un à trois milles de largeur qui se dirige d'abord au nord-est, tourne ensuite à l'est et enfin au sud-est, où il se prolonge sur une étendue d'environ 5 lieues. Il est parfaitement abrité contre tous les vents, mais il n'est accessible qu'aux navires de 400 tonneaux.

Le rio de San-Diego venant de l'est, se divise en deux branches à quelques milles au-dessus du port, l'une se dirige droit à l'ouest et débouche dans un bassin peu profond et parsemé d'îles basses, c'est le *faux port*, il n'est point navigable, l'autre branche descend au sud et débouche dans le port de San-Diego. Pendant la saison des pluies, cette rivière débite un énorme volume d'eau, mais elle entraîne aussi une grande quantité de terre et de sable. Ces résidus précipités au fur et à mesure du ralantissement des eaux, et sans cesse repoussés par les marées, contribuent à former à l'entrée du port des dépôts considérables, auxquels il sera d'ailleurs facile de remédier en y faisant exécuter quelques travaux de draguage.

On trouve dans le port de San-Diego 6 mètres d'eau à marée basse; l'élévation de la marée est de 1 mètre et demi.

Le *pueblo* de San-Diego, formé de quelques maisons en briques entourées de petits jardins, est situé du côté nord à 2 milles de la baie près du rio de San-Diego. Le *presidio* se voit un peu plus au nord sur le penchant d'une colline à 3 ou 400 mètres du pueblo.

L'aspect de la plaine aux environs du port est aride, le sol est un mélange de sable, de vase et de matières volcaniques. Les palmiers nains, les fougères, les cactus contribuent à donner à cette plaine une physionomie particulière.

Mission de San-Diego. — La mission de San-Diego date de 1769; c'est le premier établissement espagnol fondé dans la Nouvelle-Californie. Elle est située à 7 milles à l'est du pueblo, au bord du ruisseau de San-Diego, dans une vallée longue et étroite d'une grande fertilité.

Le climat de San-Diego est plus uniforme que dans la région du nord de la Californie; il est salubre et chaud, mais sans excès et permet de cultiver avec un égal succès les arbres fruitiers d'Europe et ceux des contrées équinoxiales.

On voit, aux environs de la mission, de très belles plantations d'oliviers; la vigne y réussit parfaitement et fournit d'excellents vins, les coteaux couverts de cactus abondent en petit gibier, tels que lièvres, lapins, cailles et perdrix.

On récoltait à San-Diego beaucoup de blé, de maïs, d'orge, d'avoine, des pois, des fèves, des frijoles.

La flore de cette contrée est celle des climats les plus chauds. Le pays, généralement découvert, ne présente quelques parties boisées qu'à 7 ou 8 lieues dans l'est.

La mission de San-Diego réunissait à l'époque de sa prospérité 2,500 Indiens; elle possédait des milliers de bêtes à cornes, de chevaux et de moutons répandus dans un grand nombre de fermes.

La révolution survenue en 1836 ayant ôté aux religieux le reste de leur autorité sur ces établissements, leur prospérité disparut avec leurs habiles fondateurs.

En 1842, il ne restait déjà plus, des richesses que l'ordre, la patience et une administration éclairée y avaient accumulées, que 20 bœufs, 130 chevaux et environ 200 moutons. La presque totalité des Indiens avaient regagné la vallée des Tulares pour échapper au sort qui les attendait, car libres en droit, selon la constitution mexicaine, ils savaient fort bien qu'ils eussent été réduits de fait en servitude par la misère.

On vient de découvrir, dans les montagnes à l'est de San-Diego, un grand nombre de ruines, telles que des pyramides, des monolithes, des inscriptions hiéroglyphiques, des poteries, etc.

Ces monuments attestent le passage dans cette région, de la même race d'hommes qui, à une époque reculée, peupla le Mexique; ils répandront peut-être quelque lumière sur ces races éteintes, dont l'origine est restée environnée de tant de ténèbres. Ils suffisent, dès à présent, à fixer l'opinion sur la civilisation avancée des peuples de ce vieux monde d'Amérique, si nouveau pour nous.

CHAPITRE XII.

Rapport du colonel Mason.

Le rapport du colonel Mason, est le premier document qui ait signalé à l'attention du monde l'existence des richesses minérales de la Californie.

Cette pièce officielle devait naturellement trouver place dans cet ouvrage.

Le colonel Mason, gouverneur militaire de la Californie, rend un compte succinct des circonstances de la découverte des mines, et l'on verra qu'avant de rédiger son écrit il a voulu s'assurer par lui-même de la réalité des faits qu'il énonce.

Nous ne pouvons, en raison des nombreux détails administratifs qu'il embrasse, donner une traduction complète de ce rapport. Nous nous bornerons à en reproduire les principaux passages.

Au quartier général de Monterey, le 17 août 1848.

A Monsieur le Brigadier-Général R. Jones,
Secrétaire de la guerre, à Washington.

Monsieur le Brigadier-Général,

« J'ai l'honneur de vous informer, qu'accompagné du lieutenant d'artillerie W. T. Sherman, je suis parti le 12 juin dernier pour le nord de la Californie.

« Mon principal but était de visiter les gisements d'or qu'on venait de découvrir dans la vallée du Sacramento.

« Nous arrivâmes à San-Francisco le 20 juin, et nous trouvâmes que toute ou presque toute la population mâle était partie pour les mines. La ville qui, peu de temps auparavant, présentait un foyer de prospérité et d'activité, était actuellement à peu près déserte.

« Dans la soirée du 25, les chevaux de l'escorte furent embarqués pour Sausalito, et le lendemain, nous continuâmes notre route par Sonoma pour le fort Sutter où nous arrivâmes dans la matinée du 2 juillet.

« Tout le long de notre route, nous ne vîmes que maisons désertes, fermes abandonnées, moulins inoccupés, champs et récoltes livrés aux troupeaux, aux animaux errants.

« Au fort Sutter, il régnait un grand mouvement; des bateaux déchargeaient leurs marchandises; des charrettes transportaient ces marchandises au fort, où déjà sont établis quelques magasins, un hôtel, etc. Les marchands paient 100 dollars par mois pour une seule chambre, et, tandis que j'étais en ces lieux, j'ai vu louer une petite maison du fort 500 dollars par mois.

« Je quittai le fort le 5 juillet; ce jour-là, je fis 25 milles qui me conduisirent en un endroit de la Fourche-Américaine connu aujourd'hui sous le nom de *Lower-Mines* (mines-basses) ou *Mormon-Diggings* (fouilles des Mormons).

« Les flancs des collines étaient, en cet endroit, couverts de tentes en toile ou d'abris provisoires en branchages; on y voyait aussi un magasin et plusieurs cantines en plein air.

« La chaleur était étouffante, deux cents hommes cependant travaillaient sous les rayons d'un soleil ardent, lavant le sable pour en extraire l'or, armés les uns de casseroles, les autres de paniers indiens d'un tissu très serré, d'autres enfin opéraient avec un appareil grossier, connu sur les lieux sous le nom de *cradle*.

« Les Indiens et ceux qui n'ont que des casseroles, font le lavage à la main, extraient d'abord les grains et font ensuite sécher le sable mêlé aux paillettes.

« L'or des *mines inférieures* est en paillettes brillantes, d'un titre élevé, et j'en envoie avec cette dépêche plusieurs échantillons.

« En remontant la branche méridionale de la Fourche-Américaine, la contrée devient de plus en plus montagneuse, et à la *scierie mécanique* établie à 25 milles des derniers lavages d'or, c'est-à-dire à 50 milles du fort Sutter, la hauteur des montagnes est d'environ 1,000 pieds au-dessus de la vallée du Sacramento.

« Là, commence à croître une espèce de pins dont l'exploitation a été la cause de la découverte de l'or. Le capitaine Sutter avait besoin de planches; en septembre dernier, il passa marché avec un mécanicien, *M. Marshall,* pour faire construire en ce lieu une scierie mise en mouvement par une chute d'eau. Quand le bâtiment fut achevé, et qu'il fallut, au printemps dernier, lâcher l'eau sur la roue, il se trouva que le sas de cette roue était trop étroit pour laisser échapper le volume d'eau qu'on lui apportait. M. Marshall, pour épargner la main d'œuvre et les frais, laissa tout simplement à la chute d'eau le soin de se creuser elle-même un passage, en approfondissant le sas de la roue. Il en résulta, qu'au bout de peu de temps, un monceau de sable et de détritus se forma au pied de la chute.

« Or, un jour que M. Marshall vint examiner le résultat de l'opération, il remarqua, dans le sable accumulé, quelques particules brillantes qu'il ramassa, et dont, après examen, il reconnut bientôt la valeur. Il raconta sa découverte au capitaine Sutter, et tous deux se promirent bien de la tenir secrète, jusqu'à l'achèvement d'un moulin à grain que le capitaine Sutter faisait construire. Mais précaution inutile ! le bruit s'en répandit comme par enchantement.

« Les merveilleux succès des premiers explorateurs, attirèrent en quelques semaines des centaines d'hommes.

« Au moment de mon voyage, il y avait à peine trois mois que la découverte était connue, et déjà on estimait à plus de 4,000 le nombre des personnes qui s'étaient lancées dans ces déserts à la recherche de l'or.

« Auprès du moulin, on voit un magnifique banc de sable aurifère que l'on respecte comme la propriété du capitaine Sutter, bien que lui-même ne prétende rien percevoir sur ce fonds, et se regardera comme satisfait d'un simple droit de préemption, comme compensation aux frais que lui a occasionné la scierie.

« M. Marshall demeurait auprès de la scierie, et il m'apprit que beaucoup de gens travaillant au-dessus et au-dessous de lui, recueillaient de une à trois onces d'or par jour et par homme.

« Cet or est un peu moins pur que celui des mines inférieures.

« De la scierie, M. Marshall me conduisit, à travers les collines, sur la rive septentrionale de la Fourche, où dans le lit desséché de quelques torrents on a aussi trouvé des mines d'or considérables. J'y ai vu quelques explorateurs tous enchantés du résultat de leurs travaux. On m'a montré un grand nombre d'échantillons dont quelques-uns pesaient de 3 à 4 onces. Je vous en adresse trois. Cet or ne peut avoir été entraîné bien loin par le cours des eaux, et il doit être resté très près du roc où il avait d'abord été déposé par la nature. Vous remarquerez que plusieurs de ces échantillons sont mélangés de *quarts*, que leur surface est rude, et qu'ils ont dû recevoir leur forme actuelle dans les crevasses des rochers.

« Le 7 juillet, je quittai M. Marshall et passai sur les bords d'un petit ruisseau connu sous le nom de *Weber's-creek*, qui se jette dans la Fourche-Américaine à trois ou quatre milles en avant de la scierie. Je l'ai traversé au lieu où MM. Sunol et comp. ont établi leurs lavages. Je vous adresse quelques échantillons de l'or ramassé par ces messieurs, il est d'un titre très élevé. De là, après avoir remonté le ruisseau, l'espace d'environ dix milles, nous rencontrâmes un grand nombre de travailleurs explorant le cours d'eau, et les ravins environnants. Le capitaine Weber me signala un petit ravin où l'on a recueilli de l'or pour une valeur de 12,000 dollars. Il y a des milliers de ravins de cette espèce qui n'ont pas encore été explorés et qui, selon toute vraisemblance, sont tous aussi riches.

« Jamais je n'aurais pu croire à l'exactitude des rapports qui me venaient de toutes parts, si je n'eusse moi-même touché, pour ainsi dire, les faits du doigt. M. Neligh, agent du commodore Stockton, a travaillé, pendant environ trois semaines dans le voisinage des lieux que je viens de citer, et il m'a fait voir, enfermé dans des bouteilles, le produit de ses recherches; environ 2,000 dollars. M. Lyman, homme digne de toute confiance, m'a raconté qu'associé avec quatre autres travailleurs pendant huit jours seulement, il avait eu pour sa part 400 dollars.

« Je pourrais citer des centaines d'exemples du même genre. Chaque jour fait découvrir de nouveaux et de plus riches dépôts, et l'opinion que chacun semble avoir, c'est que l'abondance du métal est assez grande pour en faire prochainement baisser la valeur.

« Le 8 juillet, je retournai aux *lower-mines*; avant de quitter la vallée, j'ai acquis la certitude qu'il avait été trouvé de l'or dans *Feather river*, *Bear river*, *Yuba river* et dans la plupart des petits ruisseaux qui coulent entre Bear river et la Fourche; comme aussi dans la *Cosumnes* au sud de la Fourche.

« La découverte de ces trésors a changé complétement l'aspect de la Haute-Californie. Ses habitants, occupés naguère aux travaux de l'agriculture, sont tous allés aux mines. Les ouvriers de toute profession ont abandonné leurs métiers, et les commerçants leurs boutiques; les marins désertent aussitôt qu'ils arrivent. Il y a maintenant deux ou trois navires mouillés dans la baie de San-Francisco, qui n'ont pas un homme à bord. La même cause a entraîné beaucoup de désertions dans la troupe.

« Une foule de lettres particulières ont annoncé, avant moi, aux États-Unis, l'importance des découvertes qui viennent d'être faites, et peut-être s'étonnera-t-on que je n'aie pas écrit plus tôt sur le même sujet. Ma réponse sera facile : je ne pouvais pas croire aux merveilleux rapports que je recevais, avant d'avoir visité le pays moi-même. Mais aujourd'hui, je n'hésite pas à dire qu'il y a plus d'or dans les vallées arrosées par le *Sacramento* et le *San-Joaquin*, qu'il n'en faut pour payer et payer cent fois, tout ce qu'a pu coûter la guerre avec le Mexique. — Et, pour mettre ces mines en valeur, il n'y a pas de capital à dépenser : un pic, une pelle et un plat de terre, c'est tout ce qu'il faut pour recueillir le précieux métal.

« On donne également pour certain qu'il a été découvert de l'or sur le versant oriental de la Sierra-Nevada. Quand j'étais au *gold-district*, j'ai appris d'un Mormon, homme intelligent, qu'il avait été trouvé de l'or près du grand *lac Salé* par quelques-uns de ses frères. Presque tous les Mormons ont, en effet, quitté aujourd'hui la contrée pour se rendre au lac Salé, et certainement ils ne l'auraient pas fait, s'ils n'eussent été sûrs d'y trouver pour le moins autant d'or qu'ils en peuvent recueillir maintenant sur les rives du Sacramento.

« Le gisement d'or situé près de la mission de *San-Fernando* est connu depuis longtemps; mais le défaut d'eau a empêché de l'exploiter. C'est un rayon détaché de la Sierra-Nevada, c'est-à-dire de la chaîne où l'on vient de découvrir tout à coup tant de richesses. Il y a donc lieu de croire que dans l'espace intermédiaire de 500 milles complétement inexploré aujourd'hui, il doit se trouver beaucoup de richesses cachées.

« J'envoie, joints à ce rapport, treize échantillons d'or qui m'ont été fournis pour être offerts au gouvernement par les personnes dont les noms sont mentionnés sur les enveloppes des paquets. J'y ajoute 230 onces d'or achetées par mon ordre à San-Francisco, que je vous adresse comme échantillon des produits donnés par les mines du Sacramento. »

Signé : R. B. MASON,
Colonel commandant le 1er régiment de dragons.

CHAPITRE XIII.

Des minerais d'or et de leur traitement.
Procédé de lavage au **cradle** pratiqué en Californie. — Procédé indiqué par Réaumur, pour l'extraction de l'or du sable des rivières en France. — Traitement des minerais par fusion. — Extraction de l'or par l'amalgamation du mercure. — Docimasie ou art d'essayer les terrains aurifères. — Rapport de l'or a l'argent, valeur respective de ces métaux.

L'or se présente généralement dans la nature à l'état *natif* ou métallique; c'est ce qui explique la facilité de son extraction.

C'est dans les terrains granitiques, dans ceux d'alluvion provenant de la désagrégation des roches cristallines que se trouve la plus grande partie de l'or qui entre annuellement dans la circulation.

L'or se présente ordinairement en *dendrites*, c'est-à-dire en rameaux à la surface de la roche; le minéral dans lequel l'or se trouve engagé se nomme *gangue*. On retire l'or des rivières et des ruisseaux qui sortent des terrains primitifs; il est presque toujours disséminé en paillettes, dans des sables quartzeux ou ferrugineux. On le rencontre surtout dans le sol des terrains d'alluvion (1); il est répandu sous la forme de grains et quel-

---

(1) Les *alluvions* sont des dépôts d'argiles, de cailloux ou de sables, qui ont été charriés par les eaux et délaissés par elles le long de leur cours. Ces terrains forment souvent des plaines immenses; ils sont composés de sables siliceux, argileux et ferrugineux, et renferment très fréquemment du fer oxidulé, du fer titané, de petits grains de rubis, de corindon, de spinelle, etc. (Becquerel).

quefois de masses isolées assez considérables nommées *pépites*.

Les procédés en usage pour l'exploitation des minérais d'or sont assez simples et se réduisent ordinairement à des lavages que l'on termine, soit par la fusion, soit par l'amalgamation du minerai avec le mercure.

On sait déjà que les premiers chercheurs d'or de Californie ne prirent point la peine de recourir ni à l'un ni à l'autre de ces moyens. Ils se bornèrent à un grossier lavage, qui, grâce à la richesse de la mine, les dispensait de plus de frais.

Le procédé suivant a été mentionné par le colonel Mason, c'est le premier pas fait dans la voie du progrès.

LE CRADLE.

L'appareil connu sous le nom de *cradle* (berceau), est porté comme les berceaux ou les chevaux de bois, sur une bascule, il a 6 à 8 pieds de long, il est ouvert par le bas et garni dans le haut d'une grille ou d'un crible grossier, le fond est arrondi et traversé de distance en distance par des baguettes de bois faisant, en quelque sorte, l'office de filtre. Il faut quatre hommes pour servir cette machine, l'un enlève le sable sur le bord de la rivière, l'autre le jette dans l'appareil sur la grille, le troisième le fait mouvoir, le quatrième enfin puise de l'eau et la précipite sur le sable. La grille empêche les pierres d'entrer dans l'appareil, le courant d'eau délaie la terre, et l'or descend au fond de la machine, mêlé à un sable noir. L'or et le sable ainsi mélangés sont retirés à la main, séchés au soleil, et enfin séparés en vannant le sable à l'air libre.

Un cradle bien servi peut laver un tonneau de terre en quatre heures.

CHAPITRE XIII.

PROCÉDÉ EMPLOYÉ ANCIENNEMENT POUR L'EXTRACTION DE L'OR DU SABLE DES RIVIÈRES DE FRANCE.

Les rivières de France réputées aurifères, roulent le précieux métal en paillettes excessivement minces. On a calculé qu'il fallait dix-sept à vingt-deux paillettes du Rhin (le fleuve le plus aurifère de l'Europe) pour faire 1 milligramme (17 à 22 millions pour 1 kilogramme !) L'Ariége, la Ceze, autres rivières de France, roulent de l'or en paillettes encore plus ténues. Pour recueillir de si imperceptibles parcelles, il n'est pas besoin de machines bien compliquées, rien n'est plus simple que l'appareil décrit par *Réaumur* (1), et dont se servaient les *orpailleurs*, au commencement du siècle dernier.

La principale pièce consiste en une planche d'environ 1 m. 75 c. de longueur sur 0^m,50 de largeur, et épaisse de 3 à 4 centimètres. De chaque côté, et à un des bouts, on donne à cette planche un rebord de 3 centimètres à peu près. L'un des bouts, celui à rebord étant appuyé à terre, on fait poser l'autre sur un petit tréteau de 50 centimètres de haut.

Sur cette planche inclinée, on cloue légèrement trois morceaux de gros drap (on peut remplacer le drap par une autre étoffe de laine, de la toile d'emballage serrée, du feutre, etc.), d'une longueur égale à la largeur de la planche, et d'environ 0^m,35 de large chacun. On attache le premier assez près du bout supérieur de la planche, le second à 0^m,35 d'intervalle du premier, et le troisième également à 0^m,35 d'intervalle du second.

(1) Essai de l'histoire des rivières et ruisseaux de la France qui roulent des paillettes d'or, par M. *de Réaumur*; rapport inséré dans les mémoires de l'Académie des sciences, année 1718. — Voir aussi mémoires sur l'or qu'on retire de l'Ariége, par Dietrich.

On fixe alors sur le bout supérieur de la planche une espèce de cage faite de bois en forme de claie; le fond doit offrir un ovale dont la convexité soit tournée vers le bout inférieur de la planche.

Cette cage est le premier crible, à travers lequel passe le sable, en se séparant des pierres, des cailloux et du gravier. Avec une pelle ou une écuelle, on remplit la corbeille de sable; avec une autre, on verse de l'eau qui délaie le sable et l'entraîne avec elle. La terre est emportée par l'eau vers le bas de la planche, ainsi que les plus gros grains entraînés par leur pesanteur. Quant aux grains fins, mais pesants, ils sont arrêtés par les poils du drap, formant autant de digues d'espace en espace qu'ils ne peuvent franchir. C'est parmi ces grains que se trouvent les paillettes d'or.

Lorsqu'on remarque que les morceaux de drap couverts de sable ne sont plus en état d'en arrêter de nouveau, on les détache alors et on les lave dans une cuve pleine d'eau pour en enlever les parcelles d'or.

On peut suppléer au drap ou à la laine en faisant tout simplement dans la planche, de 10 en 10 centimètres de distance, des entailles ou rainures de quelques millimètres de profondeur, parallèles au bout de la planche. Le sable aurifère s'arrêtera dans ces rigoles comme dans les poils du drap.

On termine l'opération en recueillant le sable ainsi obtenu, et on le lave avec plus de soin dans une sébile.

A mesure qu'on prolonge le lavage, on emporte du sable léger qui finit par dégager entièrement les paillettes.

TRAITEMENT DES MINERAIS PAR FUSION.

Quand l'or se trouve engagé sous forme de petits rameaux dans des gangues pierreuses, on commence par *griller* (1) ces gangues en plein air pour les rendre plus friables, on les *bocarde* (2), puis on les lave sur des tables ou sur des planches à rainures et ensuite à la sébile.

Le lavage sur les tables concentre le métal dans une moindre quantité de parties terreuses, et le lavage à la sébile en opère la séparation complète. Il ne reste plus après cela qu'à faire sécher et à fondre les paillettes dans un creuset avec du *nitrate de potasse* (salpêtre) et du *borax*.

L'or exige, pour se mettre en fusion, une chaleur de 1,250 degrés centigrades (3).

(1) Le *grillage* est une opération préparatoire qui a pour objet d'expulser les matières volatiles qui accompagnent le métal pour le préparer convenablement aux autres opérations soit de fusion, soit de lavage. Ce qui distingue principalement le grillage des autres opérations où l'on fait usage du feu, c'est qu'il ne suppose jamais la fusion du minerai et qu'on cherche même, autant que possible, à l'éviter.

Lorsqu'on veut simplement débarrasser les minerais des matières combustibles qu'ils renferment sans faire usage du plomb, on peut employer le procédé de *grillage en tas libres*. Voici, d'après *Lampadius*, de quelle manière on opère : On charge et on dispose par lits, alternativement avec du charbon de bois, des minerais compacts, en grands ou en petits tas coniques, sur une aire unie et bien sèche ; les plus gros fragments de minerai se placent à la partie inférieure et les plus petits se placent en haut. On couvre le tas avec du minerai en poussière ou du menu charbon, comme pour une charbonnière. La combustion du tas dure une semaine et quelquefois plusieurs mois, suivant sa grandeur. Lorsque l'emplacement de l'aire est humide, on la recouvre par un pavé en maçonnerie. Dans les opérations suivies, on construit pour le grillage des fourneaux particuliers.

(2) Expression technique qui désigne l'action de piler, d'écraser.

(3) On se sert, pour opérer la fusion de l'or au creuset, de fourneaux dits *à vent*, en terre réfractaire avec cheminée en tôle que l'on hausse ou baisse à volonté.

Un fourneau à vent de 35 à 40 centimètres de diamètre intérieur, surmonté d'un tuyau d'aspiration de 20 centimètres de diamètre et de quelques mètres de haut, produit une chaleur extrême, et peut fondre en moins de deux heures, tout ce qu'il est possible de fondre dans les fourneaux.

Pendant la fusion, on remue de temps en temps le mélange, puis on coule dans une lingotière préalablement chauffée.

Les minerais maigres, et il faut ranger dans cette catégorie les *pyrites aurifères*, sont bocardés et lavés, non point jusqu'à leur parfaite réduction, mais seulement jusqu'à ce qu'ils soient concentrés au point de renfermer 1 à 3 grammes d'or par quintal de minerai. Ils sont alors fondus crûs (1) ou grillés avec huit à seize fois leur poids de plomb, dans des fourneaux dits de *grillage* ou dans des creusets, et le culot de plomb (*plomb d'œuvre*) qui en résulte, est passé à la coupelle.

On peut encore opérer cette fusion sans faire usage de creusets, dans des fourneaux ordinaires de fonderie. Ceux qu'on emploie dans le traitement des minerais d'or sont des fourneaux à *cuve*, qu'on appelle encore fourneaux à *manche*; ce sont des demi hauts-fourneaux de 2 à 5 mètres de hauteur totale, on se sert même de petits fourneaux de laboratoire uniquement animés par un courant d'air naturel.

L'opération de la fonte des minerais pyriteux s'effectue de deux manières. La première consiste à mélanger des scories fusibles (2) avec le minerai, il se forme alors une *matte* (3) aurifère, les autres substances qui étaient dans

---

(1) La fonte *crue* est celle qui a lieu sans calcination préalable.

(2) Les agents employés comme fondants sont, ou des minéraux métalliques ou des composés chimiques ; en voici la nomenclature:

La *litharge* s'emploie comme substance riche en plomb pour la concentration de l'or et de l'argent.

La *soude* est le plus puissant des fondants alcalins ; on l'emploie généralement dans le traitement des minerais d'argent.

Le *borax*, le *salpêtre*, le *sel marin*, la *potasse* et le *flux noir*, servent seulement pour la fonte au creuset.

(3) La *matte* est un sulfure métallique plus ou moins mélangé, quelquefois entièrement allié avec un métal libre.

le minérai se réduisent en scories. On grille ensuite plusieurs fois la matte pour en chasser le soufre, et on la fond avec du plomb pour obtenir un plomb d'œuvre aurifère.

L'autre procédé consiste à mélanger les minerais aurifères avec des minerais de plomb, grillés ou non grillés. Dans cette opération qui est fondée sur l'affinité du plomb pour l'or, l'oxide de plomb se réduit, il s'empare de l'or et forme un plomb d'œuvre aurifère. C'est une sorte de lavage métallique que l'on fait subir au minerai.

Le plomb ainsi obtenu est ensuite coupellé (1), et l'or

(1) La *coupellation* se fait dans des fourneaux dits *fourneaux à coupelle* d'une petite dimension. Ces fourneaux, comme tous ceux qui servent aux opérations métallurgiques, sont en terre cuite réfractaire. Ils se composent de trois pièces : le *cendrier* qui reçoit les débris de la combustion ; le *foyer* ou *laboratoire* dans lequel s'opère la combustion et qui reçoit la *moufle*, espèce de petit four présentant une coupe demi-cylindrique, pour renfermer les coupelles) et le *dôme* s'adaptant au-dessus du fourneau et portant une petite cheminée en tôle à laquelle on donne plus ou moins de hauteur suivant la force du tirage que l'on veut obtenir. Les *coupelles* destinées à recevoir le plomb d'œuvre sont des petits vases formés de poudre d'os calcinés à l'air libre. Ces vases étant très poreux absorbent, lorsqu'ils sont chauffés au rouge vif, tout le plomb qu'ils contiennent. L'or étant moins fusible, reste libre ou allié à de l'argent au fond de la coupelle, sous la forme d'un globule qui prend le nom de *bouton de retour*. — Il est nécessaire que la coupelle ait toujours au moins *cinq fois* le volume du culot de plomb à coupeller, car autrement l'absorption ne serait pas complète.

Les coupelles employées dans les opérations en grand, sont faites avec de la marne délayée dans de l'eau ; on tasse bien la pâte qui reçoit la forme d'un grand godet. Lorsque le plomb est en fusion, on fait arriver, par deux soufflets, un courant d'air qui oxide le plomb et le transforme en litharge, l'or reste dégagé au fond de la coupelle.

Pour séparer l'or de l'argent, on chauffe l'alliage au rouge obscur dans un vase poreux, pendant 24 heures, avec un ciment composé de *sel marin* et de *brique pilée* ; presque tout l'argent que contient l'or, passera dans le ciment à l'état de chlorure, d'où on l'extraira par l'amalgamation.

On sépare encore l'or de l'argent, au moyen de l'*acide nitrique* qui dissout l'argent sans attaquer l'or, ou avec l'*eau régale* (mélange composé de 1 partie d'acide nitrique et de 4 parties d'acide chlorhydrique), qui a la propriété de dissoudre l'or, sans attaquer l'argent.

qu'on retire de la coupellation est purifié au creuset avec du borax ou du nitrate de potasse.

On doit éviter, dans cette opération, d'augmenter inutilement la masse à fondre par une trop grande quantité de fondants; il faut surtout que ceux que l'on emploie soient bien de nature à faciliter la fusion.

EXTRACTION DE L'OR PAR L'AMALGAMATION.

C'est par l'effet de la grande affinité de l'or pour le mercure, qu'on parvient à le retirer facilement des sables et des terres où il se trouve engagé.

L'or fond à 1,250 degrés, avons-nous dit, et cependant, ainsi que l'exposait un jour à son auditoire un savant professeur de physique, on peut opérer cette fusion dans le creux de la main...! Il suffit pour cela de mettre l'or en contact avec le mercure.

On peut en effet comparer l'action du mercure sur l'or ou l'argent, à une véritable fusion.

De toutes les méthodes applicables à l'exploitation de l'or qu'on ne saurait extraire par le lavage, l'amalgamation au moyen du mercure est, sans contredit, la meilleure, celle qui demande le plus simple appareil et qui est la moins coûteuse.

Pour procéder à cette opération, on commence par pulvériser la mine qu'on a préalablement purgée de sa roche et des matières hétérogènes les plus grossières. On peut, si elle est trop dure, lui faire subir un grillage, puis on la bocarde et on la lave pour la débarrasser d'une partie des terres.

Si la terre était trop tenace, il faudrait faire macérer la mine dans de l'eau salée ou dans une eau de vinaigre chargée d'alun, afin de nettoyer la superficie de l'or dont l'encrassement est souvent un obstacle à ce que l'amalgame s'opère facilement. On mêle à la terre une quantité d'eau suffisante pour lui donner la consistance d'une bouillie épaisse, et l'on y ajoute le mercure, dans la proportion de 1 kilogramme de mercure pour 2 à 3 kilogrammes de minerai.

Les vases servant à l'amalgamation sont des cuves, ou plus généralement des tonneaux dans lesquels tourne un moulinet. La trituration continue jusqu'à ce que l'on juge que l'amalgamation est parfaite. Pour 100 kilogrammes de sables aurifères il faut ordinairement 16 à 20 heures de trituration.

On procède ensuite au lavage de ce mélange. Il s'opère à l'aide d'une eau courante qui entraîne la terre et dépouille l'amalgame des substances non combinées avec le mercure. Cette opération se pratique dans une cuve de bois, de forme conique, dont le fond est disposé en pente vers le centre où se trouve un robinet. On imprime à cette cuve un mouvement circulaire afin que la mine soit toujours déplacée et emportée par le courant d'eau, tandis que l'amalgame tombe par sa propre pesanteur au fond de la cuve d'où il est facile de le retirer.

Le lavage terminé, on opère la séparation du mercure. La première partie de l'opération consiste à mettre l'amalgame dans une peau de chamois ou une chausse de laine, que l'on presse fortement pour l'obliger à passer au travers, on ouvre ensuite la peau et l'on trouve l'or qui y est resté mélangé avec un peu de mercure. On l'en retire par la *distillation.*

Cette distillation ne demande qu'une chaleur de 360° centigrades (1) nécessaire pour volatiliser le mercure, et se fait dans une cornue en fer dont le bec

---

(1) A 25 degrés, le mercure commence déjà à donner des vapeurs.

plonge dans un baquet plein d'eau où le mercure sublimé vient se condenser. L'or reste déposé au fond de la cornue, et le mercure redevenu liquide est recueilli dans le baquet pour servir indéfiniment à de nouvelles opérations.

Il faut, pour obtenir une bonne distillation, un feu doux et uniforme afin qu'il n'y ait pas d'or entraîné mécaniquement par le mercure, seulement à la fin de l'opération on augmente un peu le feu. Au bout de 7 heures la distillation est ordinairement terminée.

DOCIMASIE *ou art d'essayer les terrains et d'en constater la richesse métallique.*

La *docimasie* est l'art de déterminer par des essais en petit, la nature et la proportion du métal contenu dans un minerai. Ces données, une fois obtenues, il est facile d'évaluer les produits du travail en grand.

On distingue en docimasie deux modes d'essai : l'essai par la *voie humide* et l'essai par la *voie sèche*.

Voici la meilleure méthode d'opérer par la voie humide (1) :

Essai par la voie humide. — On suppose la mine dégagée par le lavage de l'excès des matières terreuses.

Après avoir réduit en poudre la matière à essayer, on la met dans une cornue, on y ajoute 2 parties d'acide *hydrochlorique*, et l'on fait bouillir au bain de sable pendant une heure au moins. On décante le liquide après refroidissement, l'on verse une nouvelle dose d'acide sur la masse déposée au fond de la cornue, et l'on fait bouillir de rechef pendant une heure.

---

(1) Ce procédé indiqué par le capitaine Karpinski, connu par d'importants travaux sur la métallurgie de l'or, se trouve inséré dans le journal des mines de Russie (année 1840, page 335).

Le traitement par l'acide hydrochlorique enlève les métaux qui y sont solubles, surtout le fer, et facilite l'action subséquente des réactifs de l'or. On décante de nouveau, on lave le résidu avec de l'eau filtrée, l'on verse dessus une partie d'*eau régale*, et l'on fait bouillir au bain de sable pendant 2 heures; l'or passe ainsi en dissolution.

Après avoir laissé refroidir, décanté et rapproché la liqueur, on l'étend avec un peu d'eau distillée, et l'on filtre au papier gris.

La précipitation de la dissolution de l'or se fait par le *protosulfate de fer* ou par le *protochlorure d'étain*.

Le protosulfate de fer ne fait que colorer la liqueur en brun ou en brun jaunâtre si elle ne contient que des traces d'or; il y détermine au contraire un *précipité d'or pulvérulent*, si ce métal y est en quantité abondante.

Le précipité est jeté sur le filtre, et l'on conclut de son poids, la quantité d'or correspondante; mais il est plus exact de le fondre dans un creuset avec addition de *borax*.

Si on emploie comme réactif le *protochlorure d'étain*, il colorera la dissolution d'or en rose, en violet ou en pourpre, et l'on obtiendra le magnifique précipité connu sous le nom de *pourpre de Cassius*. Ce réactif est d'une grande sensibilité et doit être préféré au sulfate de fer.

Essai par la voie sèche. — L'essai par la voie sèche consiste à fondre la matière à essayer avec addition de flux noir et de litharge. Les expériences de *Bertholet* et de *Sage* nous ont fourni la principale matière de cet article, nous y avons joint le fruit de nos propres observations résultant de divers essais faits pendant les années 1845 et 1846 pour constater la richesse métallique de différentes terres de France.

On fait usage dans les opérations docimasiques de fourneaux à *vent*. La base de ces fourneaux a la forme d'un cylindre creux percé d'une porte appelée *porte du cendrier*.

Immédiatement au-dessus de cette porte, le fourneau est traversé par une grille horizontale, en terre réfractaire, destinée à retenir le combustible et sur laquelle on place les creusets.

Le haut du fourneau consiste en un dôme élevé de forme conique, que l'on nomme *chape*. Cette chappe est percée d'une ouverture latérale large et très haute, par laquelle on introduit le charbon et les creusets, on adapte à la chape une cheminée en tôle terminée en pointe tronquée.

Les ouvertures latérales du fourneau sont fermées de portes en terre qui servent à régler l'activité du feu. La porte du foyer ou de la chape doit pouvoir se fermer exactement, on ne la tient ouverte que le temps strictement nécessaire pour recevoir le combustible (1).

Avant de placer le creuset dans le foyer, on a soin de poser sur la grille une *rondelle* de terre, un peu plus large que la base du creuset; elle sert à le soutenir et à l'élever au-dessus de la grille; sans cette précaution, le creuset ne pourrait s'échauffer suffisamment, parce qu'il serait toujours exposé au courant d'air froid qui entre par la porte du cendrier. Il est nécessaire aussi de faire rougir cette rondelle avant de la mettre dans le fourneau pour lui enlever toute l'humidité qu'elle pourrait contenir et qui venant à frapper le creuset pendant la fusion, pourrait en occasionner la rupture.

(1) On trouve de ces fourneaux tout construits, depuis 15 jusqu'à 33 centimètres de diamètre, aux prix de 5 à 25 francs chez MM Mauny et Comp: rue Copeau, 49.

Il faut choisir un fourneau de grandeur moyenne. Celui qui servait à mes opérations avait 22 centimètres de diamètre à la base, et 55 centimètres d'élévation sans le tuyau en tôle dont il était surmonté, qui lui-même avait 80 centimètres de hauteur.

Un fourneau de cette dimension, avec un tuyau aspirateur, produit une chaleur considérable s'élevant jusqu'à 50 et même 60° du *pyromètre* (1).

La cheminée est une partie essentielle du fourneau, c'est de sa hauteur et de sa largeur que dépend la force du tirage, et par suite l'élévation de chaleur qui se produit dans l'intérieur ; en général, plus la cheminée est haute et spacieuse, plus le tirage est actif.

Pour procéder à l'essai d'une terre, on lui fait subir un grillage préalable dans un creuset de *Hesse* ou de *Paris*. Cette opération préliminaire n'est essentielle qu'autant que l'on opère sur des terres végétales, contenant beaucoup d'humus ou de matières combustibles et volatilisables.

On prend par exemple 50 grammes de la terre à essayer, on la fait calciner au rouge cerise, on sera assuré que la calcination est complète, lorsqu'à la partie supérieure du creuset il n'y aura plus de flamme ; on retire alors le creuset et on laisse refroidir.

La terre végétale se réduit ordinairement d'un cinquième à un tiers de son poids par la calcination. Après cette opération, il convient de passer au-dessus de la terre un barreau aimanté, pour lui enlever les parcelles de fer

---

(1) Le zéro du *pyromètre* répond à 580,°55 du thermomètre centigrade. On a de plus jugé approximativement que chaque degré du pyromètre valait 72° du thermomètre centigrade.

Ainsi 50° du pyromètre, ou $72 \times 50 = 3600 + 580°, 55 = 4,180°55$ centigrades.

qu'elle renferme. Nous supposons que les 50 grammes se soient réduits à 40 par la calcination. Voici comme on opère. Mettez dans un creuset

>40 grammes de la terre à essayer.
>80 grammes de flux noir (1).
>20 grammes de minium.
>10 grammes de poussière de charbon de bois (2).

Le tout pilé et broyé séparément, puis mélangé ensemble.

Il faut avoir soin de placer le creuset de manière à ce qu'il soit environné de toute part par le combustible (on chauffe les fourneaux d'essai avec un mélange de charbon de bois et de coke), on remplit l'espace qu'il laisse vide avec du charbon que l'on introduit morceau par morceau, afin de le répartir bien également, jusqu'à la hauteur à peu près du bord du creuset, puis on jette par-dessus du charbon allumé pour y mettre le feu. On renouvelle la quantité du charbon en en ajoutant au fur et à mesure qu'il se consume, afin qu'il ne se forme pas de vide. La combustion se propage peu à peu et du haut en bas, ce qui n'expose pas le creuset à se fendre.

Si on a eu soin de maintenir toujours plein de combustible le fourneau, et de lui donner graduellement du vent, au bout d'une heure et demie à deux heures, l'essai est terminé (3). On retire alors le creuset avec

---

(1) Nous avons indiqué, chapitre VI, page 139, la composition de ce fondant qu'on trouve tout préparé chez les fabricants de produits chimiques.

(2) Les proportions des fondants sont de facile application. — Quel que soit le poids du minerai sur lequel on opère, on y ajoutera, dans l'essai en question, le *double* de son poids de flux noir, la *moitié* de son poids de minium et le *quart* de son poids de poudre de charbon.

(3) Dans tous les essais, on comprend, dans la durée du feu *une heure*, pendant laquelle on ne donne pas de vent, afin de laisser au combustible le temps de s'embraser insensiblement. (Berthier.)

une pince à bec et on la place dans un bain de sable pour le laisser refroidir.

Le creuset refroidi, on trouve sous les scories un *culot de plomb d'œuvre* que l'on nettoie parfaitement avec un gratte-bosse et que l'on traite ensuite par la coupellation.

Une coupelle d'os peut absorber environ son poids de plomb, elle doit donc être au moins égale au poids de la matière à coupeller.

On place la coupelle dans la moufle que l'on introduit dans le fourneau destiné à cette sorte d'opération.

Il faut laisser rougir la coupelle et la tenir dans cet état pendant une demi-heure avant d'y mettre le plomb. Aussitôt qu'on y a introduit le culot on *donne chaud*, ce qui se fait en admettant beaucoup d'air par la porte du cendrier.

On doit gouverner la chaleur de manière que l'essai présente une surface sensiblement convexe, qu'il se fasse continuellement un mouvement d'ondulation en tous sens à la surface et que le milieu en soit lisse.

On soutient le feu en cet état jusqu'à ce que le plomb venant à être complétement absorbé par la coupelle, la surface du bouton de fin jette tout-à-coup une lumière éblouissante qu'on appelle l'*éclair*. On ne doit pas craindre de donner un coup de feu un peu fort à ce dernier moment. On rapproche ensuite la coupelle du bord extérieur de la moufle pour la laisser refroidir. Lorsqu'on est assuré que le bouton d'essai est figé entièrement, on le soulève avec une petite lame d'acier pour le détacher de la coupelle pendant qu'il est encore chaud.

Si l'opération a été bien faite, le poids de fin trouvé, multiplié par 20, fera connaître exactement la quantité de métal que fournira chaque kilogramme de la mine dans le travail en grand, car en traitant par les fondants 40 grammes de mine calcinée, on a opéré sur 50 grammes de mine crue, c'est-à-dire sur la 20e partie d'un kilogramme.

Supposons maintenant que l'on ait opéré sans grillage préalable sur la même quantité de 50 grammes de minerai et que le résultat ait été 2 *centigrammes* de fin. Ce serait (2×20) 40 centigrammes par kilogramme de mine ou 40 grammes pour 100 kilogrammes.

Si l'or était pur, l'opération se terminerait là, et il suffirait, après la coupellation, de bien nettoyer le grain et de le peser exactement. Mais comme l'or contient souvent de l'argent, il est essentiel avant de faire son calcul, d'en opérer l'affinage, de faire ce que l'on appelle le *départ* du bouton d'alliage qu'on a obtenu.

Si la quantité d'or est supérieure à celle de l'argent, le départ se fait par l'*eau régale* suivant les indications données page 299, dans le cas contraire, c'est l'acide nitrique ou l'acide sulfurique concentré et chaud qu'on emploie.

Le *poids spécifique* de l'or est 19, comparé à celui de l'eau distillée qui est 1.

Rapport de l'or à l'argent.

L'or est à l'argent comme 1 est à 15,6, c'est-à-dire qu'un kilogramme d'or vaut 15 kilogrammes 6 hectogrammes d'argent. Le kilogramme d'or pur (qualifié or en barre, or fin à 1,000/1,000e) vaut actuellement en France 3,437 francs. C'est 107 francs l'once. Le kilogramme d'argent pur vaut 220 francs.

CHAPITRE XIV.

TABLEAU DE LA SITUATION MORALE DU DISTRICT AURIFÈRE PENDANT LA PREMIÈRE PÉRIODE DE L'ÉMIGRATION.

Une crainte a dû se présenter à notre esprit, lorsque nous avons abordé la relation des circonstances extraordinaires qui se rattachent à la découverte des mines de la Californie.

En effet, ne devait-on pas taxer d'exagération, sinon même d'invention, des faits aussi inouïs, des événements qui n'ont aucun précédent dans les annales du monde. C'était là une tâche pleine de difficulté, et qui pouvait n'avoir d'autre récompense que le doute, l'incrédulité, tandis que ces faits reproduits avec sincérité et puisés aux sources les plus sûres, sont cependant d'une parfaite exactitude, et ne sauraient plus être contestés aujourd'hui.

Lorsque la nouvelle de la découverte de l'or se répandit à San-Francisco, elle fut d'abord accueillie avec beaucoup d'indifférence. C'est moins à un manque de foi dans les récits qui circulaient alors sur l'étendue et la richesse de la région aurifère, qu'à l'ardeur avec laquelle la race anglo-américaine, cette race douée d'une volonté si énergique et d'une constitution si robuste poursuivait son œuvre de colonisation et de défrichement, qu'il faut attribuer la froideur avec laquelle furent accueillis les premiers récits sur cette merveilleuse découverte.

Que pouvait produire en effet sur l'esprit des nouveaux colons, laboureurs infatigables et commerçants pleins d'activité, la pompeuse description de dépôts métalliques découverts sur tel ou tel point de la contrée, quand ils étaient assurés d'arriver à la fortune, sinon à l'aisance, par la voie de l'agriculture, du commerce et de l'industrie.

Devaient-ils abandonner la ville qu'ils venaient de bâtir, renoncer aux avantages, que chacun dans sa sphère était certain de réaliser, pour courir au-devant de nouvelles éventualités? Il ne pouvait en être ainsi, on le comprend. Et il fallait que cette assurance fût bien positive, pour que le capitaine Folson, homme expérimenté en beaucoup de choses utiles, à qui furent présentées les premières paillettes d'or provenant de la vallée du Sacramento, se montrât si peu sensible à cette communication, qu'il les rendit sans les avoir même examinées, en disant : *qu'on n'avait trouvé que du mica.*

Quoi qu'il en soit, la vérité ne pouvait tarder à se faire jour.

L'arrivée d'une petite troupe d'Indiens et de colons de l'établissement Sutter, chargés de se procurer à tout prix ce qu'ils pourraient rencontrer d'ustensiles propres au lavage des sables, les récits merveilleux qu'ils firent, les quantités d'or en grains qu'ils étalaient aux yeux de la foule éblouie, déterminèrent quelques personnes à les accompagner.

Dès la première semaine, ces prosélytes des premiers explorateurs, revinrent au logis, mais ce n'était point pour y rester ; la précipitation avec laquelle ils repartirent, emportant avec eux tout ce qu'ils purent de bagages et d'outils propres au nouveau travail, donna l'éveil à leurs voisins qui, surpris de ce retour précipité et d'un second départ plus subit encore, crurent l'exemple bon à suivre. De proche en proche les maisons se fermèrent, les travaux cessèrent, et bientôt la solitude la plus complète succéda au mouvement dont cette ville offrait le tableau.

Ces faits se passaient dans le courant du mois de juin 1848.

Près de trois semaines s'étaient écoulées sans qu'aucun arrivage ne vînt troubler la solitude absolue de la baie.

Par une belle matinée de juillet, et tandis que les dernières vapeurs de la nuit disparaissaient à l'horizon, un petit brick péruvien, les voiles enflées par une légère brise du nord-ouest, remontait doucement la côte et faisait ses dispositions pour franchir le goulet.

Il venait d'Arica, où à l'époque de son départ on ne connaissait pas encore les étonnantes richesses découvertes sur les rives du Sacramento.

Le capitaine *Munraz*, commandant ce brick, était un habitué de ces parages, il y venait annuellement pour y faire le commerce d'échange. Dix-huit mois cependant s'étaient écoulés depuis sa campagne dernière, dont il n'avait pas été fort satisfait. Le commerce languissait alors, c'était l'époque où les partis se faisaient la guerre, il avait eu de la peine à se défaire de sa faible cargaison.

Mais les choses avaient bien changé depuis ce temps, il savait l'extension que la ville avait prise, il connaissait l'accroissement considérable de sa population, aussi était-il sans inquiétude sur l'issue de son expédition; d'ailleurs il avait reçu plusieurs commandes écrites, preuve certaine du progrès de la nouvelle cité, qui, en 1846, comptait à peine 15 à 20 maisons.

La traversée avait été pénible, des vents contraires l'avaient rudement éprouvé à la hauteur de San-Clémente, force fut de relâcher quelques jours à San-Diego. Là, il avait trouvé des nouvelles encourageantes de San-Francisco, on annonçait que la ville prenait un développement rapide, on y comptait déjà 3 à 400 maisons, le chiffre de la population avait quintuplé depuis une année, et le bruit du marteau, de la scie et du rabot, ne cessait de s'y faire entendre le jour et la nuit.

Tout cela revenait agréablement à la mémoire du capitaine, au moment où il atteignit le terme de son voyage. Quel accueil on allait lui faire! Avec quelle rapidité sa cargaison allait être enlevée! Il voyait déjà les offres et les commissions l'assaillir.

C'est dans cette disposition d'esprit qu'il traversa le goulet.

Rien ne saurait exprimer le charme du tableau que présentait en ce moment la baie, avec sa ceinture de collines verdoyantes, la majesté de ses eaux réfléchissant au loin les teintes azurées du ciel.

Le soleil se levait radieux, son disque à moitié caché par le sommet couronné d'arbres du mont *del Diabolo*, placé directement en face de l'entrée de la baie, éclairait les flancs de la montagne et faisait ressortir l'éclat de sa végétation.

Au sud c'était le bassin de Santa-Clara avec ses côtes gracieusement découpées, l'île de *Yerba Buena*, dont les herbes fraîches et tendres étaient mollement agitées par la brise embaumée du matin.

Au nord et à l'ouest, le paysage se présentait sous un aspect non moins attrayant, des forêts suspendues aux flancs des monts, de riantes vallées pleines d'ombre et de fleurs; l'eau, les fleurs, le gazon et les rochers sauvages, tour à tour attiraient et charmaient le regard. Cette admirable décoration de la nature embellit les bassins au milieu desquels on navigue pour se rendre dans la baie de *San-Pablo*.

Plus au nord et à l'est, de légères vapeurs voilant à moitié les collines, accusaient l'existence d'un troisième bassin. On reconnaissait à cet indice la position de la baie de *Suison*, au fond de laquelle se jette le Sacramento, le fleuve aux paillettes d'or, le nouveau *Pactole* des rivages de l'océan Pacifique.

Le brick, entraîné un peu à la dérive, par le contre-courant qui se produit au moment du flux, venait d'atteindre la hauteur de l'île de *los Angeles* (île des Anges), aux alentours de laquelle de longues files de pélicans volaient en cercle et remplissaient l'air de leur cris d'allégresse, comme pour fêter le nouvel hôte de ces mers.

C'était un spectacle enchanteur.

En ce moment le soleil se trouvait directement au-dessus du pic del Diabolo et l'inondait d'une vive lumière. Les navigateurs le comparent aujourd'hui, lorsqu'ils le découvrent aux premiers rayons d'un soleil levant, à un doigt d'or, qui semble indiquer la direction de la vallée où se fait la grande moisson des trésors métalliques.

Le brick avait mis le cap au sud, et se dirigeait droit sur le mouillage de *Yerba Buena* qu'il devait bientôt atteindre.

Une vague inquiétude troublait cependant la sérénité d'âme du capitaine. Il eût été bien plus sensible au magnifique spectacle de la nature, si les tableaux qui se déroulaient devant lui se fussent trouvés animés par quelque chose qui lui eût rappelé la proximité d'une cité commerçante, mais jusqu'alors, nul autre bruit que celui des vagues venant, à faibles replis, frapper la carène du navire.

« Eh quoi, se disait le capitaine Munraz : à pareille
« heure, je n'apercevrai pas au loin une simple barque
« sillonnant l'onde, je n'entendrai pas frémir les flots
« sous les coups d'un seul aviron? Vraiment cette solitude
« à l'approche d'un port qu'on me disait si animé, a
« quelque chose de bien étrange. »

Et le brick marchait toujours, et l'équipage sentait redoubler ses anxiétés.

Combien le bruit d'un coup de marteau qui tombe et retombe sur l'enclume eût rassuré ces navigateurs arrivés après un pénible voyage en vue du port où l'esprit de spéculation les avait conduits, mais le silence le plus profond régnait sur tout le rivage, et cependant ils apercevaient déjà plus distinctement les habitations, et à mesure qu'ils avançaient, ils constataient l'accroissement de la ville.

« Y aurait-il quelque fête? se demandait le capitaine,
« quelque cérémonie religieuse qui eût réuni tous les
« habitants sur un autre point de la côte. »

Jetant les yeux sur son calendrier : « C'est aujourd'hui
« le 8 juillet, dit-il, un samedi, jour de travail plus
« qu'aucun autre jour de la semaine, chez les Améri-
« cains si assidus et si méthodiques.

« Abandonnerait-on ainsi toutes les occupations du
« port; j'aurais vu, dans ce cas, d'ailleurs, quelqu'un à
« bord des bâtiments près desquels je viens de passer;
« mais personne; nul habitant sur la plage, pas un ma-
« telot sur les flots! »

Tout à coup un soupçon cruel vint assaillir le brave marin. — « Ce ne peut être ni la guerre, ni l'inondation, ni l'incendie qui ont détruit toute la population

« de San-Francisco, je verrais les maisons croulantes,
« des débris couvrir les eaux, j'aperçois au contraire,
« très distinctement, les habitations en grand nombre,
« je vois des files de tonneaux rangés sur le port, des
« marchandises de toute sorte empilées à la porte des
« magasins : quelle sécurité déplorable, quel calme dé-
« sespérant... C'est, sans aucun doute, une affreuse épi-
« démie, telle que l'histoire du monde n'en a jamais
« fourni d'exemple, qui a détruit jusqu'au dernier habi-
« tant de cette ville infortunée. »

L'esprit plongé dans ces sombres réflexions, il s'affaissa sur son banc de quart, pensif et immobile.

Bientôt, se relevant comme sortant d'une profonde léthargie :

Paré à virer, tel fut le premier cri qui s'échappa de la poitrine du capitaine Munraz, et aussitôt l'équipage empressé se jeta sur les manœuvres, prêt à exécuter le commandement du maître.

Ce cri avait suffi pour faire sortir du fond de la cale, où il était logé, un vieux matelot d'une petite goelette mexicaine, près de laquelle on passait en ce moment.

Dès que sa tête enveloppée de bandages apparut sortant de l'écoutille : « Que sont donc devenus les habitants
« de San-Francisco, s'écrièrent à la fois le capitaine et l'équipage? « *Ils sont tous partis pour le pays de l'or,*
« leur fut-il répondu, *il y en a des montagnes, il y en*
« *a des vallées; il n'y a qu'à se baisser et ramasser* (ba-
« jarse y coger nada mas). *Et si je n'étais pas si ma-*
« *lade,* ajouta le vieux marin, *je serais parti comme les*
« *autres!*

Ces paroles retentirent dans tous les cœurs : A l'instant, mousses, matelots, maître d'équipage, officiers même, comme s'ils eussent été soulevés par une puissance magique, s'élancèrent par-dessus bord, se précipitèrent dans les embarcations, gagnèrent le rivage, et disparurent bientôt derrière les ondulations de la plaine.

L'essor était donné.

Et à toutes les questions qui furent adressées, dans les mêmes circonstances, par les marins des bâtiments qui arrivaient successivement dans la baie : *ils sont tous partis pour le pays de l'or*, leur était-il invariablement répondu, et spontanément le pont devenait veuf de son équipage.

Les navires s'accumulaient ainsi dans la baie, le mouillage de Yerba-Buena n'avait jamais présenté une pareille réunion de mâts.

On eût pu craindre, à l'égard de tout autre port, que l'encombrement devînt tel qu'il ne fût plus possible de répondre de la sûreté des bâtiments, soit que leur trop grand rapprochement ne causât des avaries pendant les marées, soit qu'ils fussent obligés, à défaut d'espace, de reprendre la mer, où ils eussent infailliblement péri faute d'équipage. Mais la baie de San-Francisco, par une prévoyance suprême, qu'on ne saurait trop admirer, est de toutes les enceintes maritimes, la plus magnifique qu'il y ait au monde, pouvant recevoir sans mesure, les navires de tous les pays.

Nous allons laisser San-Francisco à sa solitude, pour nous transporter sans retard au *placer*, à l'endroit appelé *Mormon-Diggings*, que nous avons dit, être situé à 25 milles à l'est du fort Sutter, sur la rivière Américaine.

C'était un étrange spectacle que le mouvement, disons mieux, l'agitation fébrile qui régnait dans cette population de douze cents âmes, occupée à remuer, à retourner la terre avec une ardeur qui, chez quelques individus, avait pris un caractère alarmant.

Ils étaient privilégiés ceux qui possédaient un crible, une pelle ou une pioche, car la majeure partie des travailleurs n'était armée que d'écopes, de casseroles, d'écuelles de terre, voire même d'assiettes et de plats. Tout ce qui pouvait servir à puiser de l'eau et à délayer un peu de terre tenait lieu du plus précieux appareil. Beaucoup d'étrangers enfin n'ayant que leurs mains pour creuser le sol s'en servaient déjà avec une dextérité remarquable.

Des cavaliers, montés sur des chevaux ou des mules, allaient, venaient, s'agitaient, soulevaient des flots de poussière, faisaient retentir l'air de coups de fouet redoublés.

De distance en distance on voyait des hommes, les bras nus, occupés à extraire par le lavage la poudre et les grains d'or. Les uns n'avaient pour instrument que des chapeaux de paille dont ils se servaient en guise de vase, et qu'ils agitaient à grand renfort de bras pour dissoudre la terre et précipiter le métal.

Des charrettes chargées de monde et de bagages débouchaient incessamment par toutes les avenues, par toutes les gorges des montagnes. Tous ceux qui arrivaient, en voyant les monceaux d'or amassés par les travailleurs, étaient pris d'une espèce de vertige, abandonnaient cheval et voiture, bagages et provisions, pour se jeter sur la terre qu'ils fouillaient avec frénésie.

Il est nécessaire, pour expliquer le délire de cette population, de présenter ici quelques nouveaux détails sur les résultats journellement obtenus par les chercheurs d'or.

On sait que, dans son incrédulité, le capitaine Folson

repoussa avec indifférence les premiers échantillons d'or qui lui furent présentés dans le courant du mois de mai. Nous le laisserons raconter lui-même au secrétaire de la marine quelques-uns des faits dont il fut témoin pendant la visite qu'il fit aux mines.

« Sur l'affluent méridional de la Fourche-Américaine, écrivait le capitaine Folson, je vis le lieu où MM. Neilly et Crowly, aidés de six hommes, avaient recueilli en six jours, 10 livres et demie d'or.

« M. Vaca, du Nouveau-Mexique, qui réside à 30 milles du fort Sutter, m'a informé qu'aidé de quatre hommes il avait amassé 17 livres d'or en une semaine.

« M. Norris, aidé d'un Indien, a recueilli en deux jours, dans un ravin, près du lieu déjà cité, pour 3,000 dollars de poudre d'or. »

La correspondance de M. Th. Larkin, ancien consul des États-Unis à Monterey, et actuellement agent naval dans la même ville, était remplie de citations analogues.

« Il y a au *placer*, disait M. Larkin, nombre d'hommes qui, au mois de juin, n'avaient pas 100 dollars, et qui en possèdent aujourd'hui de 5 à 20,000 gagnés en ramassant de l'or et en trafiquant avec les Indiens ; il y en a qui ont amassé davantage.

« Cent dollars par jour (535 fr.), pendant plusieurs journées consécutives, sont regardés comme la récompense moyenne d'un mineur, bien que peu d'entre eux puissent travailler plus d'un mois de suite à cause des fatigues. »

Nous croyons le lecteur suffisamment édifié sur ce sujet, voyons maintenant l'effet produit par ces merveilleux récits dans les villes les plus rapprochées du district aurifère :

« La fièvre des mines, écrivait de la *Sonoma*, à la date

du 29 juillet, M. Colton, alcade, a fait irruption ici comme partout ailleurs. On ne trouve plus ni ouvriers, ni cultivateurs, et la totalité des hommes de notre cité est partie pour la Sierra-Nevada.

« Toutes les bêches, les pioches, les casseroles, les écuelles de terre, les bouteilles, les fioles, les tabatières, les houes, les barils, et même les alambics ont été mis en réquisition et ont quitté la ville avec eux. »

Dans un rapport adressé vers la même époque à M. Buchanam, secrétaire d'Etat, M. Larkin commençait à manifester ses inquiétudes sur les dangers de la situation :

« Tous les propriétaires, avocats, gardes-magasins, mécaniciens et laboureurs, écrivait-il, sont partis pour les mines avec leurs familles. Des ouvriers gagnant cependant de 5 à 8 dollars par jour ont quitté la ville. Le journal qui se publiait ici a cessé de paraître faute de rédacteurs. Un grand nombre de volontaires du régiment de New-York ont déserté; un bâtiment d'Etat des îles Sandwich, actuellement à l'ancre, a perdu tout son monde.

« ..... Si cela continue, la capitale et toutes les autres villes seront dépeuplées ; les baleiniers qui viendront mouiller dans la baie seront abandonnés de leurs équipages.

« Comment le colonel Mason s'y prendra-t-il pour retenir son monde, c'est ce que je ne saurais dire. »

Les alarmes de M. Larkin n'étaient que trop justifiées; on peut juger de la situation critique du colonel Mason par le passage suivant de son rapport au brigadier-général Jones :

« ... Pendant quelques jours le mal a été si menaçant
« que j'ai dû craindre de voir la garnison de Monterey

« déserter en masse. Il faut le dire, la tentation est si
« grande ! Peu de danger d'être repris, l'assurance d'un
« salaire énorme, double en un jour de la paie et de
« l'entretien d'un soldat pendant un mois !...

« On ne peut pas même avoir un domestique. Un
« charpentier, un ouvrier, de quelque profession que ce
« soit, ne loue pas ses services à moins de 15 à 20 dol-
« lars (80 à 107 fr.) par jour. Que faire dans une situa-
« tion pareille? Les prix des denrées alimentaires sont
« d'ailleurs si élevés, et la main-d'œuvre est si chère,
« que ceux-là seulement peuvent avoir un domestique
« qui gagnent 40 à 50 dollars par jour ! Cet état de
« choses ne peut pas durer. »

De son côté, le consul de France à Monterey entretenait notre gouvernement des étranges événements qui se passaient sous ses yeux.

« .... Jamais, dans aucun pays du monde, écrivait M. Moërenhout, il n'y eut, je crois, pareille agitation... Partout les femmes, les enfants sont laissés seuls dans les fermes les plus isolées, car les Indiens eux-mêmes sont emmenés par leurs maîtres ou partent seuls pour aller chercher de l'or; et cette émigration augmente et s'étend continuellement.

« Les routes sont encombrées d'hommes, de chevaux et de voitures. Au pueblo de San-José, qui, par sa situation est devenu comme le centre de toute cette agitation, il règne depuis un mois un mouvement et une activité qui feraient croire qu'on n'est plus dans le même pays. »

Il est édifiant de voir la vie rigoureuse à laquelle étaient soumis les voyageurs qui exploraient ce sol saturé d'or :

« ... Voulant nous rendre à l'endroit où plusieurs Français s'étaient établis, dit une autre fois M. Moërenhout, nous eûmes à traverser une vallée longue de 4 kilomètres environ, qui conduit du point où nous avions stationné, à ce *placer*.

« Il faisait nuit quand nous y arrivâmes ; c'était, on pouvait le dire, un bivouac français. L'emplacement, bien choisi, était arrosé par un petit courant d'eau limpide et excellente ; mais il n'y avait pas une tente, et de même que pendant tout le cours de mon voyage, à partir du pueblo de San-José, il me fallut loger à l'enseigne de la lune, ayant les étoiles pour ciel de lit !

« Au point du jour tout était en mouvement : des hommes partaient à pied et à cheval, chargés de pioches, de piques et de pelles, pour aller piocher et bêcher la terre, les autres pour la charrier ; il ne resta presque personne au camp.

« Ce lieu, situé entre la rivière Américaine et la rivière Cosumnes, est extrêmement riche. »

Revenons maintenant au *Mormon-Diggings*, où s'agitaient avec tant de confusion et d'ardeur les arrivants successifs ; le nombre, si rapidement croissant, en augmente aussi le désordre. Ainsi, dans peu de mois, ce nombre était porté de 1,200 à 4,000 ; mais à mesure qu'il s'élevait, la région aurifère s'étendait aussi par le développement même donné à l'exploitation.

Les nouveaux arrivants se composaient de bandes de déserteurs de l'armée, qui ne trouvaient rien de plus commode et de plus pressé que de se faire des outils de leurs baïonnettes. Les routes étaient aussi couvertes de marins ; on rencontrait jusqu'à des équipages entiers, officiers et capitaine en tête, cheminant gaîment vers le pays de l'or.

Tous les rangs, toutes les conditions se trouvaient confondus aux mines, et l'individu qui possédait deux bras, une pelle et une écuelle pour ramasser le sable et délayer la terre, était sur le pied de la plus parfaite égalité avec tout le monde, si même il n'excitait l'envie.

« Le dernier alcade de Monterey a quitté la ville, écrivait au mois de juillet M. Th. Larkin, il n'y a plus ici aucun officier de justice. On ne saurait se figurer les transformations que la découverte de l'or a produites en Californie, c'est à ne pas en croire ses yeux. Lors de ma dernière visite aux mines, je rencontrai sur les bords du Sacramento, piochant la terre et lavant son once et demie d'or par jour, ni plus ni plus moins que l'ancien attorney général (le procureur général) du roi des îles Sandwich. Près de lui se trouvaient plusieurs de ses confrères, travaillant avec la même ardeur; les gens de loi abondent en ces lieux! »

Nous pourrions multiplier les citations, mais elles n'ajouteraient rien à l'opinion qu'on a dû se former de l'état des choses en ce pays.

Comme conséquence naturelle, moins encore de l'abondance de l'or que de l'abandon des cultures, le prix des subsistances avait singulièrement augmenté dans le district aurifère.

Les champs, partout délaissés, servaient de pâture aux bestiaux. La terre promettait d'abondantes récoltes, mais elles périssaient sur pied faute de moissonneurs.

Il est vrai que les merveilleuses richesses que l'on avait sous la main permettaient de payer les denrées à des prix fabuleux.

On cite un marché dans lequel deux barils d'eau-de-vie auraient été payés 10,000 dollars. Ce sont là des exagérations sans doute; mais en les réduisant énormément encore on arrive à des exemples de marchés véritablement incroyables.

Pour rentrer dans la certitude des faits, voici les prix de quelques objets, d'après les indications fournies par notre consul, après sa visite aux mines, en juillet 1848 :

       Viande fraîche 12 cents. 1|2 (0,65 c.) la livre.
       Farine, la livre,   1 piastre (5 fr. 35).
       Sucre   dito   1 id.
       Riz   dito   1 id.
       Biscuit, le quintal, 50 id.
Vin et eau-de-vie, la bouteille 8 id.
Le boisseau de fèves, de pois, se vendait 10 piastres et plus.

Le tout se payait en or du placer, à raison de 16 piastres l'once.

« A l'occasion des prix énormes auxquels tout se vend ici, écrivait M. Moërenhout, je fis remarquer à mes compatriotes la différence qu'il y avait entre la manière de voyager des Américains et celle des Californiens, et de beaucoup de Français.

« Les premiers, venant avec des charrettes, apportent les provisions et tout ce qui leur est nécessaire pour le temps qu'ils veulent rester absents, et n'ont d'autres frais que la viande fraîche dont, rigoureusement parlant, ils peuvent se passer; ils prennent leurs repas à des heures fixes, et vivent à peu près comme s'ils étaient chez eux, tandis que nos nationaux viennent à cheval, n'apportent de provisions que pour quelques jours, mangent d'une manière irrégulière, et sont obligés de quitter le *placer* au bout d'une semaine, ou d'acheter des provisions à des prix exorbitants. »

Le prix de la main-d'œuvre s'était considérablement accru, et, faute d'approvisionnements, tous les objets nécessaires à l'habillement, au campement et aux travaux des mines, s'étaient enchéris d'une manière extraordinaire.

Le capitaine Sutter, au rapport du colonel Mason, n'avait pu conserver que deux ouvriers à son service, un charron et un forgeron, qu'il logeait, qu'il nourrissait et qu'il payait 10 dollars par jour (53 fr.).

Un charretier, établi à Monterey, exigeait de 50 à 100 dollars (250 à 500 fr.) pour conduire un chargement à la distance de 25 milles (10 lieues).

« On paie, pour une voiture attelée de quatre bœufs, dit le capitaine Folson, 50 dollars par jour. J'ai vu, ajoute-t-il, un nègre employé à faire la cuisine recevoir un salaire de 25 dollars par jour. »

On cite des mineurs ayant payé jusqu'à 150 dollars par jour pour une grossière machine en bois (un *cradle*) servant à opérer la séparation des sables.

Un chapeau en feutre gris a été payé 70 piastres (350 fr.).

Une vieille couverture de laine, 80 piastres (400 fr.).

M. H. Carrey, officier à bord de la frégate française *la Poursuivante*, annonçait, de Valparaiso, qu'un capitaine français, qui naviguait sous pavillon chilien, avait vendu, à San-Francisco, une mauvaise pelle en bois, à moitié cassée, 60 fr. Il est revenu avec une chemise, un pantalon, une paire de sabots, un chapeau de paille et une grosse vareuse de laine ; il avait vendu tous ses habits à San-Francisco. Il m'a montré, dit-il, son pantalon qui était horriblement usé, et dont on lui avait offert 18 piastres (95 fr.). Il a aussi vendu des bouteilles d'eau de Cologne vides à raison de 5 piastres (26 fr. 50 c.) pièce, pour renfermer la poudre d'or.

Ces difficultés, qui devenaient presque des impossibilités pour quelques-uns, de se procurer les choses nécessaires à la vie et à l'entretien, jointes au défaut d'abri pour beaucoup de travailleurs, ne pouvaient manquer d'exercer une influence désastreuse sur leur santé.

Le capitaine Folson faisait connaître, dès le mois de juillet 1848, l'effet produit par le manque de soin et de régime sur les habitants des *placeres*.

« J'étais aux mines le 1er juillet, écrivait-il, l'ardeur de la température était insupportable ; je n'en ai jamais éprouvé une pareille. Elle était beaucoup plus forte que celle du Brésil dans la plus chaude saison de l'année ; tout était brûlé par une sécheresse qui durait depuis 3 mois, et il fallait attendre 5 mois l'époque des pluies.

« La brise de mer, qui s'étend sur la vallée du Sacramento, pénètre rarement dans les vallées latérales de la Sierra-Nevada et les ravins de cette chaîne de montagnes.

« Il n'y avait pas un souffle d'air aux mines. Je prédis ce qui est arrivé, qu'il y aurait beaucoup de maladies parmi les chercheurs d'or. Ils avaient abandonné leurs occupations régulières, et un changement de vie si complet, joint à l'ardeur du climat, devait agir d'une façon funeste sur leur santé. Leur nourriture était mauvaise, leur travail pénible, beaucoup d'entre eux travaillaient les pieds dans l'eau et s'enflammaient le sang par l'usage des liqueurs spiritueuses ; aussi en a-t-on vu un grand nombre atteints de fièvres bilieuses, de fièvres intermittentes et de dyssenteries. »

Il n'est pas inutile de faire remarquer ici que nombre de travailleurs, qu'un simple régime, un repos de quelques jours eût infailliblement délivrés des fièvres peu tenaces de cette région, s'obstinaient à ne point abandonner le travail, et, bien qu'ils fissent très libéralement le sacrifice d'une once d'or pour se faire tâter le pouls, ils ne tenaient aucun compte des prescriptions du médecin.

On verra qu'il n'y a malheureusement rien que de trop réel dans cette assertion, en lisant le passage suivant du journal tenu par le docteur *Brooks*, pendant les quatre mois de séjour qu'il fit aux mines, de mai à septembre 1848.

Cet extrait se rapporte au mois de septembre :

« La chaleur est toujours accablante, mais le travail ne s'est pas ralenti. Ce n'est pas le climat qui est nuisible : l'imprudence des travailleurs est la cause de tout le mal. J'ai remarqué qu'un assez grand nombre de mineurs commençaient à souffrir des fièvres intermittentes. La mauvaise nourriture, l'exposition incessante au soleil pendant la chaleur du jour, l'action de l'air humide des nuits, ces causes réunies ne pouvaient manquer d'engendrer de dangereuses maladies.

« Les services du médecin sont assez bien rémunérés; on me donne généralement une once d'or par visite. C'est une occupation beaucoup plus avantageuse et bien moins fatigante que celle de fouiller la terre. Malheureusement je vais bientôt manquer de médicaments; mes provisions sont à bout, sans que j'entrevoie la possibilité de les remplacer. Et, faute de remèdes, de quoi sert le médecin!

« Les conseils n'ont aucun empire ici. J'ai délivré hier ma dernière dose de *sulfate de quinine* à un fiévreux à qui j'avais ordonné de se coucher et de prendre quelques jours de repos : cela ne l'a pas empêché, dans les intervalles que lui laissaient les accès, de travailler avec autant d'ardeur que personne; et aujourd'hui, lorsque je passai près de la *Fourche*, je vis mon homme dans l'eau jusqu'à la ceinture, exposé aux rayons d'un soleil brûlant, et s'occupant, comme tout le monde, à ramener le sable du fond de la rivière.

« Parmi les mineurs travaillant dans ce même endroit, il y en a beaucoup qui ont succombé à la peine. La dyssenterie produite par la mauvaise nourriture commence aussi à faire des victimes. La situation n'est pas gaie... »

D'un autre côté, les renseignements les plus fâcheux arrivaient sur l'état moral de cette population, dévorée de la soif de l'or.

Toute espèce de gouvernement, d'administration et de justice semblaient anéantis. Magistrats, officiers et soldats avaient abandonné leur poste pour aller travailler aux mines, et la raison du plus fort était la seule qui sût se faire écouter.

Parmi les avis plus ou moins officieux adressés au gouvernement américain, nous devons mentionner le suivant, qui ne laisse pas d'être fort sérieux :

« Il ne cesse d'arriver ici des malfaiteurs de diverses contrées, et, malgré la facilité avec laquelle on s'enrichit, il ne manque pas de gens, dans cette société, qui trouvent encore plus simple de prendre l'or tout lavé dans la poche des autres. Ces misérables épient et attaquent, quand ils en trouvent l'occasion, les chercheurs d'or qui ont amassé quelque fortune, et il n'est pas un homme, ayant été un peu heureux dans son travail, qui puisse être assuré, en s'endormant le soir, de se réveiller le lendemain.

« Il faut que le gouvernement y prenne garde ! au milieu de tous ces efforts pour gagner de l'or, la société se désorganise. »

De son côté, le capitaine Folson, attaché au service du port de San-Francisco, ne manquait pas d'appeler de tous ses vœux le moment où il verrait le gouvernement intervenir sérieusement dans les affaires de la Californie.

« Il serait temps, écrivait-il le 8 octobre, que le gouvernement fît quelque chose pour le rétablissement de l'ordre et de la paix.

« Toutes les lois, tant civiles que militaires, sont méconnues.

« Aux mines, dans les villages, et partout enfin dans le pays, il n'y a plus aucune espèce d'autorité, et des attaques, des vols, des méfaits de tous genres se commettent et restent impunis.

« Fréquemment, les marins s'emparent des canots, s'éloignent du bord, et gagnent l'intérieur de la façon la plus audacieuse.

« Toutes ces choses sont fort affligeantes pour ce malheureux pays, et portent une grave atteinte à l'honneur de notre pavillon ; car, tandis que les bâtiments qui arrivent ont à acquitter des droits, il serait bien désirable que leurs propriétaires fussent au moins assistés.

« Il y a quatre mois, c'est à peine si l'on voyait, à de rares intervalles, un navire dans la baie. En ce moment le nombre en est déjà si considérable, qu'il devrait y avoir constamment ici un vaisseau armé. »

A Monterey, les choses n'allaient pas beaucoup mieux. Il faut entendre le capitaine *Allyn*, du navire *Isaac Walton*, mouillé en rade le 15 octobre, faire à ses armateurs le pénible récit de ses peines.

« Tous mes hommes m'ont abandonné, écrit-il, excepté deux jeunes mousses, qui m'aideront jusqu'à ce que la cargaison soit déposée à terre ; ils doivent me quitter aussitôt après. Il n'y a pas d'aide à obtenir à aucun prix. Le dernier navire qui fit voile d'ici m'enleva trois de mes hommes à 100 dollars par mois. On ne voit que navires à l'ancre, mais pas un seul matelot.

« J'ai passé un temps bien dur depuis mon arrivée en ce pays, car il m'a fallu transporter et emmagasiner moi-même les marchandises. Chaque jour, je conduis le canot, et si je parviens à tout mettre à terre, le fret sera sauvé, mais le navire demeurera ici longtemps, vu l'impossibilité de trouver un équipage.

« Les caboteurs paient leurs hommes 100 dollars par mois, et encore c'est à grand'peine qu'ils parviennent à s'en procurer.

« Il n'y a pas d'amélioration à espérer, jusqu'à l'arrivée de l'escadre américaine. »

Comme on le pense bien, le gouvernement de Washington faisait tous ses efforts pour apporter quelque remède à cette situation extrême. Cette nouvelle possession, qui devenait pour l'Union une si grande richesse, ne pouvait être abandonnée à un tel désordre. Aussi les prescriptions, les ordres, les envois de troupes se succédaient-ils sans interruption.

Les recommandations les plus pressantes étaient adressées au commodore *Jones* pour qu'il se présentât dans les eaux de San-Francisco et de Monterey avec son escadre. Malheureusement, toutes les troupes envoyées jusqu'alors avaient déserté en arrivant, et quant au commodore Jones, éclairé par l'expérience et craignant avec raison de voir le mal gagner ses équipages, ce qui eût été un précédent des plus déplorables pour l'honneur de la marine, et pour la discipline militaire déjà trop compromise par ce qui s'était accompli à terre. Voici la lettre qu'il crut devoir adresser au secrétaire-d'État de la marine :

A bord du vaisseau l'Ohio,
La Paz, le 28 juillet 1848.

(*Extrait.*)

« La lettre ci-jointe de M. *Th. Larkin*, notre agent maritime
« à Monterey, vous donnera une idée modérée de l'agitation
« qui règne dans la contrée. L'effet produit par la découverte
« de ce nouvel Éldorado sur le bon peuple de Californie, est
« des plus alarmants.

« Comme toute espèce de travail, autre que celui des mines,
« a cessé, que le grain même en épi, est abandonné dans les cam-
« pagnes, il est impossible de savoir ce que deviendra cette po-
« pulation.

« La désertion, dans l'armée et la marine marchande, gagne
« à un degré effrayant, et M. Larkin vous exprime ses crain-
« tes que ceux de nos vaisseaux qui pourraient visiter Monte-
« rey et San-Francisco, n'éprouvent le sort commun.

« Je ne doute pas que je ne parvienne à empêcher cette dé-
« sertion ; mais, pour atteindre ce but, il faudrait statuer des
« exemples sévères, et dans cette alternative, les mesures pré-
« ventives sont préférables à la répression.

« Je vais donc, conformément à vos instructions, faire voile
« pour la Californie, et je m'efforcerai de croiser toujours en
« vue des côtes, sans cependant les approcher. »

« J'ai l'honneur d'être votre très-obéissant serviteur,

« Th. A. C. Jones,
« Commandant en chef des forces
« navales de l'océan Pacifique. »

Cette dépêche n'était pas de nature à rassurer le gouvernement fédéral sur le sort de la Californie, aussi les motions les plus diverses furent-elles présentées pour résoudre le difficile problème qui s'aggravait de jour en jour par de nouvelles complications. Les envois de troupes continuaient, mais sans plus de résultats qu'auparavant, car les mêmes circonstances se renouvelaient au débarquement. Voyant l'impossibilité où l'on serait d'arrêter la désertion, si l'on ne faisait quelques sacrifices en faveur des troupes, le capitaine Folson, toujours vigilant, toujours empressé d'instruire le gouvernement des mesures dont les circonstances paraissaient commander l'adoption, ne manquait pas de lui confier la triste extrémité où se trouvait réduit l'état-major de la garnison de Monterey.

« Toute espèce de travail, écrivait-il dans le mois d'octobre, est rétribuée à des prix énormes. Si cela continue, il sera impossible aux officiers de vivre avec leur solde.

« A la fin de l'été, les officiers de Monterey se trouvaient absolument sans aides et étaient obligés de pourvoir eux-mêmes aux besoins de leur subsistance. (*and governor Mason, actualy took his turn in cooking for his mess*), et le gouverneur Mason en est réduit à faire aujourd'hui son tour de cuisine !...

« Si l'on n'adopte de promptes mesures pour payer les officiers et les soldats, selon que les circonstances l'exigent, les premiers résigneront leurs fonctions, et ce qui reste des seconds désertera. Et il sera impossible de maintenir une force quelconque en Californie. »

Il ne faut pas que le lecteur pense que ce soient là des faits de pure invention, nous suivons la période pièces en mains.

Voici d'ailleurs ce que l'on écrivait de Monterey même à la date du 2 novembre :

« La loi n'est plus qu'un mot ici, le pays est sans administration, sans armée, sans force aucune. Le régiment des volontaires de New-York après s'être débandé a couru tout entier aux mines.

« L'état-major se compose aujourd'hui du gouverneur Mason et d'un officier, et toute la troupe d'une quinzaine d'hommes malades, blessés, éclopés, qui n'ont pas pu déserter. »

Les mêmes faits se produisaient à San-Francisco. Il fallait absolument parvenir à arrêter le progrès du mal qui menaçait de détruire l'avenir de la Californie. Aussi, sur les derniers avis qui lui furent adressés, le gouvernement de Washington expédia l'ordre formel au commodore Jones de se rendre sans plus tarder avec toute son escadre dans la baie de San-Francisco ou dans celle de Monterey pour rétablir, au moyen des forces imposantes dont il pouvait disposer, l'empire de la loi et prévenir toute confusion ultérieure.

Mais en vain le commodore chercha-t-il à s'approcher de la côte, vingt fois il en fut détourné en voyant l'état alarmant des équipages chaque fois qu'il s'avançait.

C'est à la suite de ces divers essais, qu'il adressa au secrétaire d'État de la marine cette note mémorable qui peint, mieux que ne pourrait le faire aucun commentaire, la position inouïe de ce brave amiral :

« *Je n'ose toucher la terre*, écrivait-il, *je ne saurais y en-*
« *voyer que des boulets. Tout détachement que j'y débarque-*
« *rais, déserterait incontinent.* »

Aussi le commodore prit-il le parti de changer son quartier-général. De San-Francisco où il aurait dû l'établir, il le transporta à *Mazatlan*, sur la côte du Mexique, d'où il eut soin d'expédier un bâtiment léger avec mission d'aller prévenir dans tous les ports de la côte occidentale du continent, depuis le Chili jusqu'à la Vieille-Californie, les capitaines américains de ne pas dépasser la limite du 32ᵉ parallèle.

Un dernier mot sur Monterey avant de terminer ce chapitre. Voyons ce qui s'y était passé après que le commodore Jones eût fait tous ses efforts pour rester en vue des côtes et soutenir, par sa présence, le moral des habitants.

Nous avions laissé le colonel Mason seul, ou presque seul, cherchant à maintenir avec une louable persévérance son autorité administrative, luttant avec un courage exemplaire contre les difficultés sans nombre qui l'assaillaient sur cette terre si pleine d'avenir !

Après avoir vu déserter les soldats du régiment dont il était le colonel, après avoir vu se disperser, jusqu'au dernier homme, tous les corps que le gouvernement avait envoyés en Californie, le colonel Mason crut pouvoir du moins affaiblir le mal que tant d'efforts n'avaient pu arrêter, en allant lui-même au *gold-district*, pour y établir une sorte d'autorité ou de surveillance.

L'anarchie était à son comble; des bandes d'aventuriers parcouraient le pays, faisant bosses et blessures à qui refusait de céder gracieusement son bien; et comme il n'y avait aucun pouvoir qui fût de force à maintenir la paix publique, la puissance qu'avaient acquise ces audacieux bandits, était devenue un véritable fléau.

Mais de l'excès même de ces désordres devait sortir une force qui deviendrait un principe de délivrance.

Abandonnés, bien involontairement sans doute, du gouvernement de Washington, les citoyens de l'Union, répandus en Californie, songèrent enfin à se sauver eux-mêmes.

Un judicieux écrivain du nouveau continent dépeint ainsi le caractère américain : « L'Américain a cela
« de particulier et d'admirablement exceptionnel, qu'il
« a un enthousiasme à la hauteur de toutes les illu-
« sions, un courage à la hauteur de toutes les décep-
« tions; quelque loin que l'aient emporté ses espéran-
« ces, quelque bas que le rejette la réalité, il revient
« à lui aussi vite qu'il s'était enivré, il s'arrête aussi
« facilement qu'il se laissait entraîner. Il est nécessai-
« rement destiné à dominer au milieu de l'amalgame
« de l'émigration. »

Justement irritée des crimes qui se commettaient, la population se fit d'abord justice elle-même, en attendant le bill qui lui promettait une organisation territoriale et un gouvernement régulier.

Il n'y a pas de peuple plus ami de l'ordre que le peuple américain; car il sait bien qu'il n'y a pas de liberté sans ordre. Il est la garantie de la société et le principe des lois qui protégent les propriétés et les personnes.

C'est dans le but de constituer un pouvoir capable de dominer la situation, que les Américains résidant en Californie se mettant à la tête de la population saine de la contrée, établirent une administration provisoire dont le siége fut fixé *au pueblo de San-José*.

Des députés ont été nommés et se sont formés en assemblée délibérante, laquelle a voté une constitution transitoire. Des mesures énergiques ont été prises pour purger le pays des bandits qui le désolaient. Des tribunaux expéditifs ont été établis sur divers points des districts aurifères et, d'après les dernières nouvelles, on a appris que, grâce à cette justice improvisée, on y jugeait et on y pendait, tout aussi régulièrement que dans la mère-patrie.

CHAPITRE XV.

Routes qui conduisent en Californie. — Durée du voyage et prix de passage. — Isthme de Panama. — Chagres, Panama. — Précautions hygiéniques. — Le cap Horn et la Terre-de-Feu. — De l'organisation des sociétés pour la Californie. — Bagages et provisions a emporter. — Dispositions concernant les terrains aurifères. — De la vente des terres aux États-Unis. — De la conservation des graines et des bulbes sous toutes les latitudes. — Moyen de transporter des plantes vivantes sans les soins de l'homme pendant de longues traversées. — Gouvernement de la Californie.

Routes qui conduisent en Californie. — Deux lignes se présentent pour se rendre de France en Californie, l'une est très directe et sera probablement la plus fréquentée dès que les services qui s'organisent seront régularisés. Nous voulons parler de la voie de *l'isthme de Panama*, débarquant à *Chagres* et se rembarquant à *Panama*.

L'autre, beaucoup plus longue, est néanmoins préférable aujourd'hui, c'est la moins coûteuse et la plus sûre : c'est la ligne que suivent les navires qui doublent le *cap Horn*, remontent à l'ouest le continent américain, touchent quelquefois à Valparaiso, principal port du Chili, ou au Callao (*Lima*), capitale du Pérou, et vont mouiller au milieu de la baie de San-Francisco.

Voici les distances à parcourir, et les conditions de passage par l'une ou l'autre voie :

PAR L'ISTHME DE PANAMA.

Du Havre à Chagres   2,000 lieues.
De Chagres à Panama   20 »
De Panama à San-Francisco 1,400 »

La traversée du Havre à Chagres s'effectue par navire à voiles en 40 à 45 jours.—Par bateau à vapeur, en 25 jours.

Le trajet de Chagres à Panama exige trois jours. La traversée de Panama à San-Francisco s'effectue par bâtiment à voiles en 45 à 60 jours, à cause des vents contraires. — Par bateau à vapeur, en 15 jours.

Les prix de passage sont les suivants :

Du Havre à Chagres { 700 fr. pour la 1re classe } et 150 kilog de
                             { 350 fr. pour la 2e » } bagages (1).
De Chagres à Panama, de 125 à 200 fr.
De Panama à San-Francisco { 1500 à 2000 f. p. la 1re cl. } par bateau
                                   { 800 à 1000 f. p. la 2e cl. } à vapeur.

Par bâtiment à voiles, les prix sont moins élevés : 800 f. les premières, 500 fr. les secondes.

Dans ces prix et dans tous ceux qui suivront, la nourriture est comprise.

Le service de Chagres à Panama s'est fait pendant quelques mois par le bateau à vapeur l'*Orus*, qui remontait la rivière jusqu'à *Cruces*, bourg situé au pied des montagnes. Mais comme la crue des eaux détermine toujours la chute de quelques arbres, ceux-ci forment souvent des écueils très dangereux pour les petits bâtiments

---

(1) Ces prix étaient ceux portés aux tarifs du *Rothomagus* et de la *Revanche*, navires à voiles en partance du Havre, le 5 juin et le 30 juillet dernier.— Le *fret* du Havre à Chagres est de 12 à 14 piastres par tonneau.

tirant plus de trois pieds d'eau. L'*Orus* fut obligé de suspendre son service, et l'on en est revenu aux embarcations à rames, qui emploient ordinairement deux jours pour se rendre à Cruces.

Parvenu à Cruces, il reste à franchir à dos de mulet une distance de six lieues, par une route montueuse, difficile, et qui n'est pas exempte de dangers.

Les bagages doivent être partagés en boîtes ou ballots de 60 kilogrammes, charge habituelle d'un mulet.

A Panama, on trouve les steamers de la compagnie *Howland et Aspinwall de New-York*, *Roberts* et autres qui desservent la ligne de San-Francisco. Mais l'affluence des voyageurs par l'isthme (environ 2,000 par mois) rend insuffisants les moyens de transport et oblige un grand nombre de personnes à séjourner plus ou moins longtemps à Panama. On fera donc bien, lorsqu'on choisira cette voie, de se rendre d'abord à New-York pour y retenir au siége de la compagnie Aspinwall, sa place à bord des paquebots américains du Pacifique. De cette manière, on évitera de séjourner quelquefois des mois entiers à Panama.

Le prix de passage du *Havre* à *New-Yorck* est de
450 fr. pour la 1re chambre.
180 » pour la 2e »

De *New-Yorck* à *Chagres* :
La 1re chambre, 125 dollars.
La 2e » 100 »
L'entrepont, 65 »

La traversée de New-York à Chagres s'effectue en 8 à 10 jours par bateau à vapeur.

Divers services par navires à voiles sont également établis avec correspondance sur le Pacifique.

La compagnie *Olney et Sessions*, de New-York, 61,

South street, annonçait, le 30 juin 1850, plusieurs départs aux prix suivants, de New-York à Chagres :

1re chambre, 50 dollars.
2e   »   30   »

PAR LE CAP HORN.

On s'embarque au Havre, à Nantes ou à Bordeaux, sur navire à voiles. La distance est de 7,000 lieues. Cette traversée s'effectue en 6 mois, 5 mois et quelquefois 4 mois et demi, mais c'est là l'exception.

Nous avons pris connaissance des prix de passage de différents navires partis ou en partance pour San-Francisco, ils sont à peu près tous les mêmes.

1res chambres, { 1,500 fr. avec literie.
                { 1,400 fr. sans literie.
2mes chambres,   900 fr. sans literie.
Entrepont,   650 fr.   »   nourriture

de l'équipage, vin ordinaire, viande salée, biscuit, pain frais deux fois par semaine.

Il est accordé à chaque passager : 200 kilog. pour bagages. L'excédant de ce poids paie à raison de 20 fr. les 100 kil.

Le *fret* du Havre à San-Francisco est de 25 à 30 piastres (125 à 150 fr.) par tonneau *de poids* (de 1,000 kilogrammes) ou par tonneau *d'encombrement* (de 1 m. 44 c. cube pour les marchandises légères.

Jusqu'à ce qu'il y ait un canal ou un chemin de fer d'établi à travers l'isthme, la voie du cap Horn sera toujours celle que nous conseillerons de choisir.

Les difficultés que rencontre le transport des bagages et des marchandises par la voie de Chagres, les prix élevés qu'on demande pour la navigation en canot, sont des motifs qui, sans parler du climat, doivent faire donner la préférence à l'autre voie.

CHAPITRE XV.

Isthme de Panama. — L'isthme de Panama, ou de *Darien*, réunit l'Amérique méridionale à l'Amérique septentrionale. Il suit une direction est-ouest, en formant une courbe de plus de 100 lieues de longueur, sa largeur varie de 12 à 25 lieues. Dans sa partie la plus étroite, entre le fond du golfe de Panama et la baie de *San-Blas*, dans la mer des Antilles, il n'a que 10 lieues.

La chaîne des Andes qui parcourt du nord au sud toute l'étendue de l'Amérique ; cette chaîne, généralement si élevée, s'abaisse considéralement dans l'isthme, elle cesse même brusquement au pic de la Trinité (*Cerro-Trinidad*), à 12 lieues et demie ouest de Panama, et fait place à des collines rassemblées en petits groupes ou séparées par des vallées ou des cols dont la hauteur au-dessus du niveau de la mer varie de 130 à 160 mètres seulement. A l'est de Cruces, la chaîne se relève et reprend bientôt sa hauteur primitive.

La carte jointe à ce chapitre donnera une idée très exacte de la configuration de cette partie de l'isthme.

Presque tout le sol de l'isthme est couvert de bois touffus en quelque sorte impénétrables, car la végétation acquiert dans ces climats une force et une vigueur dont on a peine à se faire une idée.

Les bois de teinture y abondent, le transport seul en est difficile et coûteux. On y trouve des *cèdres* de toute beauté dont on a débité des planches, de deux mètres de large, des *chênes verts*, de l'*acajou* en grande quantité. Le *gadiano*, autre bois d'ébénisterie, y est commun et surpasse l'acajou en beauté, mais il est plus dur et plus difficile à ouvrer.

Le *quipo* est un bois principalement employé à la construction des embarcations, son tronc est droit et atteint un très grand diamètre ; on cite des barques d'une seule pièce faites avec le tronc du quipo, ayant jusqu'à 20 mètres de long et près de 3 mètres de diamètre.

Le *cotonnier*, le *cocotier*, l'*oranger*, le *citronnier*, le *calebassier*, le *tamarin*, le *cannellier*, le *poivrier*, le *néflier*, le *manglier*, le *gayac*, sont très répandus dans l'isthme. Parmi les arbres à gommes et à résines, on remarque le *sang-dragon*, le *caoutchouc* et de belle résine copale, produit du *rhus copallinum*. Le commerce de l'isthme consiste dans l'exportation de l'*or en poudre*, de l'*argent*, du *platine*, des *perles*, des *émeraudes*, des *bois de teinture*, des *cuirs*, du *coton*, du *sucre*, du *café*, du *riz*, du *tabac*, des *sangsues*, des *écailles de tortue*, des *noix* et de l'*huile de coco*.

On trouve dans les forêts une prodigieuse variété d'oiseaux de la plus jolie espèce, mais elles sont infestées de reptiles et d'autres animaux malfaisants. Les rivières sont remplies de caïmans et de crocodiles.

L'isthme de Panama, bien que situé dans la zône torride, est exposé en raison du voisinage des deux mers à une humidité presque constante, qui, jointe à l'évaporation des marécages très nombreux formés par les pluies, en rendent le séjour extrêmement malsain pour les Européens. « Après les pluies, dit Lionnel Waffer, dans
« sa description de l'isthme, l'air a souvent une odeur
« sulfureuse et étouffante qui se répand dans les bois.
« Aussitôt après l'orage, on entend le coassement des
« grenouilles et des crapauds, le bourdonnement des
« mouches et des moucherons, le cri des singes, le sif-
« flement des serpents qui font ensemble un concert
« étourdissant. Les pluies sont quelquefois si grosses que
« les vallées profondes de l'isthme sont transformées en
« véritables lacs. »

Le désir d'ouvrir une communication directe entre

les deux océans par le moyen d'un canal avait fait l'objet des préoccupations du premier conquérant du Mexique : « Cortez, disent les historiens espagnols, fit
« visiter le *Darien* par ses lieutenants pour s'assurer s'il
« ne serait pas possible de vaincre les difficultés que la
« nature semble opposer à la jonction des deux mers,
« mais l'étude à laquelle ils se livrèrent ne fut pas favo-
« rable à ce projet. »

On était pénétré alors que la chaîne des Andes se prolongeait sans interruption, dans toute l'étendue de l'isthme. C'est ce qui fit dire à l'historien *José Acosta*, dans une histoire des Indiens publiée à Séville, en 1590, « qu'il était au dessus d'un pouvoir humain de dé-
« truire cette barrière puissante et impénétrable de
« montagnes et de rochers, placée entre les deux mers,
« et qui suffit à retenir leur furie. »

Pendant plus de deux siècles, toute idée de joindre l'océan Atlantique à l'océan Pacifique, au moyen d'un canal, parut complétement oubliée.

Ce n'est qu'en 1828 qu'un travail régulier fut exécuté par un ingénieur anglais, M. Lloyd, d'après les ordres de Bolivar, alors président de la république de Colombie. M. Lloyd reconnut la possibilité de faire une coupure un peu au sud de la ligne droite qui unirait Chagres à Panama.

Dix ans après, en mai 1838, une compagnie franco-grenadine, représentée par M. Salomon, de la Guadeloupe, fut investie du privilége d'une communication entre les deux mers. Ses agents se livrèrent à quelques travaux préparatoires qui furent favorables à l'opinion d'un canal, mais cette grande œuvre demeura à l'état de simple projet.

Enfin, en 1843, le gouvernement français envoya sur les lieux un habile ingénieur, M. Garella, avec mission d'étudier avec soin la question du percement de l'isthme.

C'est dans la vallée au fond de laquelle coule le *rio Caïmito*, au *col de Paja*, à 5 lieues et demie à l'ouest de Panama, que M. Garella plaçait le passage du canal.

La position du col de Paja a été déterminée rigoureusement au moyen d'observations trigonométriques, et les nivellements, faits avec une grande exactitude, donnent à ce passage une élévation de 128 mètres 72 centimètres au-dessus des plus hautes marées de l'océan Pacifique (1). Voilà donc le point le plus élevé du sol de l'isthme exactement déterminé, c'est là que se fût trouvé le *bief* de partage. Cette élévation paraîtra bien minime si l'on songe que le *canal du Midi*, en France, a 252 mètres de pente à racheter, et que celui de *Nantes à Brest* en a 555, rachetée par 238 écluses.

L'élévation du col de Paja eût pu d'ailleurs être ramenée, au moyen de tranchées, à 48 mètres au-dessus des plus hautes eaux de l'océan Pacifique.

Les inconvénients que présente l'embouchure de la rivière de Chagres avaient fait choisir pour l'entrée du canal, la *baie du Limon (Navy-Bay des Anglais)*, à 2 lieues au nord-est de Chagres.

La baie du Limon a une lieue et demie d'ouverture et autant d'étendue du nord au sud, et une profondeur d'eau considérable. Le canal aurait pris au milieu du côté

---

(1) Le niveau des deux mers n'est pas le même : Un nivellement exact, fait d'une mer à l'autre par M. Garella, a établi que le niveau des plus hautes marées de l'océan Pacifique à Panama est élevé de 5 m. 82 c. au-dessus de celui des hautes mers de l'océan Atlantique à Chagres. Les plus hautes marées de l'Atlantique à Chagres ne sont que de 40 *centimètres*. Cette différence de niveau se réduit au moment des plus basses mers à 12 centimètres. D'après ces relevés, le niveau moyen de l'océan Pacifique serait de 2 m. 97 c. au-dessus de celui de l'Atlantique.

occidental de la baie, il aurait coupé la rivière de Chagres près de l'embouchure du rio *Gatun*, aurait rencontré plusieurs fois la rivière de Chagres, et profité en quelques parties de son cours ; il l'aurait quittée à peu près à la hauteur du rio *Quebrado* pour prendre une direction sud, et serait venu déboucher dans la baie de *Veca de Monte*, à 5 lieues au sud-ouest de Panama. Cette baie a une profondeur moyenne de 3 mètres d'eau à marée basse, et de 7 à 8 mètres à marée haute, ce qui eût permis aux navires de toute dimension d'y entrer.

M. Garella proposait de faire un canal assez spacieux pour recevoir des navires de commerce du plus fort tonnage, ce sont ceux de 1,200 tonneaux, que leur grandeur peut faire assimiler aux frégates de deuxième rang ou de 52 canons. Leur longueur est de 53 m. 50, leur largeur de 13 m. 78, et leur tirant d'eau maximum en charge 6 m. 50.

Voici quelles eussent été les dimensions du canal pour permettre le croisement de deux grands bâtiments sur presque tous les points de sa longueur.

Largeur du canal au niveau d'eau,	45 m.
Largeur au fond,	20
Largeur dans la grande tranchée du point de partage qui ne devrait donner passage qu'à un seul navire,	17
Profondeur,	7
Longueur totale du canal,	76 kilom. 1/2.

La dépense requise pour établir ce canal se fût élevée à environ 130 millions de francs, ou 149 millions avec tranchées au bief de partage, de 84 mètres de profondeur maximum.

L'extension que vient de prendre le commerce de la mer du Sud, grâce à l'ardeur des spéculations dont la

Californie est le but, devait résoudre définitivement le grand problème de la jonction des deux océans par le centre de l'Amérique.

On s'en occupe cette fois très sérieusement, mais ce n'est point dans le milieu de l'isthme de Panama que devra se faire la coupure, c'est beaucoup plus haut, dans la province de *Nicaragua*, à 100 lieues au nord-ouest de Panama.

Un traité a été conclu, en 1849, entre l'Etat de Nicaragua et une compagnie américaine. Cette compagnie a envoyé en janvier dernier, à *San-Juan*, plusieurs ingénieurs, à l'effet de procéder à la reconnaissance des lieux et aux études nécessaires. Les différends qui s'étaient élevés entre l'Angleterre et les États-Unis, au sujet de ce canal, sont sur le point de s'aplanir. Loin de prétendre au monopole du canal, les deux puissances le mettraient sous la protection de tous les peuples, sa neutralité, en cas de guerre, serait déclarée, et les droits seraient égaux pour tous les pavillons.

M. de Humboldt a fait connaître huit points susceptibles de recevoir une communication par eau entre les deux mers. Le *lac de Nicaragua* est un de ceux qui avaient attiré plus particulièrement l'attention de l'illustre voyageur.

Ce lac, situé entre les 11e et 12e degrés de latitude nord, communique avec l'océan Atlantique par le fleuve *San-Juan*. Un autre lac, celui de *Léon*, forme en quelque sorte le prolongement vers le nord-ouest de celui de Nicaragua, et n'est éloigné de la baie de *Tamarindo*, sur le Pacifique, que d'environ 6 lieues, d'après la carte levée en 1829 par *MM. Rouhaud* et *Demartray*.

Le lac de Nicaragua a près de 40 lieues de long sur 12 à 15 de large, et une profondeur qui, d'après M. Bailey, officier de la marine anglaise, serait presque partout de 25 mètres.

Le lac de Léon a environ 16 lieues dans sa plus grande largeur, et une profondeur d'eau suffisante pour les plus gros navires. La rivière *Tipitapa*, par laquelle le lac de Léon se déverse dans celui de Nicaragua, a une longueur de 12 lieues et roule un énorme volume d'eau. Enfin, le fleuve *San-Juan de Nicaragua*, qui coule à l'est, présente un développement de 30 lieues ; c'est un magnifique fleuve, mais il renferme quelques bas fonds qui nécessiteront des travaux considérables pour permettre aux navires de 300 tonneaux de le remonter en toute saison.

La province de Nicaragua possède un sol montagneux et boisé, d'une grande fertilité. Le café, le sucre, le cacao, l'indigo, y viennent admirablement ; la vanille croît naturellement dans les bois. Les pluies sont continuelles sur le littoral ; dans l'intérieur, elles durent depuis la fin de mai jusqu'au commencement de décembre.

Une autre voie de communication doit s'ouvrir sur le territoire de Costa-Rica, entre *Boca del Toro*, sur l'Atlantique, et le *Golfe-Dulce*, sur le Pacifique. L'Etat de Costa-Rica vient de concéder Boca del Toro à une compagnie anglaise, et une partie du territoire situé aux environs du Golfe-Dulce à une compagnie française. Cette seconde ligne offre un grand intérêt sous le rapport de la richesse du pays, de la salubrité du climat et de la sécurité des deux ports placés aux extrémités du passage projeté.

Enfin, le projet de rallier l'Atlantique à l'océan Pacifique par un *chemin de fer*, à travers l'isthme de Panama, a également trouvé de nombreux adhérents. Toutes les sommes nécessaires pour la construction de ce chemin, qui doit d'abord aller d'un point navigable de la rivière de Chagres à l'océan Pacifique, ont été souscrites dans la seule ville de New-York. C'est M. *W. Aspinwall*, de cette dernière ville, qui s'en est rendu adjudicataire pour une durée de 90 ans, garantie par le gouvernement de la Nouvelle-Grenade.

La première section du chemin, à laquelle on travaille, part d'un point navigable de la rivière de Chagres, entre Gorgone et Cruces, et aboutira à Panama. Aux termes des conventions, elle devra être terminée dans le courant de juin 1851. Le chemin sera prolongé ensuite jusqu'à la baie du Limon, sur l'Atlantique; pour l'achèvement de cette section, il est accordé un délai de 6 années.

Bien qu'au point de vue du commerce général l'établissement d'un chemin de fer ne puisse, en ces circonstances, être mis en parallèle avec un canal, il n'est pas moins positif qu'il est destiné à rendre d'éminents services si on le compare aux misérables moyens de transport en canot et à dos de mulet, si lents et si coûteux, dont on se sert aujourd'hui.

Les deux villes correspondant avec la navigation en deçà et au-delà de l'isthme sont Chagres et Panama.

Chagres. — Chagres n'a point l'importance que sa position semblerait devoir lui donner, c'est une faible bourgade, composée d'une cinquantaine de cases construites en bambous, et de quelques maisons de chétive apparence, couvertes en chaume et en feuilles de palmier. On y compte environ 300 habitants, la plupart gens de couleur.

Ce port est situé à l'embouchure de la rivière de Chagres, à 20 lieues au nord-ouest de Panama (*à 16 lieues et demie en ligne directe*, d'après le tracé trigonométrique exécuté par M. Garella). Derrière le port s'élèvent des collines boisées ; de l'autre côté de la rivière, en face du mouillage, les terres sont basses et marécageuses.

L'entrée de la rivière est défendue par le fort *San-Lorenzo*, bâti sur un rocher au nord-ouest de la ville.

Le climat de Chagres est en même temps chaud et humide, et extrêmement mal sain ; son insalubrité n'est toutefois réelle que dans la saison des pluies (de juin à novembre), et surtout de *juillet* à *octobre*. L'action d'un soleil brûlant, agissant sur des débris végétaux et animaux que délaient des pluies presque journalières, développe ces miasmes putrides dont l'application aux organes vivants produit rapidement les symptômes de l'empoisonnement miasmatique, la fièvre jaune, le *vomito negro* des Espagnols, et attaque sans miséricorde les étrangers qui séjournent à Chagres ; aussi recommande-t-on de s'y arrêter le moins possible et de gagner immédiatement *Gorgone* ou *Cruces*, deux bourgs situés dans l'intérieur, aux deux tiers du chemin de Chagres à Panama.

On se rend à Gorgone ou à Cruces en remontant le cours de la Chagres. Cette rivière, qui portait autrefois le nom de *los Lagartos* (rivière des Caïmans), a son embouchure située par 9° 20' de latitude septentrionale et 82° 23' de longitude occidentale.

Elle fut découverte, en 1510, par l'Espagnol *Lope de Olano*. Trois années après (le 1er septembre 1513), *Vasco Nunez de Balboa* traversait le premier l'isthme et découvrait le grand Océan.

La rivière de Chagres descend de la chaîne de montagnes située à l'est de la ligne qui joint Porte-Belo à Panama ; elle coule d'abord à l'ouest, puis, se détournant brusquement, elle se dirige au nord-ouest et atteint ainsi l'Océan. La partie inférieure de son cours a si peu de pente que la marée de l'Atlantique, qui n'est que de 0 m. 30 c. à 0 m. 40 c., s'y fait sentir jusqu'à 7 lieues au-dessus de son embouchure. La largeur de la rivière, à son entrée dans l'Océan, entre le fort *San-Lorenzo* au nord, de la pointe *Arena* au sud, est de 150 mètres; l'accès en est difficile, et il faut posséder une bonne connaissance de la côte pour éviter d'y échouer.

A environ 200 mètres au large de l'escarpement sur lequel s'élève le fort, il y a un écueil situé à 1 mètre seulement au-dessous de la surface de l'eau. La *barre* qui se trouve à l'embouchure de la rivière ne présente, suivant M. Garella, que 4 mètres d'eau, et ne permet de faire entrer dans le port que des navires de 3 mètres 50 de tirant d'eau, et par conséquent de 200 tonneaux. Cette barre est infranchissable quand le vent est fort; on va mouiller, alors, dans la baie du Limon, à 2 lieues à l'est de Chagres, dans laquelle on trouve 8 à 10 mètres d'eau.

La rivière de Chagres fut explorée, en 1527, par le capitaine *Hernando de la Serna;* il reconnu qu'elle était navigable pour les bâtiments d'un moyen tonnage jusqu'à 12 lieues de son embouchure, et beaucoup plus haut pour les chaloupes et les pirogues.

Entre Chagres et le rio Trinidad, la largeur moyenne de la rivière varie de 100 m. à 60 mètres; sa profondeur est de 6 à 8 mètres. Passé le rio Trinidad, on trouve encore 3 à 4 mètres d'eau sur une étendue de quelques milles.

Les barques chargées remontent jusqu'à Cruces; mais dans la saison sèche (de décembre à mai), on est obligé de changer de bateau à moitié chemin, à *Cano Quebrado*, et de se servir de pirogues.

La navigation de la rivière de Chagres présente beaucoup de lenteur. Dans la saison des pluies, le courant est tellement rapide que le trajet de Chagres à Cruces, qui est de 20 lieues en tenant compte des sinuosités de la rivière, exige de 3 à 4 jours. La remonte de la rivière peut se faire dans la saison sèche en 24 heures dans une pirogue servie par deux rameurs et leur patron ; pour les barques chargées, il faut 3 jours.

Les bords de la rivière de Chagres sont couverts d'arbres si serrés en quelques endroits, si embarrassés de lianes, qu'ils forment une ceinture impénétrable.

L'humidité perpétuelle qu'entretient une abondante évaporation contribue à parer la surface du sol d'une végétation fraîche et vigoureuse.

On se rend de Cruces à Panama, en suivant une direction sud-est, par un chemin difficile, à travers un pays très accidenté ; la distance en ligne directe est de 6 lieues et demie, il faut 7 à 8 heures pour la franchir. Le chemin de Gorgone à Panama, moins inégal, est un peu plus long ; il n'est praticable que dans la saison sèche.

En vertu d'un acte du gouvernement de la Nouvelle-Grenade, les ports de Chagres et de Panama ont été déclarés *ports francs* à partir du 1er janvier 1850. Par contre, il vient d'être imposé un droit de *passeport* de 2 piastres (10 fr.) pour tous les voyageurs traversant l'isthme ; ce droit ne se paie qu'à Panama, à l'embarquement des voyageurs pour la Californie ; ceux qui restent dans le pays en sont exempts.

Panama. — Chef-lieu du département de l'Isthme (Nouvelle-Grenade), est situé au fond du golfe de Panama, sur l'océan Pacifique, par 8° 57' 16" de latitude nord, et 81° 50' 22" de longitude ouest.

Tello Gusman, Espagnol, aborda sur ce rivage, en

1515, deux ans après que Balboa eut découvert le grand Océan. Il y trouva, dispersées sur le bord de la mer, quelques cases habitées par des Indiens, attirés en ce lieu par la commodité de la pêche. *Panama*, c'est ainsi qu'ils appelaient cette plage; ce mot signifie *un lieu abondant en poissons*.

La ville fut fondée, en 1518, par *Pedrarias Davila*. Incendiée par les flibustiers, elle fut transférée, en 1670, dans une position moins accessible, à 6 kilomètres à l'ouest de l'ancienne ville, à l'emplacement qu'elle occupe aujourd'hui.

On éprouve à Panama, comme à Chagres, des chaleurs accablantes et la pernicieuse influence d'une atmosphère humide. La température varie pendant le jour de 24 à 34° centigrades.

M. Garella a constaté que, durant une période de six mois (du 25 décembre au 5 juillet), le thermomètre n'est descendu qu'une seule fois pendant le jour au-dessous de 25° par une forte pluie et un vent du sud, il marqua 23°. Cette température paraissait froide aux indigènes.

Panama est bâti sur un petit promontoire et défendu par une enceinte de murailles flanquées de bastions qui s'étendent principalement du côté de la mer. Ses rues sont belles généralement, larges et bien alignées; elles aboutissent à de grandes places, autour desquelles on voit les ruines de plusieurs couvents. Les maisons ont pour la plupart deux étages; elles sont construites en pierre et en bois, et couvertes en tuiles creuses.

Le faubourg, appelé l'*Arrabal*, est aussi grand que la ville; mais les rues en sont étroites et offrent beaucoup moins de régularité.

Panama possède un évêché, une belle cathédrale, sept églises, un collége et un vaste hôpital.

Cette ville, dont le commerce était pour ainsi dire nul il y a deux ans, est devenue tout à coup un centre très animé d'affaires. Depuis la découverte des mines de la Californie, on voit arriver successivement à Panama des navires de toutes les nations apportant, les uns des marchandises, les autres venant prendre des passagers pour San-Francisco.

Malgré la quantité de navires employés à ce service, le nombre en est encore insuffisant, très insuffisant même; ceci résulte d'informations récentes, et l'on est à se demander depuis deux ans comment, sur les milliers de navires qui dorment dans nos ports, il ne s'en détache pas quelques-uns pour aller s'employer fructueusement dans les eaux de Panama.

La population sédentaire de Panama ne s'élève qu'à 5 à 6,000 âmes; mais on y compte habituellement un nombre presque égal d'étrangers, attendant quelquefois des mois entiers l'occasion de s'embarquer pour la Californie.

Les vivres, qui, dans le courant de l'année dernière, ont été hors de prix, sont descendus à un cours plus normal; la viande y est même à très bon compte : elle se vend 50 centimes la livre.

Les alentours de Panama sont plantés de bananiers, d'orangers, de citronniers et de cocotiers.

Le *Rio-Grande* a son embouchure à 3 kilomètres ouest de la ville, c'est un cours d'eau peu important, et dont les affluents supérieurs restent à sec pendant plusieurs mois de l'année.

Le golfe de Panama a 60 lieues d'ouverture et 50 de profondeur. Nulle part les navires ne peuvent atterrir à

Panama ; les cargaisons sont transportées à terre sur des chaloupes. Les gros navires vont se ranger sous les îles *Périco* et *Flamengo*, à une lieue au sud de la ville, où ils trouvent un abri contre les vents du nord, parfois très violents. A 1,500 mètres en avant des batteries, il n'y a que 2 mètres d'eau ; à 2,000 mètres, on en trouve de 3 à 4 mètres; et enfin près de l'île Périco, 5 mètres, et près de l'île Flamengo, un peu plus au sud, 7 mètres. C'est une profondeur suffisante pour les navires de 1,200 tonneaux.

Les bâtiments vont s'approvisionner d'eau à l'île de *Taboga*, à 5 lieues au sud, 5° ouest de Panama.

Les pluies durent 6 à 8 mois dans cette région de l'Amérique ; elles commencent en mai ou juin, et continuent jusqu'en octobre ou novembre et quelquefois jusqu'en janvier. L'isthme est particulièrement malsain de juillet à octobre.

La raison de l'insalubrité de l'isthme, et principalement du climat de Chagres, nous engage à faire connaître les précautions hygiéniques, conseillées pour neutraliser l'influence pernicieuse de ce climat. La matière du paragraphe qu'on va lire est extraite de l'ouvrage publié par M. le docteur *Eugène Celle* (1), ouvrage plein de faits utiles, de dissertations profondes, et dans lequel l'auteur, en traitant de l'influence générale sur l'organisme des climats intertropicaux, a établi une loi nouvelle d'antagonisme hygiénique, une séparation tranchée entre les climats *chauds et humides* et les climats

---

(1) Hygiène pratique des pays chauds, ou recherches sur les causes et le traitement des maladies de ces contrées ; par Eug. Celle, docteur en médecine des facultés de Paris et de Mexico, chirurgien de l'hôpital militaire de Mazatlan. — 1 vol. in-8°. Paris, Victor Masson.

chauds et secs, et indiqué le régime convenable à chacun de ces climats.

Précautions hygiéniques.

« Dans le plus grand nombre de cas, ce qui est salutaire à l'organisme dans les pays chauds et secs, dit M. Celle, devient nuisible dans les pays chauds et humides, et *vice versa*.

« La chaleur humide, qui se manifeste pendant la saison des pluies, débilite l'organisme et le laisse sans défense devant l'action délétère des miasmes; à chaque saison correspondent, par conséquent, des indications particulières du régime hygiénique.

« Tout le secret de la conservation de la santé dans les pays chauds et humides est dans l'*alimentation*.

« Aux contrées *humides* les stimulants, les nutritifs, les toniques. Aux contrées *sèches*, le régime frugal et rafraîchissant.

« Les condiments acres, le poivre, le piment, sont nécessaires et extrêmement utiles dans les *pays chauds et humides*, en ce qu'ils réveillent l'action de l'estomac et sollicitent l'appétit.

« L'alimentation doit être nutritive, afin de donner à l'organisme des forces pour ne pas succomber à l'action débilitante. Le fait d'être à jeun devant les émanations délétères est une cause certaine de maladie dans ces climats.

« Dans les *pays chauds et secs*, des aliments en petite quantité, légers, rafraîchissants et peu nutritifs, des boissons aqueuses acidules, voilà ce qui convient. Le régime animal prédispose aux affections putrides et bilieuses, il est conseillé, au contraire, dans les pays chauds et humides.

A l'isthme de Panama, comme, du reste, dans toutes les contrées réputées fiévreuses, l'usage des fruits du pays est très dangereux.

En résumé, voici le régime qu'il convient de suivre dans les pays *chauds* et *humides*.

« Dans ces climats, dit M. Celle, l'estomac est dans un état manifeste d'atonie, l'organisme se présente sous l'aspect de l'affaiblissement et de la débilité.

« L'indication qui se présente est donc celle-ci : réveiller l'appétit par des substances sapides, stimuler l'estomac par des aliments dont les propriétés excitantes déterminent la prompte digestion.

« La *viande de bœuf* et de *mouton* convenablement rôtie est un aliment très sain.

« L'usage modéré des *légumes* est favorable, pourvu qu'il ne soit pas exclusif, il convient de les manger après la viande.

« Le *piment*, pris modérément, est le condiment par excellence dans les pays chauds et humides ; il réveille l'appétit, active la sécrétion salivaire et stomacale et contribue puissamment à la complète élaboration des aliments dans l'estomac.

« On ne doit faire usage de l'*eau* pure qu'en petite quantité et après l'avoir filtrée à travers une couche de charbon de bois concassé qui absorbe complétement les gaz malfaisants (1).

« L'usage du *vin*, dans les pays chauds et humides, est non seulement permis, mais commandé par le climat. Le vin par excellence est le vin de Bordeaux, on peut, sans inconvénient, le boire pur dans les repas. Le mélange d'eau et de vin de Bordeaux à parties égales est une des boissons les plus salutaires dont on puisse faire usage.

« L'infusion forte de *café* est une des boissons les plus utiles à l'homme dans les contrées marécageuses, c'est un préservatif de la fièvre. Dans beaucoup de cas de fièvres intermittentes, il a même produit des guérisons radicales. Mais il faut en faire un usage modéré et de temps à autre. L'organisme est ainsi fait que les choses qui lui sont le plus favorables ne doivent lui être administrées que par intermittences. Chez les personnes faibles, nerveuses, irritables, l'usage trop fréquent du café fort détermine la pâleur, augmente la maigreur et accélère l'épuisement. L'infusion très légère du café peut être prise journellement sans crainte de voir diminuer ses bons effets, elle remplace avec avantage l'eau pure pour calmer la soif.

« L'infusion légère du *thé* est très utile, prise comme boisson habituelle, elle calme la soif d'une manière complète.

« Il sera toujours prudent d'éviter de s'exposer aux ardeurs du soleil, de ne jamais dormir à l'air, de se tenir les pieds secs et de changer souvent de chaussures et de linge.

« Les *bains* froids pris à quatre ou cinq jours d'intervalle produisent les meilleurs effets, ils préservent de la fièvre et de la dyssenterie, et facilitent singulièrement le sommeil dont

(1) L'eau clarifiée au charbon ayant perdu l'air qu'elle tenait en dissolution, on le lui rend en l'agitant ou en l'exposant à l'air pendant quelques heures.

l'Européen éprouve d'abord la privation. C'est le matin, un peu avant le lever du soleil, ou de 4 à 6 heures du soir qu'il faut les prendre dans des eaux de rivières.

« La fumigation du bois ordinaire est d'une grande action pour purifier l'air des appartements. L'usage du tabac en cigarre ou en cigarrette comme on le fume dans le pays est recommandé pour écarter les miasmes.

Nous terminerons ce paragraphe par cette observation remarquable :

« Dans les lieux les plus malsains du globe, dit M. Celle, il est une époque de l'année où l'on *n'observe point de maladies*. Ce sont les deux ou trois mois qui *précèdent* la saison des pluies : la sécheresse continue des trois ou quatre mois qui viennent de s'écouler a tari les vases, les marécages d'où s'échappent les miasmes. La végétation est anéantie, l'air est extrêmement sec, alors la température est très élevée, et n'offre que des variations presque inappréciables. Par ce fait, d'une température élevée et continue, on est en droit de considérer la chaleur sèche comme *impuissante* à produire des dérangements importants dans l'organisme.

Le cap Horn. — Le cap Horn ne forme point le prolongement de la Terre-de-Feu, mais l'extrémité la plus méridionale d'un groupe d'îles appelées îles *Lhermite*, du nom de l'amiral hollandais Lhermite, qui les a explorées en 1624.

C'est un énorme rocher noir et stérile qui se détache complétement des objets environnants, et s'élève, sous la forme d'une masse pyramidale irrégulière, à une hauteur de 500 pieds anglais. Il fut découvert, en 1616, par le capitaine hollandais *Cornelis Schouten*, qui naviguait avec *Jacques Lemaire*, habile armateur et promoteur de l'expédition.

Il ne sera peut-être pas sans intérêt de présenter ici les circonstances de la découverte du cap Horn. Voici à cet égard ce que nous ont transmis les biographes des deux intrépides marins que nous venons de citer.

L'esprit de découverte et le goût des expéditions lointaines régnait en Hollande, aussi bien qu'en Espagne et en Portugal, dans les xve et xvie siècles.

Pour favoriser les négociants qui avaient engagé leurs capitaux dans le commerce des Indes, les lettres patentes accordées par les États généraux de Hollande à la compagnie des *Indes orientales* défendaient à tous les sujets des Provinces-Unies qui n'appartenaient pas à cette compagnie, de passer au sud le cap de Bonne-Espérance, et même le détroit de Magellan, pour aller aux Indes ou dans les pays connus ou inconnus, situés hors des limites de l'océan Atlantique.

L'interdiction ne disait rien de plus; car, à cette époque, on croyait que le détroit de Magellan était le seul déversoir qui donnât passage à l'océan Pacifique, et qu'au sud de ce détroit la terre américaine rejoignait un continent austral.

L'expédition de Schouten et Lemaire eut donc pour objet de chercher un passage qui ne fût point spécifié dans les lettres-patentes.

La première idée en est due à *Isaac Lemaire*, armateur, père de celui dont nous avons d'abord parlé; il en fit part à Schouten, navigateur très expérimenté, qui avait fait plusieurs voyages aux Indes orientales et était animé du désir de faire de nouvelles découvertes. Celui-ci était persuadé, non sans raison, que le continent de l'Amérique devait se terminer au-delà de la Terre-de-Feu, que l'on savait entrecoupée d'un grand nombre de canaux. Tous les deux se flattèrent de pouvoir éluder ainsi le privilége de la compagnie en prenant cette route nouvelle.

Isaac Lemaire se chargea de la moitié des frais de l'expédition, l'autre moitié fut partagée entre divers négociants dont les noms ont été conservés, et qui, la plupart, exerçaient les premières charges municipales de la ville de *Hoorn*. Ils prirent tous le titre de directeurs de la nouvelle association. Schouten s'intéressa dans cette entreprise, et fut chargé d'équiper le vaisseau la *Concorde*, de 360 tonneaux, avec 65 hommes d'équipage et 29 pièces de canon de petit calibre. La destination de ce bâtiment fut tenue secrète; les officiers et marins qui voulurent faire cette campagne prirent l'engagement illimité d'aller partout où on les conduirait. Schouten commanda la *Concorde*, et Jaques Lemaire s'y embarqua comme directeur de l'association. Il devait présider en cette qualité tous les conseils.

L'expédition fut armée dans le port de *Hoorn*, et l'appareillage eut lieu dans la rade de *Texel*, le 14 juin 1615.

Dans ces temps-là, les vaisseaux qui se rendaient sur les côtes de l'Amérique méridionale avaient coutume de faire voile d'abord le long des côtes de l'Afrique jusqu'à la rivière de Sierra-Leona. La *Concorde* suivit la route commune, et relâcha près de l'embouchure de cette rivière; elle en partit le 1er octobre, et le 6 décembre suivant, elle prit connaissance du port *Désiré*, situé à 120 lieues au nord du détroit de Magellan. Après avoir séjourné quelque temps dans ce port, elle le quitta le 13 janvier 1616, et se dirigea vers le sud, sans s'éloigner de la côte. Dix jours après, elle avait dépassé l'entrée du détroit de Magellan et se trouvait près de l'extrémité orientale de la Terre-de-Feu. Lorsqu'on fut parvenu à cette extrémité, on découvrit dans l'est une terre très élevée qui reçut le nom de *Terre des Etats*, et l'on aperçut un large canal ouvert au sud dans lequel la *Concorde* s'engagea le 24 janvier 1616. On vit, en sortant de ce canal, la côte de la Terre-de-Feu se diriger vers l'ouest, et l'expédition s'attendit à trouver incessamment l'extrémité du continent.

Cette terre fut prolongée à une assez grande distance, mais de manière cependant à n'être pas perdue de vue. Enfin, après avoir découvert les deux îles *Barnevelt*, la *Concorde* doubla *le cap* le plus avancé vers le sud.

C'est le premier bâtiment qui soit entré dans l'océan Pacifique, après avoir contourné le continent de l'Amérique.

Le conseil de l'expédition s'assembla pour consacrer par un acte un si heureux succès. Le cap marquant l'entrée du Grand-Océan fut nommé *Horn*, en l'honneur de la ville où Schouten avait reçu le jour. Le canal dans lequel on avait passé quelques jours auparavant fut nommé *détroit de Lemaire*.

Le cap Horn est situé par 55° 58' 41" de latitude sud et par 69° 31' 17" de longitude occidentale.

Souvent les navigateurs, pour éviter les courants de la côte rendus plus dangereux par l'insistance des vents qui, soufflant presque toujours de l'ouest, semblent leur refuser l'entrée de la mer du Sud, descendent jusqu'au 60° de latitude où ils trouvent une mer plus unie.

La traversée de France au cap Horn exige ordinairement 2 mois et demi. La distance est de 3,000 lieues.

Le passage par le détroit de Lemaire est très commode lorsqu'on est favorisé par les vents du nord ; mais avec les vents du sud, il est extrêmement dangereux de s'y engager, à cause du courant qui, rondissant le cap Horn, porte vers l'île des États avec une vitesse moyenne de 1 mille à l'heure. Le flot, dans le détroit de Lemaire, vient du sud ; et le long de la côte nord et sud de l'île des États, il court de l'est à l'ouest : le courant est très fort, et file 4 à 6 nœuds.

Voici, relativement à l'influence des saisons sur la navigation de ces parages, les renseignements donnés par les capitaines *King* et *Fitzroy* :

« C'est en *avril*, *mai* et *juin*, que l'on trouve le plus beau temps, et quoique les jours diminuent dans cette saison, elle ressemble plus à l'été qu'à toute autre époque de l'année. Les vents d'est sont fréquents et apportent avec eux de beaux jours sur lesquels on peut compter :

Juin et *juillet* se ressemblent beaucoup, mais les brises d'est sont plus violentes en juillet. Le peu de durée du jour et la rigueur du froid rendent ces mois très désagréables, quoiqu'ils soient peut-être les plus favorables pour passer à l'ouest, parce que les vents y sont presque toujours de la partie de l'est.

Les mois d'*équinoxe* sont généralement les plus mauvais, comme du reste, dans presque toutes les parties du monde ; alors de fortes brises se font sentir, quoique ce ne soit pas précisément aux jours mêmes de l'équinoxe.

Mars est un très mauvais mois, il est sujet aux tempêtes, et l'on y éprouve de violents coups de vent, il est cependant moins pluvieux que les mois d'été.

Les mois d'*août*, de *septembre*, d'*octobre* et de *novembre* sont les pires de l'année, c'est alors que règnent les vents d'ouest, la pluie, la neige, la grêle et le froid.

Décembre, *janvier*, et *février* sont les mois les plus chauds, les jours sont longs et le temps est quelquefois beau, mais les vents d'ouest, parfois très violents et accompagnés de beaucoup de pluie, dominent dans toute cette saison. »

Pour prévenir l'opinion trop défavorable que l'on pourrait se former de la navigation du cap Horn, nous croyons devoir rappeler que plusieurs navigateurs célèbres, et entre autres l'amiral Duperré, s'accordent à dire que le passage par l'extrémité de la Terre-de-Feu n'offre que les contrariétés ordinaires à toutes les hautes latitudes, et que ses tempêtes ne sont pas plus redoutables que celles qui éclatent souvent, dans la mauvaise saison, au voisinage de tous les grands caps. L'expérience a prouvé d'ailleurs qu'en combinant sa route de manière à se présenter dans les mers australes pendant la saison favorable, pendant l'été de l'hémisphère du Sud, on n'éprouve pas plus de difficulté à doubler le cap Horn qu'à doubler tout autre promontoire.

Lorsqu'on doit passer le cap Horn, dans la mauvaise saison (*mars, août, septembre, octobre* et *novembre*), on recommande l'avis donné par le commodore *Anson*, celui de se tenir dans le sud par la latitude de 60° où la mer est plus unie et les vents plus égaux.

Quant au passage par le *détroit de Magellan*, le capitaine *Fitzroy* ne le conseille point pour les grands bâtiments, lors même qu'ils seraient fins voiliers et d'une marche supérieure ; pour un petit navire, au contraire, le passage du détroit, dit-il, est non seulement facile, mais on doit le recommander comme la route la plus commode et la moins dangereuse pour le retour de l'océan Pacifique dans l'océan Atlantique.

La longueur du détroit de Magellan, suivant le capitaine Wallis, est de 376 milles (136 lieues de 25 au degré ou de 4,444 m.). — Sa largeur n'a nulle part moins d'une lieue ni plus de cinq.

Terre-de-Feu. — La Terre-de-Feu, découverte par *Magellan* en 1520, forme une multitude d'îles et d'îlots dont la réunion constitue *l'archipel de Magellan*. Ces îles sont séparées de la Patagonie par le détroit de Magellan.

Le nom de *Terre-de-Feu* fut donné à ce groupe par les premiers navigateurs, parce qu'ils y découvrirent pendant la nuit beaucoup de feux qu'ils attribuèrent à des éruptions volcaniques ; mais que l'on reconnut depuis provenir en grande partie des foyers d'Indiens nomades, habitants de ces froides régions.

Le climat de la Terre-de-Feu est excessivement âpre, pendant la plus grande partie de l'année ; il y a cependant une saison où la terre se couvre d'une végétation abondante. L'été, dans les régions australes, correspond précisément à l'époque du plus grand froid dans nos climats ; il commence en *décembre* et finit en *avril*.

La côte de la Terre-de-Feu, vue de loin, paraît élevée, inégale, couverte de neige et continue, comme s'il n'y avait pas d'îles. Quand on en est près, on aperçoit plusieurs bras de mer qui coupent la terre dans tous les sens et communiquent avec de grands golfes situés derrière les îles du large. On prend alors la vue des terres les plus élevées, elles sont constamment couvertes de neige, et l'on voit les montagnes près de la mer très boisées du côté de l'est, tandis que le côté de l'ouest, exposé aux vents dominants, présente des terres tout-à-fait stériles.

La plus haute montagne de ce groupe d'îles est le mont *Sarmiento* élevé de 2,070 m. au-dessus du niveau de la mer; il est complétement couvert de neige et se termine par deux sommets pointus qui gisent nord-est et sud-ouest, et sont éloignés de un quart de mille l'un de l'autre.

Le sol des vallées de la plupart de ces îles est riche et d'une grande profondeur ; le capitaine **King** dit que la végétation y est magnifique ; on y trouve une espèce particulière de *cannellier*, la *véronique*, beaucoup de plantes *antiscorbutiques*, des *cressons*, du *céleri sauvage*, et quantité de *mousses* et de *lichens*. Les arbres paraissent tous appartenir à la famille des *bouleaux*.

Ces îles sont peuplées d'un grand nombre d'oiseaux aquatiques et fréquentées par des *baleines*, des *tortues* et des *phoques*.

L'espèce de phoque des terres magellaniques est celle de *l'ours de mer* (*arctocephalus ursinus* de Cuvier) ; il est couvert d'un poil brun devenant rougeâtre, lorsqu'il commence à vieillir ; il a la tête ronde, les yeux proéminents, la gueule peu fendue et de longues moustaches. Il se plaît principalement au milieu des rochers et des récifs sur les côtes les plus exposées à la tempête.

On rencontre aussi dans ces parages le *lion marin*, autre espèce de phoque dont la taille est plus grande que celle de l'ours de mer. Le lion marin a la peau très épaisse, la tête grosse, les yeux vifs et pleins de douceur, la gueule bien fendue et le museau assez semblable à celui du lion. Il est couvert d'un poil court et rude, mais près de la tête et sur le cou, ce poil est aussi long que celui de la chèvre et forme une crinière très visible.

A une grande douceur de caractère, le phoque joint une intelligence peu commune. C'est de tous les animaux celui chez lequel le cerveau est le plus développé ; il se prive parfaitement, s'attache à son maître pour lequel il éprouve une affection aussi vive que celle que lui porte le chien.

« C'est pendant la tempête, dit M. Boitard, dans son intéressante notice sur les phoques, c'est lorsque les éclairs sillonnent un ciel ténébreux, que le tonnerre gronde et éclate avec fracas, et que la pluie tombe à flots, c'est alors que les phoques aiment à sortir de la mer pour aller prendre leurs ébats sur la grève sablonneuse. Au contraire, quand le ciel est beau et que le soleil échauffe la terre, ils ne semblent vivre que pour dormir.

« Le quartier de rocher mousseux sur lequel un phoque a l'habitude de se reposer avec sa famille, devient sa propriété relativement aux autres individus de son espèce qui lui sont étrangers.

« Quoique ces animaux vivent en grands troupeaux dans la mer, qu'ils se protégent, se défendent, s'aiment les uns les autres, une fois sortis de leur élément favori, ils se regardent sur leur rocher comme dans un domicile sacré, où nul camarade n'a le droit de venir troubler la tranquillité domestique. Si l'un d'eux approche de ce sanctuaire de la famille, le chef se prépare à repousser par la force ce qu'il regarde comme une agression étrangère, et il s'ensuit toujours un combat terrible qui ne finit qu'à la mort de l'indiscret visiteur. »

La Terre-de-Feu est habitée par une race de sauvages fort laids au teint cuivré, aux cheveux noirs, et qui se peignent ou plutôt se barbouillent le visage de noir, de rouge et de blanc. Ils sont vêtus de peaux de chiens marins et vivent dans des huttes faites de branches et couvertes d'herbes.

Leurs armes sont la lance, l'arc et la fronde, ils se servent de cette dernière surtout avec une merveilleuse adresse.

Le capitaine King, dont le témoignage n'est pas suspect, raconte qu'ayant demandé à un *Fuégien* (c'est le nom donné par les Espagnols aux habitants de la Terre-de-Feu) de lui montrer la manière dont il se servait de la fronde, l'Indien ramassa une pierre grosse comme un œuf, puis ayant marqué un canot comme but, il se tourna et lança la pierre dans une direction opposée contre un tronc d'arbre; le caillou rebondit, passa par dessus sa tête et alla tomber dans le canot.

De l'organisation des sociétés pour la Californie. — L'organisation d'une société est chose très délicate. Comme chacun de ses membres sera nécessairement tenu de contribuer par tous ses moyens physiques et moraux au succès de l'entreprise, des réglements sévères devront assurer l'accomplissement de ces devoirs.

Toute société qui emporterait avec elle des germes de licence, des éléments d'insubordination, ne saurait exister.

Chaque sociétaire devra donc s'appliquer à observer cette égalité de conduite, cette dignité, ce respect humain, ces égards réciproques, sans lesquels il ne saurait y avoir que dissension et mécomptes.

Cette base essentielle de toute bonne organisation a été bien comprise aux Etats-Unis. On a annoncé à différentes reprises la formation de sociétés composées de personnes qui se sont choisies elles-mêmes, apportant chacune à la communauté le gage d'une moralité éprouvée, des talents spéciaux, et s'engageant toutes à obéir à des réglements et à des lois particulières votés par la majorité des associés.

Il y a de ces sociétés organisées sur une très grande échelle, emportant des vivres pour 18 mois, des maisons de bois, des appareils métallurgiques, des instruments aratoires, enfin tout ce qui est nécessaire à un établissement permanent.

Bagages et provisions à emporter. — Les bagages d'un émigrant doivent être renfermés, s'il compte gagner l'intérieur, dans une malle en cuir pesant 50 kilogrammes au plus, attendu que les frais de transport sont exorbitants; il ne devra se munir que d'objets de première nécessité. Les vêtements de laine ou de coton doivent être préférés à ceux de toile, ils absorbent la transpiration sans refroidir le corps.

On conseille de n'emporter de tente que comme abri provisoire. Le poids d'une tente dite *canonnière* (de 2 mètres 30 centimètres de long sur 2 mètres de large et 2 mètres de hauteur), est de 8 kilogrammes. Pliée, elle présente un volume de 1 mètre de long sur 60 centimètres de large (1). L'émigrant qui se propose d'aller travailler aux mines ou de s'occuper d'agriculture trouvera un grand avantage à se construire une habitation en *pisé*.

Rien n'est plus facile que de bâtir en pisé. Au moyen du plus simple appareil, de deux fortes planches parallèlement écartées par trois traverses en bois, deux travailleurs peuvent en une semaine se construire une bonne habitation. On sait que tout le travail consiste à remplir l'intervalle de ces planches, de terre légèrement humectée et comprimée ensuite avec les pieds ou un pilon, de manière à la réduire à la moitié de son épaisseur; on déplace les planches à mesure qu'avance le travail. Quand la manipulation est bonne et que les murs sont revêtus à l'extérieur d'un enduit de chaux, ils peuvent durer plus d'un siècle ; on doit commencer la construction en pisé sur une petite fondation en maçonnerie élevée d'un à deux pieds au-dessus du sol. — La seconde attention qu'il faut avoir dans ce genre de construction est de donner à la toiture une saillie suffisante pour mettre les murs complétement à l'abri des atteintes de la pluie.

Les terres légères sont particulièrement propres au pisé.

Nous mentionnerons, en fait d'objets utiles, le lit portade voyage. de M. Arondel (2), admis à la dernière exposition. Ce lit, contenant matelas et traversin adhérant

(1) Boulevart Poissonnière, 14, et chez M. Taconet, fournisseur de l'armée d'Afrique, rue Traverse, 24, faubourg Saint-Germain.

(2) Rue Neuve Saint-Merri, 44.

au bois ou à la monture, peut se plier ou se rouler en un cylindre flexible, qui ne forme plus dans cet état qu'un ballot de 1 mètre de long sur 0,28 de diamètre; c'est à peu près la dimension d'un traversin ordinaire; il pèse 10 kilogrammes et coûte 35 fr. On se trouvera toujours bien d'un pareil meuble, lors même qu'on se proposerait de résider en ville, car les lits continuent à être très demandés et sont peu offerts dans les hôtels de San-Francisco.

En ce qui concerne les vivres, il conviendra d'en emporter pour plusieurs mois, afin de n'avoir pas à souffrir, en arrivant, de la hausse extrême qui s'est produite sur tous les objets nécessaires à la vie.

Ce serait une erreur de considérer comme un accident passager la cherté des denrées alimentaires en Californie, les nombreux arrivages ne sauraient modifier d'une façon durable les prix des subsistances; elles se maintiennent généralement en hausse, et cela se conçoit sans peine, puisque les navires apportent en même temps de nombreux consommateurs. Rien n'est changeant d'ailleurs comme le marché de San-Francisco, d'un jour à l'autre y règne l'abondance ou l'absence complète de telle ou telle denrée, dans la même journée quelquefois, l'offre et la demande sont renversées et hors de tout rapport avec les besoins.

Dans les centres populeux de l'intérieur, c'est bien pis encore; là, des causes diverses empêchent les arrivages, et, tandis que l'abondance semble régner un instant à San-Francisco, il y a des moments où la nourriture, en général, se paie indistinctement 2 dollars la livre dans les *placeres*. Ces faits sont confirmés par de nombreux témoignages, et nous dispensent d'insister sur la nécessité d'emporter au moins *pour trois mois de vivres*, afin de balancer, dans les premiers temps de l'arrivée, la perturbation des prix des denrées sur le marché.

La consommation d'un homme peut être évaluée, en moyenne, à 1 *kilogramme et demi* d'aliments par jour (1), consistant en pain ou biscuit, viande, légumes et fruits secs; ce qui représente, pour trois mois d'approvisionnements, un poids de 135 kilogrammes par individu, savoir : biscuit 68 kilogrammes, viande salée ou fumée 32 kilogrammes, légumes secs 35 kilogrammes.

Le biscuit coûte, en France, 40 centimes le kilog., la viande fumée ou salée 1 fr. 50 c. le kilog., les légumes secs 60 centimes le kilog. C'est en moyenne 0.83 c. par kilogramme de vivres, ou 0,71 c. en se servant des termes proposés plus haut.

Ces denrées, pour se conserver intactes, doivent être renfermées dans des barils neufs, bien cerclés, plâtrés sur les deux faces, et arimés dans la cale de manière à être à l'abri de l'humidité. Le biscuit et les légumes devront être choisis parfaitement secs.

On fera bien de se pourvoir d'une certaine quantité de gélatine sèche (2), bien préparée, qui servira à faire des bouillons en cas de maladie.

Si l'on emporte du vin, un petit baril de 45 à 50 litres représentera la consommation de trois mois, c'est

---

(1) La consommation d'un homme robuste est évaluée à 2 kilogrammes par jour ; mais cette quantité peut être réduite de plus d'un tiers par l'effet de la substitution d'un aliment à un autre, tout en satisfaisant d'une manière complète l'appétence de l'estomac. Ainsi 320 grammes de viande et 1 kilogramme de pain suffiront à la nourriture d'un homme fort ; car il est prouvé par l'analyse chimique que 320 grammes de viande désossée contiennent autant de matières azotées (savoir : 80 grammes) propres à la nutrition, que 1,000 grammes ou 1 kilogramme de pain. Or le travailleur qui mange du pain et de la viande dans les proportions désignées, se trouve avoir réparé ses forces dans les conditions convenables.

(2) Maison Appert, rue Folie Méricourt, 4.

un demi-litre par jour. Il faudra faire choix de vin de Bordeaux, c'est celui qui supporte le mieux les longues traversées.

Dispositions concernant les terrains aurifères. — La Californie, en ce qui concerne les terres devenues la propriété de l'Union, est soumise à la législation qui depuis longues années régit cette partie du domaine public.

On verra, par les renseignements consignés plus loin, quelles sont les facilités offertes aux étrangers pour l'acquisition des terrains de culture dans les États de l'Union.

Les résolutions prises récemment par la législation californienne, à l'égard des *terrains aurifères*, sont de nature à rassurer complétement les émigrants qui partent avec l'intention d'exploiter ces terrains.

Il était évident, pour tout le monde, que l'exploitation des mines, dans la large acception du mot, telle qu'elle se poursuivait enfin dans les *placeres* de la Californie, était de simple tolérance, et rien n'était plus hasardeux que de se lancer dans une entreprise sur des bases aussi fragiles. L'émigrant qui partait de France, avant qu'aucune loi n'eût déterminé les conditions auxquelles les étrangers pourront intervenir dans l'exploitation des richesses de la Californie, courait risque, en arrivant, de se heurter contre une foule d'obstacles.

On savait que déjà, en 1848, le colonel Mason avait sérieusement songé aux moyens d'assurer au gouvernement certaines redevances pour le privilége d'exploitation des mines ; mais l'étendue de la région aurifère, et le caractère de la population engagée dans ce travail, ne lui ont pas permis de mettre ce projet à exécution.

On soupçonnait, avec assez de fondement, que les dispositions qui seraient adoptées porteraient un cachet très libéral, c'est ce qui ressortait du moins des derniers messages du président des États-Unis.

M. *Butler King*, chargé par le gouvernement américain d'étudier cette question, écarta tout d'abord, et d'une manière péremptoire, le système des ventes dans la forme ordinaire. L'effet certain d'un pareil mode serait, dit-il, de mettre aux mains de quelques capitalistes le monopole de cette opulence qui doit appartenir à tous, et interdirait l'accès des mines à des milliers d'émigrants ayant bravé les fatigues d'un voyage de 7,000 lieues pour venir les exploiter, d'où résulteraient les plus déplorables désordres.

Chaque citoyen de l'Union, dit M. King, sent qu'il a sa part de droit sur ces trésors, tout en comprenant qu'il doit quelque chose au gouvernement, dont il exploite la propriété à son profit.

Ce qui s'entend ici des citoyens de l'Union s'applique, à plus forte raison, aux étrangers admis à recueillir une part de ces richesses.

« L'or que charrient les cours d'eau, et celui que l'on
« trouve aux mines sèches, dit M. King, est accessible à
« tout homme qui peut manier un vase, une pelle ou
« une pioche ; il n'en est pas de même de celui qui se
« trouve encore dans les veines de quartz. Ici, il faudra
« des machines à vapeur, des appareils scientifiques.
« Mais nul ne voudra évidemment en faire les frais tant
« qu'il ne verra pas son privilège d'exploitation garanti
« moyennant certaines conditions. »

Il devenait donc nécessaire d'adopter des mesures en harmonie avec les intérêts des travailleurs, c'est-à-dire qui leur garantissent un droit positif d'exploitation, et par conséquent les délivre de l'appréhension de se voir inquiétés dans leurs travaux. C'est ce droit que l'on vient de déterminer par une loi. Ce point de départ maintenant bien établi, chaque émigrant peut songer à entreprendre régulièrement l'exploitation des mines en Californie.

La législature californienne a devancé en cette occasion la résolution du congrès; elle a rendu, à la fin de mars dernier, un décret qui impose d'une taxe de 25 *dollars* (133 fr.) *par mois*, les étrangers, non citoyens des Etats-Unis, qui veulent aller travailler aux mines. — 25 dollars, représentent sur nombre de points, la valeur d'une journée et demie de travail.

De la vente des terres aux États-Unis. — Un petit écrit publié en 1846, par M. *Van der Straeten Ponthoz*, membre de la légation belge à Washington (1), donne, sur la législation qui régit la naturalisation et la vente des terres aux Etats-Unis, des renseignements pleins d'intérêt que nous reproduirons en abrégé.

M. Van der Straeten a parcouru les États-Unis pendant plusieurs années; il a étudié en détail l'organisation territoriale de cette contrée; les faits qu'il énonce sont puisés aux meilleures sources, aussi peut-on s'en rapporter complètement à l'autorité de son témoignage.

Les deux lois organiques constituant le système colonial de l'Amérique du Nord, sont la loi sur la *naturalisation* et la loi sur la *vente des terres publiques*.

Pour la *naturalisation*, de grandes facilités existent, il ne faut que cinq ans de séjour, avec une déclaration préalable deux années à l'avance.

Les formalités administratives en sont de la plus par-

(1) Considérations sur l'émigration aux Etats-Unis. — Volume in-18.

faite simplicité ; c'est une déclaration devant le greffier d'une des cours de justice et un serment.

Une fois naturalisé, l'étranger est *apte à tous les emplois*, il peut siéger au congrès ; une seule position lui est interdite, c'est la présidence.

Quant aux *terres*, la libéralité des lois américaines est plus manifeste encore. Originairement on concédait (moyennant finances cependant) les terres publiques par grands lots; mais on ne tarda pas à comprendre que c'était placer, entre l'Etat distributeur des terres et le cultivateur, un intermédiaire au moins superflu.

Le propriétaire devait être lui-même son chef de ferme, son laboureur, son berger, son bouvier. En conséquence, bientôt une loi nouvelle fut adoptée pour la vente des terres publiques, par laquelle on a vendu en 1844, plusieurs millions d'acres (1), ferme par ferme.

On vend les terres aux enchères et au comptant sur la mise à prix de 1 *dollar 1/4 l'acre* (soit 16 fr. 50 c. l'hectare), par lots dits *sections*, de 160 *acres* (64 hectares) ou *demi-sections* (*half quarters*) de 80 *acres* (32 hectares).

Ces terres sont arpentées et divisées en arrondissements (*townships*), comprenant un carré de 6 milles de côté (23,040 *acres de superficie*), lesquels sont partagés en trente-six sections de 1 mille carré (640 *acres de superficie*). Les sections sont numérotées de 1 à 36, en partant du coin nord-est de l'arrondissement, et en comptant tour à tour de l'est à l'ouest et de l'ouest à l'est, puis elles sont subdivisées en quarts (*quarters*)

---

(1) Nous avons dit que l'*acre* est à peu près égal aux quatre-dixièmes d'un hectare. Il contient 4,047 mètres 16 c. carrés. L'hectare contient 10,000 mètres carrés.

de 160 acres, et en *half quarters* de 80 acres.

Ce qui n'a pas trouvé d'acheteur à la vente publique est ensuite vendu dans les bureaux terriens (*land office*) à quiconque en fait la demande au prix minimum fixé par la loi (1).

Emigrants et nationaux, tout le monde est admis sur le même pied à prendre part à ces achats, qui, presque toujours, se font au taux de la mise à prix. Les formalités pour la prise de possession sont très simples, rien n'est vendu qu'après avoir été cadastré et géométriquement délimité.

De la conservation des graines et des bulbes sous toutes les latitudes. — C'est un usage auquel le département de la marine est toujours resté fidèle, de donner aux navigateurs des instructions concernant le transport des productions végétales de nos climats dans les contrées qu'ils doivent visiter, et d'en rapporter en échange les plantes exotiques dont ils jugeraient l'introduction utile à l'humanité ou aux progrès des sciences. Mais de tous les moyens essayés, ceux de la reproduction par semis ou par bulbe étaient les seuls praticables, car il arrivait rarement qu'on ramenât en vie une plante sur pied, après une longue traversée.

Aujourd'hui cette difficulté n'existe plus, des expé-

(1) Le gouvernement central de l'Union, a maintenant à vendre 225 millions 275,000 acres de terre, qu'il offre au prix modique de 1 dollar (5 fr. 35 c.) par acre.
De ces terres : 875,000 acres se trouvent dans l'Etat d'*Ohio*, 3 millions 550,000 acres dans l'*Indiana*, 15 millions 600,000 acres dans l'*Illinois*, 29 millions d'acres dans le *Wisconsin*, 30 millions d'acres dans le *Jowa*, 29 millions d'acres dans le *Missouri*, 29 millions 50,000 acres dans l'*Arkansas*, 22 millions 400,000 acres dans la *Louisiane*, 11 millions 800,000 acres dans le *Massachuessets*, 17 millions 500,000 acres dans l'*Alabama* et 36 millions 500,000 acres dans la *Floride*.

riences réitérées ont été faites avec un plein succès par le procédé à la fois simple et commode que M. *Neumann*, directeur des serres chaudes au Jardin des Plantes, a bien voulu nous communiquer, et que l'on trouvera indiqué plus loin.

Notons d'abord la recommandation relative à la conservation des *semences* et des *bulbes*. Nous ferons suivre cet avis d'une remarque importante sur l'*acclimatement*.

Il est essentiel de n'acquérir que des semences de la dernière récolte parfaitement saines. Elles doivent être recueillies bien mûres et mises ensuite dans un sac de papier gris avec une note indiquant :

Si le végétal est un arbre ou une herbe.
La nature du sol où il a été recueilli.
L'exposition.
L'élévation du sol au-dessus du niveau de la mer.
Le pays de provenance.
Le nom qu'il porte dans ce pays.
S'il est employé comme aliment, dans la médecine ou dans les arts.

« Pour être sûr de la maturité des graines, il faut les recueillir lorsqu'elles se détachent facilement de la plante. Dans quelques circonstances, on pourra prendre le rameau qui les porte pour que celles qui ne sont pas bien mûres achèvent de mûrir.

« Chaque espèce de graine devra être mise dans un sac à part. Les sacs et les graines bien sèches seront renfermés, s'il est possible, dans une boîte de fer blanc dont le couvercle sera soudé, afin que l'air, l'humidité et les insectes ne puissent pénétrer dans l'intérieur.

« Il sera bon de remplir tous les vides entre les sacs avec du sable très fin et très sec.

« Quand les graines sont petites, on peut les mettre avec du sable dans des fioles dont on cachète soigneusement le bouchon.

« La condition la plus favorable à la conservation des *bulbes* est de les lever après que la fructification est achevée et leurs fanes desséchées. Exposées quelques jours aux rayons du soleil, elles se ressuieront et l'on pourra alors les renfermer dans des boîtes de fer blanc, lit par lit avec du sablon fin et surtout bien sec. »

Une des causes qui sembleraient le plus s'opposer à la propagation des espèces végétales, placées par la nature sous des latitudes différentes, est l'*acclimatement*. Mais l'expérience a appris, qu'en usant de soins et de ménagements pour n'opérer la naturalisation que progressivement, on arrive à des résultats très remarquables.

Le père *Labat*, pendant son séjour à la Martinique, avait reconnu la nécessité de n'opérer les changements de climats que graduellement et par stations intermédiaires, afin de prévenir les accidents produits par de trop brusques transitions. Il avait remarqué aussi que le temps est quelquefois une condition indispensable pour accomplir certains acclimatements. Ainsi, par exemple, un habitant de sa paroisse ayant semé du *froment* envoyé de France, ce froment vint très bien en herbe, mais la plupart des épis étaient vides, et les autres avaient très peu de grains. Ceux-ci nés dans le pays, ayant été semés l'année suivante, poussèrent à merveille, et produisirent les plus beaux épis et les mieux fournis qu'on puisse imaginer.

Il fit lui-même une semblable expérience sur des pois venus de France, ils rapportèrent très peu la première année, à la seconde ils produisirent davantage, et à la troisième ils rapportèrent d'une manière extraordinaire pour le nombre et la grosseur.

Moyen de transporter des plantes vivantes, sans les soins de l'homme, pendant de longues traversées. — Nous insérerons en entier la notice qu'a bien voulu nous communiquer M. Neumann, en nous autorisant à la publier dans un intérêt général.

« La méthode suivie jusqu'ici pour transporter, des contrées équinoxiales en Europe, et réciproquement, des végétaux en parfait état de santé, obtenait rarement un succès satisfaisant, elle présentait d'ailleurs de nombreuses difficultés.

« Il fallait d'abord que ces végétaux fussent accompagnés par un jardinier chargé du soin de leur conservation; il fallait embarquer l'eau nécessaire à leur arrosement; condition que la chaleur des climats à traverser exigeait impérieusement. En outre, la moindre disette d'eau pouvait tout faire périr, car les marins, avec juste raison, n'auraient pas consenti à se priver de leur ration quotidienne d'eau, pour sauver des végétaux ; il n'appartient, en effet, qu'aux hommes voués de passion à la culture des plantes de faire un tel sacrifice.

« Aussi l'histoire de la botanique consacre-t-elle le nom de *Declieux*, qui, chargé de porter de France à la Martinique trois pieds de caféyer, parvint à en sauver un, avec lequel il partagea, durant une traversée pénible et périlleuse, sa faible ration d'eau.

« Aujourd'hui, grâce à l'invention du docteur *Math-Ward* de tels obstacles n'existent plus, et nous avons lieu d'espérer qu'il ne se fera désormais aucun voyage (et déjà nous en avons des exemples), sans que quelques plantes vivantes nouvelles nous soient apportées, aucun prétexte ne pouvant plus empêcher les capitaines des bâtiments, de quelque importance qu'ils soient, de se charger de leur transport.

« L'invention dont je viens de parler consiste dans la confection d'une caisse disposée de façon à laisser jouir les plantes de l'action de la lumière, et à les *priver complétement du contact de l'air extérieur.*

« Le succès a dépassé tout ce que l'auteur en espérait, puisqu'il n'annonçait son invention que comme propre à transporter les épiphytes et les plantes robustes, et que par ce moyen, on peut faire parvenir saines et sauves les plantes les plus délicates.

« Le Muséum d'histoire naturelle a déjà reçu quantité de ces caisses expédiées de *Calcutta* par le docteur Wallich, et de *Bourbon*, par M. Richard, directeur du jardin de cette colonie; de la *Guyane*, par l'un de mes élèves, M. Mélinon, directeur du jardin botanique de la Gabrielle. Un autre de mes élèves, M. Houlet fils, a rapporté du *Brésil* où il était allé chercher le thé sous la direction de M. Guillemin, une belle collection de plantes nouvelles emballées de cette manière.

« En général, toutes ces plantes, à leur arrivée, se sont trouvées en parfait état de santé, bien que, dans plusieurs de ces envois, le voyage ait quelquefois duré plus de cinq mois! Et il faut noter que parmi ces plantes, quelques-unes étaient de nature herbacée.

« Je vais donner une description aussi exacte que possible de ces caisses en exprimant le désir que tous les navires qui font des voyages de long cours, en aient quelques-unes à bord, pour enrichir notre pays des nombreuses productions exotiques que nous ne possédons pas encore.

« Cette caisse dont les figures 1 et 2 complètent la description, peut avoir en général 1 m. 20 de longueur sur 0 m. 48

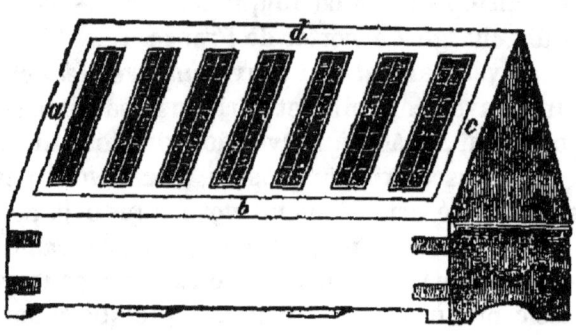

de largeur et 0 m. 80 de hauteur; elle est construite en bois de chêne de deux centimètres et demi d'épaisseur; toutes les

Fig. 2

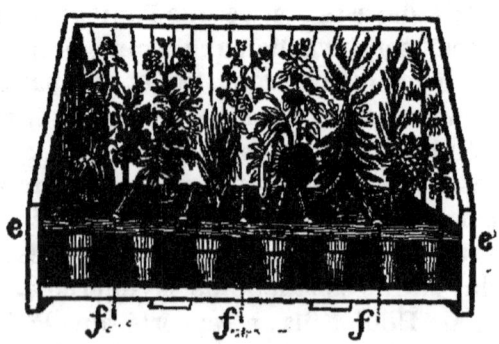

pièces en doivent être assemblées à *rainures*; la partie inférieure constitue une caisse de 0 m. 24 de hauteur à partir du fond jusqu'au bord inférieur de la toiture. Elle est formée par quatre ou six planches dont celles des extrémités forment des pieds par le moyen d'une échancrure a leur centre afin de soutenir le fond à 0 m 06 environ au-dessus du sol, pour que l'air et l'eau puissent circuler dessous, bien que le fond soit aussi assemblé à rainures. Ce fond porte sur deux forts tasseaux qui l'empêchent de gauchir par l'effet de l'humidité de la terre dont il est chargé.

« La partie supérieure a la forme d'un toit aigu, dont les deux grandes faces sont à panneaux vitrés, tandis que les deux plus étroites sont pleines et ne sont que le prolongement des planches qui ferment les deux extrémités.

« Les deux panneaux vitrés sont faits de manière à ce qu'il y ait en largeur autant de bois que de carreaux; ainsi les traverses qui supportent ceux-ci ont la même largeur qu'eux.

« Le verre le plus épais possible, le verre dit de Bohême, la glace même, doivent être employés de préférence. Il est nécessaire de donner à ces carreaux une petite dimension, afin de pouvoir les remplacer plus facilement si un accident en faisait casser un, et parce que les petits carreaux offrent plus de résistance que les grands. Les deux panneaux sont à rainures sur trois côtés a, b, c (fig. 1re), le supérieur d excepté, de façon qu'on les emboîte dans les rainures des deux petits côtés, jusqu'à ce qu'ils pénètrent dans celles des planches qui forment l'encaissement; par ce moyen, ils ferment parfaitement. Les carreaux doivent être contremastiqués, afin que les lames venant frapper sur le pont où se trouve la caisse, ne puissent rien laisser pénétrer à l'intérieur.

« Enfin, un fort grillage en fil de fer destiné à garantir les carreaux du contact de tout corps étranger, couvre les deux panneaux dont il doit être éloigné d'environ 0 m. 3, et deux fortes poignées en fer sont solidement fixées aux deux extrémités de la caisse, pour la rendre aisément transportable, elles servent, en outre, à l'amarrer sur le pont. C'est, en effet, là qu'il faut qu'elle soit placée, afin que les plantes qu'elle renferme jouissent d'un peu de lumière; elle pourrait bien rester deux ou trois jours dans l'obscurité, c'est-à-dire à fond de cale, sans que les plantes en souffrissent beaucoup; mais je ne conseillerai jamais d'y prolonger leur séjour, à moins d'une absolue nécessité.

« Pour ne pas contraster avec la propreté qui règne sur cette partie du navire, et ne pas déplaire aux capitaines, avec raison fort susceptibles à cet endroit, il est nécessaire de faire peindre à l'huile le dehors de ces caisses ; mais il faut bien se garder de le faire à l'intérieur, l'odeur de la peinture pouvant devenir fort nuisible dans une atmosphère si étroite et si concentrée.

« Voici comment il faut placer les plantes dans la caisse : on dépose sur les planches du fond un lit de terre bien mouillée de cinq centimètres d'épaisseur à peu près, suivant la grandeur des plantes que l'on veut y enfermer.

« Pour la conservation plus certaine des plantes, il faut qu'elles soient mises en pots ou dans des petits paniers que l'on consolide en pressant fortement la terre du fond autour d'eux. Il n'est pas convenable de les planter dans la terre du fond, parce que leurs racines s'entremêleraient, et que l'on serait forcé, à l'arrivée, de les retirer à racines nues, inconvénient grave qu'il est important d'éviter.

« Il n'est pas toujours nécessaire de mettre de la terre au fond de la caisse pour faire réussir un envoi. En voici un exemple : M. Leprieur, pharmacien en chef de la marine à Cayenne, nous a fait déjà plusieurs envois qui ont assez bien réussi, entre autres le dernier qui ne laissait rien à désirer ; il est vrai qu'il avait fait reprendre les plantes dans de petits paniers faits en bambou. Avant de les expédier, il les a mis les uns à côté des autres, sans mettre de terre dans le fond de la caisse, seulement il a jeté un peu de paille sur ces paniers qu'il a assujettis par des traverses en bois comme il est indiqué en *f, f, f* (fig. 2). Ces plantes étaient si bien portantes qu'on aurait dit qu'il n'y avait pas quinze jours qu'elles y fussent renfermées. La terre n'était ni trop sèche ni trop humide, en sorte que ces caisses ne pesaient que la moitié de ce qu'elles pèsent ordinairement.

« Je conseille donc de n'employer que le moins possible de terre, puisqu'un envoi fait dans ces conditions a réussi, malgré une traversée de près de deux mois. Les caisses que nous recevons des autres colonies contiennent toujours une trop grande quantité de terre.

« Lorsque je publiai une première notice sur ce sujet, je ne connaissais pas encore la difficulté du transport par terre de ces sortes de caisses ; mais quelques-unes arrivées de Bordeaux en assez mauvais état, m'ont suggéré une amélioration dont j'affirme l'efficacité, puisqu'elle ne présente aucun des inconvénients attachés aux anciennes caisses, pour les longs trajets par terre. Ces dernières étaient si lourdes qu'on ne pouvait les recevoir aux diligences, et les pots, qui, dans les caisses, n'étaient recouverts que de 0 m. 03 de terre environ, ne pouvaient résister aux cahots réitérés des voitures de roulage ; aussi sortaient-ils bientôt de leurs positions et roulaient-ils pêle mêle les uns sur les autres. C'est ainsi que, bien souvent, j'ai vu les têtes des plantes enterrées au fond des caisses et leurs racines en l'air.

« Désireux de prévenir ce déplorable bouleversement, j'ai trouvé un moyen que je vais exposer, et pensant qu'une description ne serait pas aussi compréhensible qu'une figure, je représente une caisse à moitié dégarnie de ses parois et laissant voir le lit de paille que je fixe sur la terre qui couvre les pots, comme on le voit en e, e (fig. 2).

« Il faut que les plantes soient mises sur trois rangs, alignés le plus possible ; on arrose copieusement, et l'on donne le lendemain des secousses à la caisse, afin d'en bien faire tasser la terre ; on prend ensuite de la paille bien nette et bien droite que l'on dispose entre les rangs des plantes, et que l'on assujétit par le moyen de traverses indiquées en f, f, f, traverses clouées en dehors de la caisse.

« Il est nécessaire, lorsqu'on expédie ces caisses, de recommander aux personnes qui les ouvriront, de scier, après que l'un des panneaux a été retiré, les traverses qui maintiennent la paille, pour les enlever plus facilement, sans cette précaution préalable, on endommagerait la caisse en un seul voyage, tandis qu'une caisse bien confectionnée en chêne ou en bois dur des colonies, peut faire quatre fois le trajet d'aller et retour de Paris aux Indes.

« Je dois encore faire observer qu'il est urgent de bien graisser les vis qui servent à fixer les panneaux, afin que la rouille ne les détruise pas.

« On peut encore réussir à envoyer des plantes par le moyen de leurs graines que l'on aura semées dans la caisse, en observant seulement de les faire germer avant leur départ et avant de la clore ; pour cela, il n'est pas besoin de pots, mais seulement d'un peu de paille bien assujettie pour retenir la terre.

« Lorsque l'on reçoit des plantes dans ces sortes de caisses, il faut, aussitôt qu'elles en sont retirées, les mettre dans une serre chaude étouffée, et les tenir à l'ombre jusqu'à ce qu'elles aient suffisamment végété et ne soient plus susceptibles de se flétrir par l'action de la lumière, ce qui ne demande pas beaucoup de temps. »

NEUMANN.
Chef des serres chaudes au Jardin des Plantes.

Gouvernement de la Californie. — « Dans l'Union américaine, chaque État se gouverne par lui-même, dans son intérieur ; il a ses lois et ses magistrats ; il vote et administre ses impôts. Il est seulement astreint à observer certains principes généraux de liberté individuelle et de droit public insérés dans la constitution centrale ou *fédérale*. Le gouvernement fédéral a peu d'action pour l'intérieur, mais l'action extérieure lui est toute réservée.

« Les États particuliers n'ont pas le droit d'entrer en rapport avec l'étranger.

« Les *douanes* sont d'institution fédérale, ainsi que les *postes*, la *monnaie* et les *poids et mesures*.

« Le gouvernement fédéral pourvoit au réglement et à l'armement de la milice. Il a le droit de contracter des emprunts et d'établir des impôts directs ou indirects pour les besoins fédéraux.

« Le gouvernement fédéral touche aussi le produit des ventes des terres publiques de l'ouest, sauf une légère retenue au profit des États dans lesquels gisent les terres vendues, pour leurs écoles publiques et leurs routes.

« Il y a une justice fédérale à trois degrés : 1° *cour de district* ; 2° *cour de circuit* ; 3° *cour suprême*.

« Le chef de chaque État est toujours choisi par l'État

lui-même; il est ordinairement qualifié d'*excellence* et porte le nom de *gouverneur*.

« Il y a trois pouvoirs politiques : 1° la *chambre des représentants*; 2° le *sénat*; 3° le *président*, chargé du pouvoir exécutif.

« Les deux premiers pouvoirs réunis forment le *congrès*.

« Le sénat est des trois pouvoirs politiques le plus permanent.

« Les sénateurs sont élus pour 6 ans. Le président n'est élu que pour 4 ans; il est indéfiniment rééligible. La chambre des représentants est réélue en totalité tous les 2 ans. Chaque État a deux *sénateurs*.

« Les représentants sont élus à raison d'un par 40,000 habitants » (1).

Le territoire de la Californie est entré dans la voie des formes régulières de gouvernement le 1er août 1849, jour fixé pour les premières élections générales.

Il est nécessaire pour faire le résumé des derniers événements de la contrée, de reprendre les choses à la date du 31 mai 1847, époque à laquelle le colonel Mason fut nommé, *ex officio*, gouverneur militaire de la Californie.

Les forces américaines occupaient alors le pays et se trouvaient partagées en divers détachements depuis le fort Sutter, au nord, jusqu'à San-Diego, au sud, en même temps que l'escadre sous les ordres du commodore *Shubrick* occupait les différents ports.

Telle était la situation des choses lorsqu'eut lieu, en avril 1848, la découverte des mines. Nous avons fait connaître les principales circonstances de cette découverte.

Quelques mois après (le 7 août 1848), la nouvelle de la

---

(1) M. Michel Chevalier. Lettres sur l'Amérique du Nord.

paix conclue avec le Mexique arriva en Californie et fut portée sans retard à la connaissance des populations. Dans sa proclamation, le gouverneur annonçait que les lois existantes resteraient en vigueur et que les autorités actuelles continueraient à exercer leurs fonctions ; mais l'affluence des émigrants rendait éminemment précaire la situation exceptionnelle dans laquelle se trouvait ce pays, placé entre la loi mexicaine, qui n'avait pas assez de force, et la loi américaine, qui n'était pas encore en vigueur.

Les désordres qui éclatèrent durant les premiers mois d'effervescence occasionnèrent un moment de doute, de crainte, de cruelle incertitude, qui céda cependant bientôt sous l'effort puissant et unanime de la population.

Les émigrants, indignés des méfaits qui se commettaient, s'assemblèrent en conseils, se formèrent en sections pour s'emparer des malfaiteurs, et de prompts et terribles châtimens furent la récompense de leurs crimes.

Ce pays comprit d'ailleurs que sa croissance hâtive lui faisait une nécessité de se donner au plus tôt un gouvernement et de s'ériger en Etat.

Un premier *meeting* eut lieu, le 11 décembre 1848, au pueblo de San-José, dans lequel on adopta à l'unanimité la résolution de former une Convention et d'instituer un gouvernement provisoire, qui resterait en fonctions jusqu'à ce que le congrès américain eût décidé de le remplacer par une organisation territoriale régulière.

Peu de temps après, le 28 février 1849, arriva en Californie le général *P.-F. Smith*, avec le titre de gouverneur militaire.

Le 13 avril suivant, le général *Riley*, envoyé comme gouverneur civil, débarquait à Monterey.

L'arrivée de ces deux généraux, chargés des pleins

pouvoirs du gouvernement central, détermina la population, restée jusqu'alors indécise sur l'époque des élections, à se prononcer immédiatement. Le jour en fut fixé au 1er août 1849.

Il est à remarquer que de son côté le général Riley, sans connaître les décisions des assemblées populaires, publiait dans le même temps une proclamation invitant à une élection de délégués pour former un gouvernement d'État.

Aux termes de la proclamation du général Riley, la Convention devait se réunir le 1er septembre 1849. Le général déclarait en outre concentrer en ses mains, jusqu'à cette époque, les pouvoirs civils.

Nonobstant les bonnes intentions exprimées dans la proclamation du général Riley, elle rencontra d'abord une assez vive opposition. Quelques centres populeux lui dénièrent le droit d'intervenir dans les questions locales; c'était une manière habile d'étendre les pouvoirs des délégués qu'on se proposait d'élire.

Cette opposition, ainsi qu'il résulte du rapport adressé au sénat par *M. Butler King*, était le fait des Américains seuls, et principalement des anciens résidents. Les Californiens propres, n'avaient pris part à aucune des manifestations dont on vient de parler, et les émigrants, qui arrivaient de jour en jour plus nombreux, étaient restés complétement étrangers à ces querelles, dont ils ne connaissaient d'ailleurs ni le but ni les motifs.

L'opposition qu'avait rencontrée la proclamation du général, et qui avait pris sa source dans un sentiment de patriotisme exagéré, ne fut pas de longue durée, le besoin bien senti des populations de se réunir dans un commun effort pour le triomphe de l'ordre et des lois prit bientôt le dessus, l'anarchie, qui semblait poindre à l'horizon, disparut, et la prospérité présente et future de la Californie fut désormais fixée.

L'initiative partit de San-José. Le 7 juin 1849, les citoyens de ce pueblo se réunirent une seconde fois en meeting pour se rallier aux termes de la proclamation du général Riley; le 11 du même mois, Monterey donnait son adhésion; le 18, San-Francisco, et successivement toutes les autres localités.

Les élections eurent lieu le 1er août 1849, et la Convention s'assembla, conformément à la proclamation du général, le 1er septembre, à Monterey, dans le but de préparer une constitution que l'on soumettrait ensuite à l'examen d'une assemblée législative.

La Convention se composait de 37 représentants, auxquels il fut adjoint 11 membres surnuméraires, en tout 48 membres, pris dans les différents districts et justement estimés par leur savoir et leur moralité.

Les travaux de la Convention étaient terminés le 1er octobre 1849; la Constitution fut imprimée en anglais et en espagnol, et l'on en fit parvenir des exemplaires dans toutes les parties de la contrée. On désigna le 13 octobre pour procéder aux élections générales des membres de l'Assemblée législative, et le 15 décembre 1849 la législature se réunit au pueblo de San-José, où un vaste local lui avait été préparé.

Elle ouvrit sa session par un hommage au général Riley, consistant en une magnifique tabatière d'or, dont le couvercle et les côtés étaient formés d'échantillons minéralogiques empruntés aux différents *placeres*, souvenir parlant du pays qu'il avait contribué à organiser par ses sages efforts.

Après les modifications apportées aux travaux de la Convention, la constitution d'État fut adoptée, et l'on s'occupa de rédiger une requête au congrès pour demander l'admission de la Californie au nombre des États de l'Union.

Mais avant d'adresser cette requête, on fit un nouvel appel à la ratification populaire; le nombre des votes émis fut d'environ 15,000, sur lesquels 12,064 furent pour la constitution et 811 contre. Il y eut environ 2,000 billets d'annulés faute d'indication suffisante.

Le gouvernement d'État, complet dans tous ses éléments, commença à fonctionner, selon les lois nouvelles, le 20 décembre 1849. M. *Peter H. Burnett*, nommé gouverneur de la Californie, fut installé dans ses nouvelles fonctions le 31 décembre 1849. — La demande d'admission de l'État de Californie dans l'Union américaine a été remise au congrès le 1er mars 1850.

Les deux candidats heureux élus pour le *sénat* sont :
M. *William M. Gwin*,
Et le colonel *Frémont*.

FIN.

TABLE DES MATIÈRES.

	Pages.
Introduction.	1

CHAPITRE PREMIER.

Coup d'œil général sur les deux Californies. 5

CHAPITRE II.

Précis des événements politiques de la Nouvelle-Californie. 17

CHAPITRE III.

Climat de la Nouvelle-Californie. — *Chaînes de montagnes, topographie.*— Les monts Californiens.— La Sierra-Nevada. — Les montagnes Rocheuses. — Le Désert. 44

CHAPITRE IV.

Fleuves et rivières, lacs.—Le Sacramento et ses affluents. — Le San-Joaquin et ses affluents. — Le rio Colorado. — La Gila. — Le lac Salé, le lac Laguna, le lac Fremont, le lac Pyramide. — Rivières sans issue. 63

CHAPITRE V.

La Nouvelle-Helvétie. — Situation de la région aurifère. — Caractères physiques des terrains aurifères. — Conséquences déduites d'une plus grande quantité de numéraire dans la circulation. 96

CHAPITRE VI.

Mines d'argent, de platine, de mercure, de cuivre, de fer, de plomb, de houille, eaux sulfureuses, sources de bitume. — Instruction géologiques. 125

CHAPITRE VII.

Végétation. — *Produits du sol.* — *Culture.* — Flore de la côte. — Flore du désert. — Formation d'un herbier. 147

CHAPITRE VIII.

Règne animal. — Quadrupèdes. — Oiseaux. — Poissons. — Reptiles. 182

CHAPITRE XI.

Naturels du pays. — Portrait des naturels. — Leur origine présumée. — Leur manière de se vêtir. — Leur industrie, leurs aliments, leurs jeux. — Leurs habitations. — Leur culte. — Leur gouvernement. — Leurs mariages. — Langue et diversité des idiomes. — Leurs connaissances médicales et hygiéniques. — Armes. — Chasse. — Cérémonies funèbres. 194

CHAPITRE X.

Division et population de la Nouvelle-Californie. — *Monterey*, *San-Francisco*. — Tarif des Douanes. 222

CHAPITRE XI.

Mission de San-Francisco-Solano. — Pueblo de Sonoma. — Mission de San-Raphaël. — Mission de San-Francisco-Dolores. — Mission de Santa-Clara. — Pueblo de San-José. — Mission de Santa-Cruz. — Pueblo de Branciforte. — Mission de San-Juan-Baptiste. — Mission del Carmelo. — Mission de San-Antonio. — Mission de San-Miguel. — Mission de San-Luiz-Obispo. — Mission de Santa-Inès. — Port de Santa-Barbara. — Ville de Santa-Barbara. — Mission de Santa-Barbara. — Mission de San-Buenaventura. — Mission de San-Fernando. — Pueblo de los Angeles. — Mission de San-Gabriel. — Port de San-Pedro. — Mission de San-Juan Capistrano. — Mission de San-Luiz-Rey. — Port de San-Diego. — Mission de San-Diégo. 256

CHAPITRE XII.

Rapport du colonel Mason. 284

CHAPITRE XIII.

Des minerais d'or et de leur traitement. — Procédé du lavage au *cradle* pratiqué en Californie. — Procédé indiqué par Réaumur, pour l'extraction de l'or du sable des rivières en France. — Traitement des minerais par fusion. — Extraction de l'or par l'amalgamation du mercure. — *Docimasie* ou art d'essayer les terrains aurifères. — Rapport de l'or à l'argent, valeur respective de ces métaux. 290

CHAPITRE XIV.

Tableau de la situation morale du district aurifère pendant la première période de l'émigration. 306

CHAPITRE XV.

Routes qui conduisent en Californie. — Durée du voyage et prix de passage. — Isthme de Panama. — Chagres, Panama. — Précautions hygiéniques. — Le cap Horn et la Terre-de-Feu. — De l'organisation des sociétés pour la Californie. — Bagages et provisions à emporter. — Dispositions concernant les terrains aurifères. — De la vente des terres aux États-Unis. — De la conservation des graines et des bulbes sous toutes les latitudes. — Moyen de transporter des plantes vivantes sans les soins de l'homme pendant de longues traversées. — Gouvernement de la Californie. . . 332

FIN DE LA TABLE.

Paris. — Imprimerie Lacour et Cⁱᵉ, rue Soufflot, 11, et rue St-Hyacinthe-St-Michel, 31.

LAC PYRAMIDE
D'après le dessin du Colonel Fremont

LE FORT SUTTER

UNE FORÊT DE PINS EN CALIFORNIE

CARTE
PARTICULIÈRE
DES BAIES DE MONTEREY
ET DE SAN FRANCISCO
Dressée
D'APRÈS LES TRAVAUX HYDROGRAPHIQUES
LES PLUS RÉCENTS.
H. F.

Lieues communes de 25 au degré.

VUE DE SAN-FRANCISCO
EN 1850

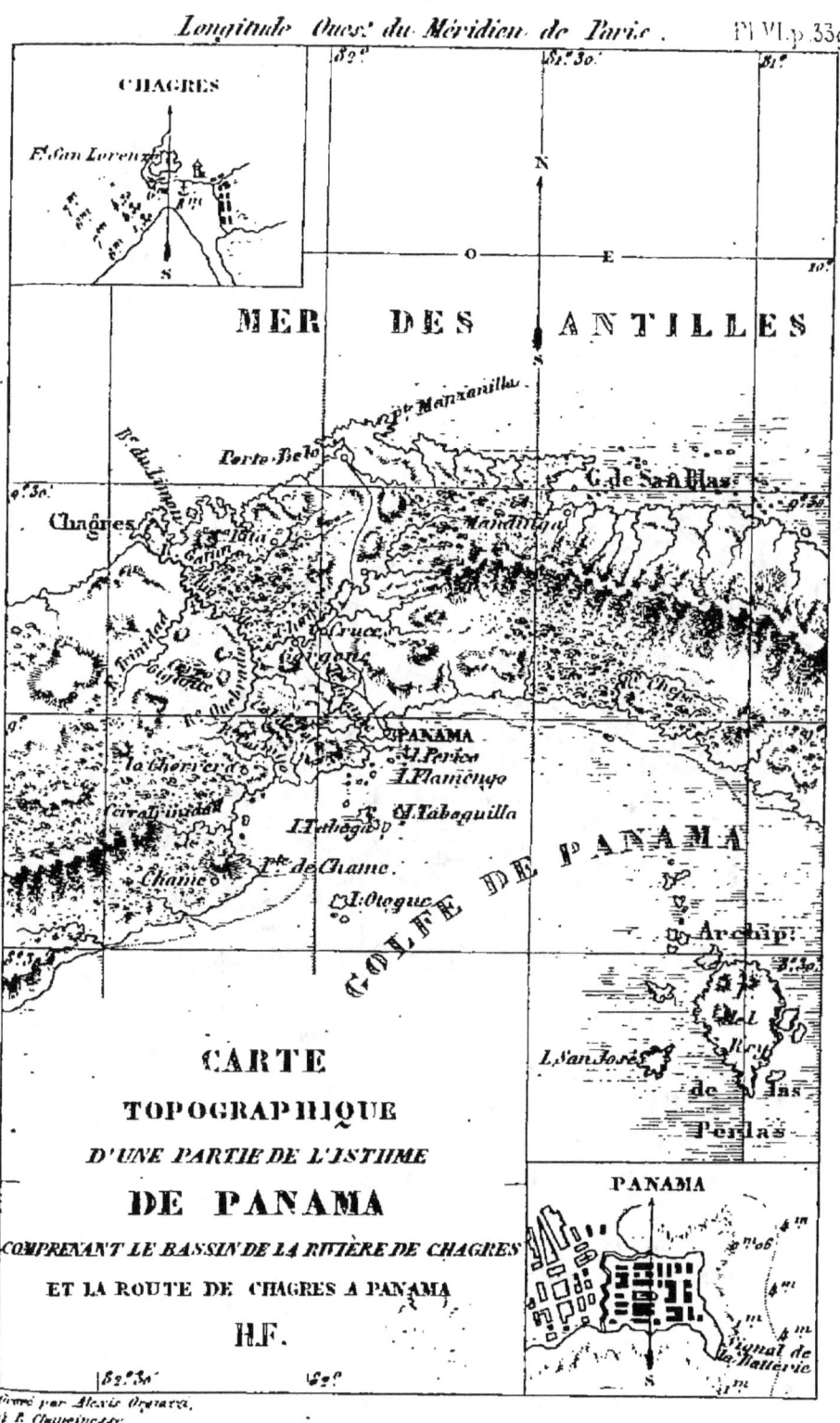

CARTE
D'UNE PARTIE
DE L'AMÉRIQUE MÉRIDIONALE
COMPRENANT
LE CAP HORN ET LE DÉTROIT DE MAGELLAN
DRESSÉE
d'après les Travaux des Capitaines
KING ET FITZROY.
H. F.

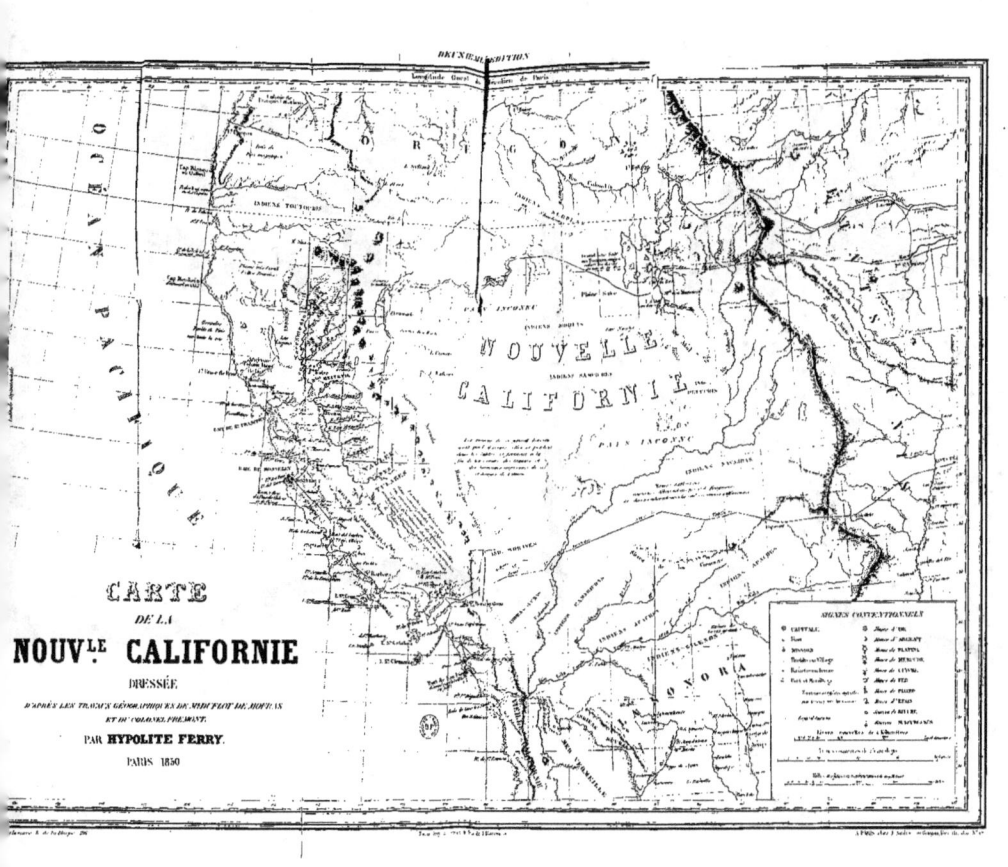

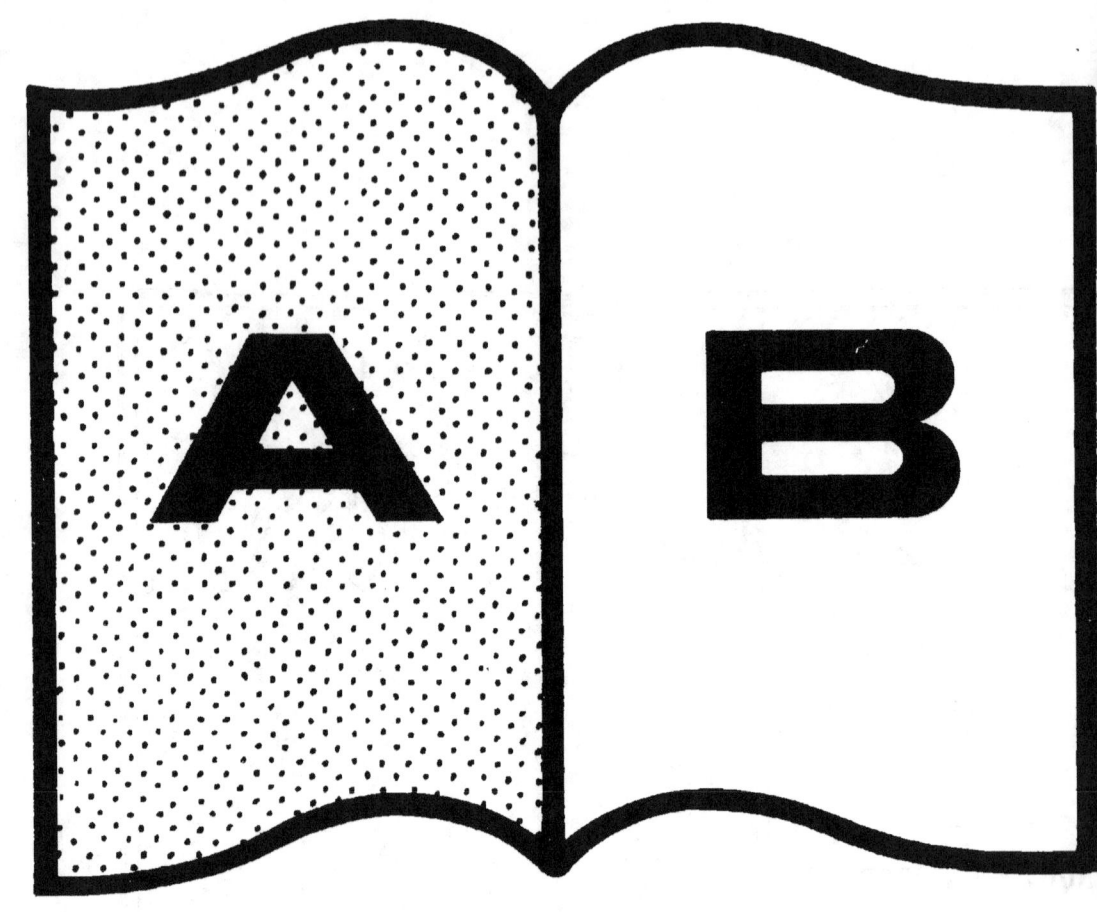

Contraste insuffisant

NF Z 43-120-14

www.ingramcontent.com/pod-product-compliance
Lightning Source LLC
Chambersburg PA
CBHW052042230426
43671CB00011B/1752